Hoffmeister/Sill
Zwischen Aufstieg und Ausstieg

Dieter Hoffmeister
Oliver Sill

Zwischen Aufstieg und Ausstieg

Autoritäre Einstellungsmuster
bei Jugendlichen/jungen Erwachsenen

Leske + Budrich, Opladen 1992

ISBN: 3-8100-0920-2

Das Werk einschließlich aller seiner Teile ist urheberrechtlich geschützt. Jede Verwertung außerhalb der engen Grenzen des Urheberrechtsgesetzes ist ohne Zustimmung des Verlags unzulässig und strafbar. Das gilt insbesondere für Vervielfältigungen, Übersetzungen, Mikroverfilmungen und die Einspeicherung und Verarbeitung in elektronischen Systemen.

Druck und Verarbeitung: Druck Partner Rübelmann, Hemsbach

Printed in Germany

An dieser Studie haben mitgewirkt:

Gudrun Bollmann

Andreas Clausing

Claudia Güstrau

Kirsten Hansen

Heike Kromrey

Georg Lengers

Dirk Lueg

Jürgen Thomas

Vorwort

Die vorliegende Arbeit beinhaltet die Ergebnisse eines an der Westfälischen Wilhelms-Universität in Münster durchgeführten Forschungsprojekts. Dieses Projekt wurde zu Beginn des Jahres 1988 am hiesigen 'Institut für Soziologie' begonnen und im Juli 1990 am 'Lehrstuhl für Soziologie' fertiggestellt. Die Arbeit wendet sich vor allem an Praktiker in den unterschiedlichsten pädagogischen Institutionen und Einrichtungen der Jugendarbeit. Die Notwendigkeit, ein solches Forschungsprojekt durchzuführen, wurde uns von eben solchen Praktikern im Zusammenhang mit einer Untersuchung zu den Folgen der 'Neuen Armut' aufgezeigt, die wir zwischen 1985 und 1987 durchgeführt haben.[1] Aus diesen Gründen haben wir uns auch darum bemüht, die nun vorliegende Arbeit so verständlich zu schreiben, wie es das Verfahren und der Gegenstand erlaubten.

Als Mitautor fungiert der Literaturwissenschaftler Oliver Sill. Seine Mitarbeit konzentrierte sich insbesondere auf alle Fragen, die im Zusammenhang stehen mit der Auswertung und Interpretation der von uns durchgeführten narrativen Interviews (Kapitel 4 und 5). Von ihm verfaßt wurden die exemplarischen Analysen dreier Interviews in Kapitel 5. Hintergrund seiner Mitarbeit ist die Tatsache, daß O. Sill sich seit vielen Jahren mit erzähltheoretischen Fragen autobiographischen Erzählens befaßt. Ohne in diesem Zusammenhang näher darauf eingehen zu wollen, können die von ihm entwickelten methodologischen Überlegungen als erweiterter theoretischer Rahmen für die hier vorgenommenen Analysen der narrativen Interviews gesehen werden[2], denn: Auch die Berücksichtigung von Unterschieden zwischen mündlichem Erzählen und schriftlich verfaßter Autobiographie ändert nichts an dem Sachverhalt, daß es sich hier wie dort um lebensgeschichtliches Erzählen handelt - eine Form des Erzählens, die sich auf Erinnerung und Reflexion gründet. Insofern stellen die Ausführungen in Kapitel 4 und 5 das Ergebnis einer interdisziplinären Zusammenarbeit zwischen Soziologie und Literaturwissenschaft dar.

Des weiteren waren in diesem Projekt acht studentische Mitarbeiter tätig. Von ihnen wirkten Claudia Güstrau, Gudrun Bollmann, Kirsten Hansen,

---

1 Vgl. Dieter Hoffmeister/Frank Kiewit, Armut in einer reichen Stadt. Zum Zusammenhang von Arbeitslosigkeit und Neuer Armut in Münster, 'Graue Reihe' der Hans-Böckler-Stiftung, Düsseldorf 1987.
2 Vgl. hierzu: Oliver Sill, Zerbrochene Spiegel. Studien zur Theorie und Praxis modernen autobiographischen Erzählens, Berlin/New York 1991.

Andreas Clausing und Georg Lengers von der Planung bis hin zur Abschlußredaktion mit. Alle genannten Mitarbeiter beteiligten sich an der Entwicklung des Fragebogens und der Erhebung der quantitativen Daten ebenso wie an der Durchführung, Verschriftlichung und Interpretation der lebensgeschichtlichen Interviews. Insbesondere hat Gudrun Bollmann, unterstützt durch Heike Kromrey, weitgehend eigenständig die Auswertung der statistischen Daten vorgenommen.

Zeitweilig beteiligt an der Durchführung, Verschriftlichung und Diskussion der Interviews waren außerdem Heike Kromrey, Dirk Lueg sowie Jürgen Thomas.

Danken wollen wir an dieser Stelle den vielen Einrichtungen, die es uns ermöglichten, die vorliegenden Erhebungen durchzuführen; damit auch allen beteiligten Lehrern, Sozialarbeitern/Sozialpädagogen sowie den Kollegen vom DGB und den verschiedenen Einzelgewerkschaften. Insbesondere aber sind an dieser Stelle die beteiligten Jugendlichen/jungen Erwachsenen zu erwähnen - vor allem jene, die uns bereitwillig ihre Lebensgeschichten erzählten. Ohne ihre Bereitschaft, bisweilen auch über sehr persönliche Dinge zu berichten, wären die vorliegenden Ergebnisse nicht zustande gekommen.

Münster,   Dieter Hoffmeister
im Frühjahr 1991

Inhaltsverzeichnis

Vorwort.. 7

Inhaltsverzeichnis... 9

Einleitung... 11

1 Jugendliche heute:
  Der Mythos von Opfern und Tätern..................................... 17

1.1 Von Opfern der Verhältnisse
    zu Tätern an der Gesellschaft?... 17
1.2 Sozial benachteiligt,
    überversorgt, geprellt, renitent?.. 21
1.3 'Her mit dem ganzen Leben':
    Zwischen Privatismus und neuem Selbstbewußtsein........ 25
1.4 Zur Rolle des Politischen
    im Leben von Jugendlichen.. 27

2 Datenerhebung und Interpretation....................................... 34

2.1 Die Hypothesen... 34
2.2 Skalen, Variablen und Statements..................................... 40
2.2.1 Definition der Instabilitäts- und
      Autoritarismus-Skala (I-und A-Skala)............................. 40
2.2.2 Variablen der I- und A-Skala... 42
2.2.3 Verfahrensschwierigkeiten... 43

3 Auswertung des Fragebogen-Materials............................... 48

3.1 Ergebnisse der A- und I-Skalenauswertung....................... 50
3.2 Sonderauszählungen.. 67
3.3 Zusammenfassung... 73

4 Die 'Tücke des Objekts':
Anmerkungen zum narrativen Interview
als Forschungsgegenstand..78

5 Die narrativen Interviews:
Lebensgeschichten im Spannungsfeld von
Individuellem und Gesellschaftlichem..84

5.1 Vorbemerkungen..84
5.2 Die Lebensgeschichten der 'Autoritären' (A)...........................87
5.2.1 Kindheitserinnerungen und Eltern-Kind-Beziehungen..................87
5.2.2 Selbstbilder und Zukunftsvorstellungen................................90
5.2.3 Politik und Gesellschaft..95
5.2.4 Zusammenfassung..98
5.2.5 Gerd (0424.A) - Eine exemplarische Analyse...........................101
5.3 Die Lebensgeschichten
    der 'Autoritären-Instabilen' (A-I)....................................112
5.3.1 Kindheitserinnerungen und Eltern-Kind-Beziehungen..................112
5.3.2 Selbstbilder und Zukunftsvorstellungen..............................116
5.3.3 Politik und Gesellschaft..117
5.3.4 Mirabella (0004.A-I) - Eine exemplarische Analyse..................119
5.4 Die Lebensgeschichten der 'Instabilen' (I)............................132
5.4.1 Kindheitserinnerungen und Eltern-Kind-Beziehungen..................132
5.4.2 Selbstbilder und Zukunftsvorstellungen..............................136
5.4.3 Politik und Gesellschaft..141
5.4.4 Till (0078.I) - Eine exemplarische Analyse..........................144

6 Schlußbemerkungen...157

Literaturverzeichnis...169

Anhang..173

Einleitung

Der Mann wirkt gehetzt und orientierungslos. Als vom System 'ausgespuckter' Weltkriegs-Teilnehmer muß sich auch Leutnant Lohse den veränderten politischen und ökonomischen Gegebenheiten anpassen. Er ist damit, wie viele andere auch, ein Opfer seiner Zeit und ihrer Wirren. Man schreibt die Jahre zwischen dem Ende des 1. Weltkriegs und der Machtübernahme durch die Nationalsozialisten. In Deutschland jagen sich die Übergangsregierungen, das gesellschaftliche System bedeutet wenig, der Einzelne (damit das individuelle Überleben) alles. Als 'Wanderer zwischen den Welten' lebt auch Leutnant Lohse zunächst ohne Hoffnung auf eine bessere Zukunft. Seine wichtigsten Kapitalien bestehen aus seinem Vermögen, strategisches Denken und Opportunismus zu vereinen, aus seiner Fähigkeit zum 'vorauseilenden Gehorsam' und - last but not least - seinem Gespür für die 'richtigen' Leute. Gewürzt mit dem nötigen Quantum Skrupellosigkeit gehört Lohse zu den Menschen, die, um zu überleben, bereit sind, über Leichen zu gehen - und dies im wahrsten Sinne des Wortes.

Die Erfahrungen, die die Kunstfigur Theodor Lohse in Bernhard Wickis Film "Das Spinnennetz" im Verlaufe seines 'Aufstiegs' macht und die ihn zu dem werden lassen, was er ist, sind auch als Auswirkungen soziologisch beschreibbarer Gesellschaftszustände lesbar. Gesellschaftszustände, die der Protagonist des Films als gegenwartsrelevante Realität(en) erfährt. Aber es sind nicht diese gesellschaftlichen Rahmenbedingungen allein, die die Herausbildung von spezifischen Charakterstrukturen, Meinungen und persönlichen Einstellungen der Individuen verantworten. Immer existieren auch Momente relativer Entscheidungfreiheit im Leben eines jeden Menschen, biographischen Weggabelungen gleich. Diese ermöglichen es ihm, entsprechend seiner subjektiven Erfahrungsfonds, seines individuellen 'Gewordenseins', diesen oder einen anderen Weg zu wählen und zu gehen. In der 'Topographie der Lebenswege' ist die Dialektik von Allgemeinem und Besonderem, von gesellschaftlicher Entwicklung und individueller Biographie kristallisiert.

Was die historische Seite dieses Prozesses anbelangt, so deutet Klaus Horn, aus sozialpsychologischer Sicht, die Probleme des Kleinbürgers an der Schnittstelle von gesellschaftlicher Rahmenbedingung und individueller Existenz an: "Die anerzogene bürgerlich-ideologische Vorstellung, jeder sei seines Glückes Schmied, mußte angesichts der von den kleinbürgerlichen Schichten verleugneten ökonomischen Quasi-Naturgesetzlichkeiten der kapitalistischen Gesellschaft zum Alptraum werden: Die gesellschaftliche Entwicklung drückte sich im bewußten und unbewußten Selbstverständnis der Angehörigen dieser Schichten als unerträgliche Spannung zwischen dem idealen Selbstbild und der tatsächlichen Existenz aus."[1]

Die realgeschichtlichen Folgen eines solchen Spannungsverhältnisses liegen heute für die meisten weit hinter uns. Die Summe der hierin verborgenen subjektiven Faktoren hatte am Ende der Weimarer Republik jene neue Zeit hervorgebracht, die man - einen historischen Augenblick lang - die 1000jährige nannte. Fragen, die sich uns diesbezüglich heute stellen, sind die nach der Wiederholbarkeit von Geschichte - dieser Art von Geschichte. Solche Fragen sind immer dann zu stellen, wenn man aus Geschichte(n) zu lernen gedenkt.

Die Untersuchungen, die wir durchgeführt haben, fallen in einen Zeitraum, in dem abermals ein wenig von dieser Spannung spürbar wird, sich allerorten autoritäre Gesinnung wieder programmatisch und organisatorisch zu formieren beginnt. Träger der gegenwärtig zutage tretenden 'rechtsextremen' bzw. 'neofaschistischen' Einstellungsmuster seien - so die Wahl- und Meinungsforscher übereinstimmend - einerseits die heute bereits Älteren; zum anderen aber - und dies ist die sicherlich bedenklichere Entwicklung - vor allem jüngere Mitbürger, Jugendliche und junge Erwachsene also, bei denen sich eine Art 'neurechter Mentalität' breitmache. Was letztere anbelangt, so hätten dem aufmerksamen Beobachter schon vor längerem Entwicklungen, die in diese Richtung verliefen, auffallen müssen. Hinweise hierauf gab es genug. Bereits auf einem Shell-Symposium mit Jugendlichen sowie Vertretern aus Wissenschaft, Wirtschaft, Politik und Verwaltung im Jahre 1980 monierte ein jugendlicher Teilnehmer: "Was mich zum Beispiel bedrückt und was hier auf der Tagung überhaupt nicht angesprochen wurde, ist das Problem des Neo-Faschismus."[2] Im weiteren Verlauf der Diskussion wurde dann ein anonymes Schreiben verlesen, welches ein Teilnehmer als Reaktion auf die damalige Veranstaltung 'Rock-gegen-Rechts' sowie eine Flugblatt-Aktion mit der Überschrift 'Frankfurt ist kein Platz für alte und neue Nazis' erhalten hatte. In diesem Schreiben hieß es unter anderem: "In diesem Käseblatt heißt es: 'Frankfurt ist kein Platz für alte und neue Nazis'. Bald wird sich herausstellen, für wen in Frankfurt kein Platz ist. Denkt bloß nicht, der 16. Juni war ein Erfolg für Euch rote Ratten! Hätten die rund 6000 Polizisten Euch nicht bewacht, wäre es nie zu diesem Rock-gegen-Rechts-Spuk gekommen. Schluß mit dem kommunistischen Unfug! Tod dem roten Dreck! PS. Es wird Tote geben. Als Erster bist Du dran, Alwin Borst! Der

---

1 Klaus Horn, Zur politischen Psychologie des Faschismus in Deutschland (1970), in: Reinhard Kühnl (Hrsg.), Texte zur Faschismusdiskussion I, Hamburg 1974, S. 164 ff., hier: S. 165.
2 Wilhelm von Ilsemann (Hrsg.), Jugend zwischen Anpassung und Ausstieg. (Jugendwerk der Deutschen Shell), Hamburg 1980, S. 152.

Kampf beginnt - Heil Hitler!"[3]
Auf die Vorhaltungen, dem erstarkenden Neofaschismus unter Jugendlichen werde zu wenig Aufmerksamkeit gewidmet, reagierte einer der anwesenden Politiker, es handelt sich um den damaligen Junge-Union-Vorsitzenden und heutigen Bundestagsabgeordneten Matthias Wissmann, mit den Worten: "Haltet Ihr das, was Ihr jetzt sagt und auch vorgetragen habt, auch nur ausschnittweise für eine zutreffende Beschreibung der Lage - auch nur eines beträchtlichen Teils - der jungen Generation in Deutschland, oder gibt es nicht - was ich nicht wegdrücken will - Probleme am rechten Rand von Spinnern, Idioten, Verrückten und Ewiggestrigen - wie sie sich in einem solchen Brief ausdrücken? Macht Ihr nicht dasselbe, was Ihr dem Seminar vorwerft, daß Ihr nämlich ein Problem, das es gibt, überpointiert bzw. es zu einem erheblichen Teil der Wirklichkeit erklärt?"[4] Die Antwort auf eine solche Frage gab die realpolitische Entwicklung der 80er Jahre. Die 'Spinner, Idioten und Verrückten' wurden erheblicher Teil der politischen Wirklichkeit. So gelang es z.B. der NPD im April 1989 in den Frankfurter Römer einzuziehen. 13,1% der männlichen Erstwähler hatten bei der Kommunalwahl 1989 diese Partei gewählt.[5]

Der vorliegenden Untersuchung liegt die Annahme zugrunde, daß die von vielen überwunden geglaubten politisch-ideologischen, neofaschistischen Einstellungen, die heute wieder fröhlich Urständ feiern, nicht plötzlich vom Himmel gefallen sind. Eher dürften sie sich aus dem Zusammentreffen sowohl situationsbedingter als auch gewachsener Erfahrungsmuster herleiten lassen. Zu den situationsbedingten Faktoren wären etwa solche zu rechnen, die die soziale Lage vieler Menschen kennzeichnen, wie beispielsweise Arbeitslosigkeit, die Zugehörigkeit zu einer bestimmten sozialen Klasse, Schicht, Gruppe etc.. Als gewachsene Faktoren wären spezifische Lebensverläufe und biographische Besonderheiten (also z.B. frühe Kindheitserfahrungen) zu sehen,

---

3 Ilsemann, a.a.O., S. 155.
4 Ebd.
5 Rückblickend betrachtet, brachte eine der anwesenden jugendlichen Teilnehmerinnen als einzige das Problem wirklich auf den Punkt: "Wir haben versucht, über Neofaschismus zu reden, haben versucht, unsere Angst darzustellen. Ich studiere nicht, ich gehöre zu den Erwerbstätigen und ich meine, daß auch bei diesen Leuten eine Angst vor dem Neofaschismus besteht. Das verstärkt sich bei mir, wenn ich sehe, wie hier über einzelne Aussagen nur gelächelt wird. Da kommt es mir ganz kalt, wenn einzelne Leute hier immer noch versuchen, alles zu verteidigen, was solche Neofaschisten machen, oder sagen, das sei doch im Grunde gar nicht so, das seien doch nur ein paar Leute. Ich habe Erfahrungen mit der Wiking-Jugend gemacht und habe gesehen, was für Chaoten das sind. Die ziehen immer mehr Leute an sich heran, und gerade solche Minderheit wird mal was! Wenn ich sehe, daß alles abgeschwächt wird und es heißt, es sei doch alles gar nicht so schlimm, dann sehe ich, daß meine Angst berechtigt ist." (Ilsemann, a.a.O., S. 156 f.).

all das also, was über einen längeren Zeitraum hinweg von jemandem angeeignet wurde, weitgehend unabhängig von seinem gegenwärtigen sozialen Status. Vor allem das Zusammenwirken dieser beiden Faktoren vor dem Hintergrund eines 'günstigen' politisch-gesellschaftlichen Klimas dürfte - dies waren unsere Überlegungen - der Schlüssel sein für die Renaissance der in jüngerer Zeit immer häufiger zu beobachtenden '(neu)rechten Mentalität'.

Daß wir gerade die Gruppe der Jugendlichen/jungen Erwachsenen ins Blickfeld nahmen, hat mehrere Ursachen. Zum einen war gerade die Gruppe der bis zu 25jährigen in der bereits genannten Untersuchung zu Ausmaß und Entwicklung der Neuen Armut im kommunalen Raum, die zwischen 1985 und 1987 durchgeführt wurde, als besonders 'krisenanfällig' und 'krisenbetroffen' erschienen. Zum anderen sind es ja offenbar gerade die Jüngeren, die sich gegenwärtig - neben den 'Ewiggestrigen' und 'Unverbesserlichen' - zunehmend stärker den Parteien am rechten Rand zuwenden.

Dabei haben wir uns nicht mit solchen Jugendlichen/jungen Erwachsenen befaßt, die erklärtermaßen zu einem Personenkreis gehören, der bestimmte politsch-ideologische Orientierungen bereits durch die Zugehörigkeit zu einer Organisation annonciert. Vielmehr ging es uns darum, die ganz alltägliche Anfälligkeit für autoritäre Einstellungen exemplarisch in einer Stadt zu erkunden. Geleitet wurden wir von der Überlegung, daß gleiche oder ähnliche ideologische Einstellungen auch aus sehr gleichen oder ähnlichen lebensgeschichtlichen und situativen Kontexten gespeist werden. Als eine der wesentlichsten situativen Ursachen, und dies werden auch gerade politische Kreise derzeit nicht müde, immer wieder zu bekunden, vermuteten wir vor allem durch Arbeitslosigkeit hervorgerufene Prozesse psychosozialer und ökonomischer Belastungen, Individualisierung und Marginalisierung. Es war also eine bestimmte 'Klientel', auf die wir unser Augenmerk richteten und bei der wir ein Ensemble von Meinungen, Attitüden und Wertvorstellungen hinsichtlich gesellschaftlich-politischer Entwicklungen annahmen, die man als autoritäre Einstellungsmuster bezeichnen kann. Besondere Aktualität gewonnen hat die Beachtung solcher Haltungen ja insbesondere mit Blick auf die Erfolge 'neu'rechter Parteien und ihrer Siegeszüge durch die Kommunal- und Landesparlamente. Die Frage, wie es kommt, daß derzeit zunehmend größere Bevölkerungskreise wieder offen antidemokratische Haltungen bejahen (offensichtlich wird dies nicht nur im Wahlverhalten), andere sich aber als relativ widerstandsfähig gegen jede Art von antidemokratischem Denken erweisen, rückte in erster Linie den je individuellen Faktor in den Mittelpunkt unseres Interesses.

Da gerade in den letzten Jahren hierzu einige Befragungen durchgeführt wurden, hatten wir zwar eine Vorab-Orientierung, die wir für unsere Arbeit gut gebrauchen konnten, aber: ein Individuum kann auch versteckte Gedanken haben, es kann Einstellungen mit sich herumtragen, die es unter gar keinen

Umständen anderen mitzuteilen gedenkt oder die es gar vor sich selber zu verbergen sucht. Zu solchen Mechanismen Zugang zu gewinnen konnte nicht allein nur mittels Durchführung einer Befragung gelingen. Um feststellen zu können, ob bestimmte Wertvorstellungen, Normen- und Wertemuster und daraus möglicherweise erwachsende Handlungen im politischen Raum einem relativ einheitlichen Selbst-und Weltbild entspringen, war es notwendig, in die Tiefenstruktur der dem Individuum oft selbst verborgenen Zusammenhänge einzudringen. Wir mußten also die nach außen sichtbare Oberflächenmeinung ebenso überprüfen, wie das darunter verborgene Bewußtsein - all dies wiederum vor dem Hintergrund der gegenwärtigen Existenzbedingungen, gekennzeichnet durch die sozioökonomische Augenblickssituation.

Bei der Erforschung der Oberflächenmeinung entschlossen wir uns dazu, ein skalierendes Verfahren zu wählen. Zum einen konnten wir auf diese Weise bestimmte Haltungen und Einstellungen durch Messen sichtbar machen; zum anderen wurde es uns so möglich, eine Auswahl mit Blick auf jene Informanten zu treffen, mit denen wir lebensgeschichtliche Interviews durchführen wollten.

Hierzu standen für uns im wesentlichen, faßt man die gegenwärtige Forschungsliteratur generalisierend zusammen, zwei Persönlichkeitsentwürfe im Vordergrund: zum einen der instabile, hedonistische und spontan-flexible Jugendliche/junge Erwachsene, zum anderen der zu wieder stärker autoritärer Unterwürfigkeit und sozialdarwinistischer Grundhaltung neigende Aufstiegsorientierte. Entsprechend entwickelten wir zwei Skalen. Die eine kennzeichneten wir als I-Skala (=Instabilitäts-Skala), die andere als A-Skala (=Autoritarismus-Skala), auf denen alle Befragten eingeordnet wurden.

Hinsichtlich des von uns vermuteten hohen Stellenwerts der sozioökonomischen Augenblickssituation (also u.a. des Faktors Arbeitslosigkeit) und der daraus resultierenden politisch-gesellschaftlichen Disposition war unsere wichtigste Zielgruppe zunächst die der arbeitslosen bzw. von Arbeitslosigkeit bedrohten Jugendlichen. Sie zerfiel zum einen in solche, die tatsächlich gänzlich 'unversorgt' waren, zum anderen in die 'potentiell Arbeitslosen', jene also, die sich wegen ihrer schlechten Vermittelbarkeit in diversen Maßnahmen des Arbeitsamtes befanden. Als Vergleichsgruppen fungierten für uns sowohl die erwerbstätigen Jugendlichen/jungen Erwachsenen als auch Schüler und Schülerinnen aus den Abschlußklassen der unterschiedlichen Schulformen.

Die verschriftlichten lebensgeschichtlichen oder 'narrativen' Interviews interpretierten wir abschließend mit dem Ziel, Gemeinsamkeiten im biographischen Erleben bei denjenigen Jugendlichen/jungen Erwachsenen aufzudecken, die, weil besonders hoch bzw. niedrig auf einer der beiden Skalen rangierend, für uns von besonderem Interesse waren. Erst von hier aus - dem systematischen Erkunden von biographischen Gemeinsamkeiten - war es uns möglich, wahrscheinliche Ursachen für die Herausbildung autoritärer oder instabiler Charakterstrukturen aufzudecken und zu benennen.

1 Jugendliche heute: Der Mythos von Opfern und Tätern

1.1 Von Opfern der Verhältnisse zu Tätern an der Gesellschaft?

Jugend besser verstehen zu wollen, als sie sich selbst versteht, mag ein Anspruch vieler Jugendstudien sein. Wir geben weder vor zu wissen - oder herausfinden zu können - welches die 'objektiven Interessen' heutiger Jugendlicher sind, noch, wie sich diese 'eigentlich' zu verhalten hätten, um bestimmten Standards, von wem auch immer formuliert, zu entsprechen. Zu groß sind die Lücken, die geblieben sind bei der 'lückenlosen' Aufklärung des 'Problems Jugend' durch die daran beteiligten gesellschaftlichen Gruppen, Institutionen und wissenschaftlichen Disziplinen. Aber beginnen wir mit dem Begriff selbst, mit seiner Einordnung im für unsere Belange relevanten Wortsinn.

Wir wollten herausfinden, wie heutige Jugendliche mit der Tatsache umgehen, daß sie gleichsam die Vorhut bilden für eine Spaltung der Gesellschaft in jene, die an den Freuden und Leiden des Produzierens und Konsumierens teilnehmen, und solche, die hiervon weitgehend ausgeschlossen sind - und dies möglicherweise auch künftig bleiben werden. Dazu hielten wir es für notwendig, einige Vorab-Überlegungen anzustellen, um zu klären, aus welcher Perspektive heraus wir selber Jugendliche/junge Erwachsene wahrnehmen.

Umgangssprachlich verfahren wir alle mit dem 'Phänomen Jugend' in unterschiedlichster Art und Weise. Immer meinen wir zu wissen, was gemeint ist, wenn von Jugend die Rede ist; denn immer wird uns ja auch der sprachliche Kontext gleich mitgeliefert (Jugendkriminalität, Jugendkultur, Jugendphase etc.). In soziologischer Perspektive wird dies allerdings schnell zum terminologischen Problem. So ist zum Beispiel das Kriterium 'Jugendlichkeit' umgangssprachlich häufig gerade nicht Indikator für das Alter einer Person -was es aus soziologischer Sicht aber zu sein hätte.[1] Und obwohl etwa ein heute 18jähriger auf der einen Seite in den verschiedensten Zusammenhängen durchaus noch als Jugendlicher bezeichnet und behandelt wird[2],

---

1 Auch eine z.B. 60jährige kann umgangssprachlich durchaus als 'jugendlich' bezeichnet werden, wobei diese Bezeichnung gerade deshalb ihre besondere Aussagekraft gewinnt, weil sie sich konträr zum realen Lebensalter verhält.
2 Dies gilt u.a. bei der Verhängung von Jugendstrafen, die für 'Heranwachsende' (bis zum 21. bzw. 24. Lebensjahr, vgl. § 93 [2] Jugendgerichtsgesetz) verhängt oder aber ausgesetzt werden können. Demgemäß dominieren in den entsprechenden Strafvollzugsgesetzen für diese Altersgruppe 'erzieherische' Überlegungen: mit Blick auf die Wirkungen und Aufgaben des Jugendstrafvollzugs. Sie ermöglichen erst die Aussetzung von Strafe (vgl. § 91 [1-4], wo die Bedingungen für eine solche Aussetzung formuliert sind).

erlangt er einen deutlich anderen Status allein durch seinen Eintritt in Institutionen wie Polizei oder Bundeswehr: aus dem (noch tags zuvor) mit allen Attributen von 'Jugend', damit relativer 'Unreife' behafteten Jugendlichen wird scheinbar übergangslos der mit Tugenden wie Härte, Verantwortungsbewußtsein und Opferbereitschaft ausgestattete junge 'Mann'. Daß mit dem Wandel der Anforderungsprofile auch ein Wandel der Erwartungen an seine zutiefst persönlichen psychosozialen Fähigkeiten und Eigenschaften einhergeht, muß nicht eigens betont werden.

Ähnliches können wir auch bei weiblichen Jugendlichen beobachten. Als Folge früher Mutterschaft z.B. wird einem Teil von ihnen relativ unvermittelt der Status einer 'Frau' (häufig der einer 'Ehefrau') mit allen gesellschaftlich bedingten Anforderungsprofilen zugewiesen, während der überwiegende Teil der Gleichaltrigen noch als betreuungsbedürftige 'Kinder' im elterlichen Hause verweilt. Bereits diese einfachen Beispiele deuten an, auf welch schwankendem Boden der Begriff 'Jugend' daherkommt, wie sehr er also von herrschenden, soziokulturell bedingten Rollenzuschreibungen bestimmt wird und welchen unterschiedlichen und oft widersprüchlichen Erwartungen und Belastungen Jugendliche dabei ausgesetzt sind.

Die Tatsache, daß jemand oder etwas als 'jugendlich', als 'Jugendkultur' oder als 'Phänomen Jugend' begrifflich bezeichnet wird, ja daß sogar eine eigene Konsumgüterindustrie sich hierum gruppiert und spezielle 'Jugend'-Forschungszweige und Disziplinen (wie z.B. die Pädagogik oder die Jugendsoziologie) sich herausgebildet haben, signalisiert, daß Jugend als etwas Besonderes, als etwas, um das man sich kümmern und bemühen muß, auf das man sein Augenmerk zu richten hat, begriffen wird. Jugend besitzt also offenbar eine ihr eigene gesellschaftliche Funktion. Schaut man sich aber diese 'Bemühungen' um Jugend näher an, so kommt man nicht umhin festzustellen, daß all das, worin sie sich von etwas anderem (der 'Restgesellschaft') unterscheidet, für viele anscheinend wichtiger ist als die Differenzierungen innerhalb der Fraktion der Jugendlichen selbst: wichtiger als unterschiedliche Klassen- und Schichtzugehörigkeiten, wichtiger als unterschiedliche biographische Erfahrungen, auseinanderklaffende ökonomische, kulturelle und intellektuelle Standards oder milieuspezifisch angeeignete Werte- und Normenmuster. Das, was das scheinbar Jugendspezifische ausmacht, bleibt dabei oft auf rein äußerliche - zudem häufig vermarktbare - Merkmale wie Moden, musikalische Vorlieben, kurz: Stile reduziert. Aus der gängigen Perspektive gerät allzu oft das in den Blick, was diese Jugendlichen/jungen Erwachsenen an Soziokulturellem und Milieuspezifischem produzieren und weniger das, wie sie produzieren und was sie produziert, mithin ihre Persönlichkeitsstruktur hervorbringt. Erst der Blick auf ihre individuellen Erfahrungsfonds, auf ihr biographisches Erleben und die Art und Weise der Erlebnisproduktion aber eröffnet die Chance, Ursachen und

Formen ihres gesellschaftlichen Handelns zu offenzulegen.

Wir wollen mit diesen Überlegungen auf ein grundsätzliches Problem aufmerksam machen. Auf das Problem nämlich, daß eine Definition dessen, was unter dem schillernden Begriff 'Jugend' hier und anderswo behandelt wird, so einfach nicht ist: Jugend als Summe gemeinsamer Merkmale und Lebensweisen einer ganzen Generation ist Fiktion.

Beschäftigt man sich zu Beginn der 90er Jahre mit den jugendsoziologischen Studien und Diskussionen der 70er und 80er Jahre, so stößt man auf die unterschiedlichsten Schwerpunktsetzungen hinsichtlich der Untersuchungsfragen, der methodischen Verfahren, theoretischen Vorab-Annahmen und Deutungen. Gleichwohl existiert - bei allem Bemühen um forschungsrelevante Einzigartigkeit - auch Gemeinsames. Eine dieser Gemeinsamkeiten ist die in verschiedensten Variationen diskutierte These von der Herausbildung 'neuer Sozialcharaktere', einer gleichsam 'kopernikanischen Wende' im Verhältnis zwischen Eltern und Kind, Schülern und Lehrern, Jugend und Gesellschaft. Dabei scheint häufig ein Grundmuster durch, welches systematisch zwei Typen von Jugendlichen unterscheidet: zum einen den milieu-, d.h. sozialisationsgeschädigten Erben aus sozialen 'Problemhaushalten'; zum anderen den (in der Regel nicht näher definierten) 'Normaljugendlichen', dessen Existenz allein durch die Konstruktion des den 'normalen' Rahmen sprengenden, grenzüberschreitenden, kurz: 'abweichenden Jugendlichen' vorausgesetzt wird. Zum einen angepaßt und aufstiegsorientiert, zum anderen zwischen 'Anarchismus und Apathie' (Baake, 1980) pendelnd, geistert die Gruppe dieser 'Problemjugendlichen' (oder, wie es in einer früheren Untersuchung ein von uns befragter Experte formulierte: "problembehafteten Jugendlichen") als vom System 'ausgespuckte', unangepaßte (und offenbar auch unanpaßbare), ständig anwachsende Phalanx durch die jugendsoziologische Diskussion. Ihre immer wieder behauptete gesellschaftliche Disfunktionalität besitzt genau so viele Facetten wie die Erwartungshaltungen derjenigen (Lehrer, Erziehungsberater, Erziehungswissenschaftler, Psychologen, Soziologen usw.), die diese zur Sprache bringen. Der Diskurs bringt somit vor allem die ethischen Positionen und Orientierungen derer an den Tag, die ihn führen. Erlebte oder drohende Arbeitslosigkeit, auf die wir in erster Linie unseren Blick richteten, fungiert nur mehr als eine Variante auf dem Festival der gemutmaßten Bedrohungspotentiale, die für viele von den 'Unintegrierbaren' ausgehen.[3]

---

3 So bemerkte u.a. das EMNID-Institut 1985, daß zur wichtigsten politischen Aufgabe für Jugendliche zwischen 14 und 21 Jahren der 'Abbau der Arbeitslosigkeit (Platz 1) zähle. Nach 'Umweltschutz' (Platz 2) und 'Sicherung des Friedens' (Platz 3) rangierte in dieser Untersuchung das Problem 'Jugendarbeitslosigkeit' aber erst auf Platz 4 der Nen-

Aber auch auf dem Felde der methodischen Umzingelung des Problems existiert sowohl Unterschiedliches als auch Gemeinsames. Eine der methodischen Gemeinsamkeiten, die empirische Untersuchungen zum Zusammenhang von jugendlicher Lebensweise und Jugendarbeitslosigkeit auszeichnen, ist der gängige Versuch, die Deutungsmuster, durch die hindurch die Welt von Jugendlichen/jungen Erwachsenen erlebt und bewertet wird, unter Zuhilfenahme quantitativer Verfahren (z.B. 'Einstellungsskalen') zu dechiffrieren. Erst in jüngerer Zeit gingen einzelne Autoren dazu über, durch Anwendung qualitativer Verfahren (z.B. 'biographischer Interviews') die Lebenswelt der Befragten systematisch zu erforschen und biographische Wendepunkte und Brüche auszumachen. Leider allerdings werden beide Herangehensweisen fast durchgängig im 'Ausschlußverfahren' durchgeführt, d.h. es gelangt entweder das eine oder das andere Verfahren zur Anwendung. Selten nur greifen Autoren zu Methoden, die geeignet sind, die Systematik der Produktion der von ihnen gemessenen Einstellungen und Handlungsweisen zu erhellen. Man darf sich bei aller flott formulierten Kritik allerdings nicht darüber hinwegtäuschen, daß es sehr schwierig ist, methodisch gesicherte Aussagen zu treffen. Ob systematisierbare Einstellungsmuster und Selbstbilder Jugendlicher/junger Erwachsener als unmittelbarer Reflex auf, sagen wir den demographischen Wandel, die Entwicklung regionaler Arbeitsmärkte oder andere Augenblickssituationen daherkommen, oder ob solche aktuellen Entwicklungen überformt werden durch jene, die aus dem Ensemble längerfristiger biographischer Erfahrungen resultieren, ist von entscheidender Bedeutung. Anders formuliert: Wichtige Erzeugungsgrundlagen von Lebensentwürfen, damit Einstellungen und Handlungsbereitschaften (die jeweils unterschiedliche Methoden zur Beschreibung und Messung erfordern) sind vermutlich eher in den von aktuellen Strukturdaten weitgehend unbeeinflußten Erfahrungszonen angesiedelt. Sie reagieren zwar im Verbund mit diesen, sind aber nicht bloßer Reflex hierauf. Wie die Welt von jemandem gedeutet wird, ist immer Resultat seines ganzen Lebens. Eine der Folgen dieses Sachverhalts ist, daß biographisch gewonnene, ethisch-moralische Positionen nicht beliebig anpaßbar sind an strukturelle Veränderungen im sozialen Raum.[4]

---

nungen. (vgl. EMNID, Werthaltungen, Zukunftserwartungen und bildugspolitische Vorstellungen der Jugend 1985, in: Bundesminister für Bildung und Wissenschaft (Hrsg.), Schriftenreihe Studien zu Bildung und Wissenschaft, Bd. 20, Bonn 1985).

4 Welche Rolle zum Beispiel der kurzfristige Wandel regionaler Arbeitsmärkte (Stichwort: Rückgang der Jugendarbeitslosigkeit) für das politische Bewußtsein und Verhalten der betroffenen Jugendlichen/jungen Erwachsenen (wie es sich beispielsweise im Wahlverhalten äußert) spielt, ist sicher nicht leicht herauszufinden. Ist politisches Bewußtsein bloße Funktion (im Sinne eines einfachen 'Reiz-Reaktionsschemas') der Veränderungen im politischen und ökonomischen 'Überbau', oder spielen hier systematisch inkorpo-

1.2 Sozial benachteiligt, überversorgt, geprellt und renitent?

Von der Annahme ausgehend, daß Einstellungen und Handlungsbereitschaften nicht allein Reaktionen auf aktuelle gesellschaftliche Veränderungsprozesse sind, sondern ihre Ursprünge auch aus den langfristigen biographischen Erfahrungen resultieren, waren für unsere eigenen Forschungen und Vorab-Überlegungen auch einige Ergebnisse von Bedeutung, die in der Sozialisationsforschung erzielt worden sind. Immerhin galt das Hauptaugenmerk annähernd aller (jugend)sozialisationstheoretischen Überlegungen von jeher der Familie als der am nachhaltigsten prägenden Instanz für die Entwicklung Jugendlicher/junger Erwachsener. Vor allem der Faktor 'Schicht- bzw. Klassenzugehörigkeit der Eltern' - so der allgemeinste Nenner - variiere deren Zielvorstellungen hinsichtlich ihrer Erwartungen an die Kinder und differenziere damit die unterschiedlichen Erziehungsstile. Beiträge zu diesem Thema, alte wie neue, haben auf die Tatsache unterschiedlicher Erziehungsstile und ihre Auswirkungen in Abhängigkeit von unterschiedlichen Klassen, Schichten und Gesellschaftsfraktionen hingewiesen. Ob als Resultat einer Übertragung der in der eigenen Berufswelt gemachten Aufstiegserfahrungen auf die Kinder[5], der Orientierung an umfangreichen sozialen Gratifikationen und Entschädigungen[6], der Vermittlung von schichtenspezifischen Sprachstilen[7] oder der Weitergabe von sozialem (Beziehungen, Verwandtschaft) kulturellem (Bildung, Artikulationsfähigkeit) und/oder ökonomischem Kapital als Vorabbedingung einer quasi 'investiven Inkorporation'[8]: nahezu durchgängig wird in all diesen Ansätzen - implizit oder explizit - die elterliche Stellung (insbesondere der berufliche Status des Vaters) zur bestimmenden Einflußgröße von Sozialisationsprozessen und damit zum Maßstab für Aufstieg oder Fall innerhalb eines Systems miteinander konkurrierender sozialer Fraktionen und Gruppen. Das Einrichten kompensatorischer Sprachtrainigsprogramme für sogenannte Unterschichtenkinder[9] war eine der frühen (reform-)päda-

---

rierte familiäre und/oder schulische Erfahrungsfonds (etwa im Sinne einer klassen- oder schichtenspezifischen Aneignung und Verfügung über Praxis- und Bewußtseinsformen, die 'Aufstieg oder Fall' einer Person bereits früh annoncieren) die entscheidende Rolle? Und erlangt damit nicht auch das 'Un- oder Vorbewußte' einen wichtigen handlungsstrukturierenden Stellenwert?
5 Vgl. D. F. Aberle/K. D. Naegele, Middle Class Father's Occupational Role and Attitudes Toward Children, in: Th. Olson (Hrsg.), America as a Mass Society, Glencoe 1953.
6 Vgl. D. McKinley, Social Class and Family Life, New York 1964.
7 Vgl. Basil Bernstein, Studien zur sprachlichen Sozialisation, Düsseldorf 1972.
8 Vgl. Pierre Bourdieu, Die feinen Unterschiede. Kritik der gesellschaftlichen Urteilskraft, Frankfurt a.M. 1982.
9 Vgl. Frithjof Hager/Hartmut Haberland/Rainer Paris, Soziologie und Linguistik. Die schlechte Aufhebung sozialer Ungleichheit durch Sprache, Stuttgart 1975.

gogischen Folgen z.B. der soziolinguistischen Untersuchungen B. Bernsteins.[10]

Die älteren sozialisationstheoretischen Ansätze zusammenfassend, läßt sich etwa sagen, daß Arbeiter in erster Linie versuchen, ihren Kindern konformes Verhalten zu vermitteln, Mittelschichtenangehörige hingegen Selbständigkeit als wichtigstes Qualifikationsprofil bevorzugen. Gerade der in den unteren sozialen Schichten praktizierte autoritäre Erziehungsstil führe in der Konsequenz dann zu "Flucht, erhöhter Unsicherheit und Destruktivität"[11]. Entsprechend die Folgen nach Eintritt in das Erwerbsleben: die in den Fraktionen der Arbeiterklasse sozialisierten Jugendlichen hätten - so der Tenor - mehrheitlich das Rennen um die Besetzung gesellschaftlich relevanter Positionen bereits verloren, bevor für sie der Startschuß gefallen sei: "Für die berufliche Sozialisation ist dieser Typ schlecht vorbereitet, da die Vermittlung von Wertorientierungen wie Fleiß, Pünktlichkeit, Ausdauer und Sparsamkeit, die später als regulative Normen im Produktionsprozeß vorausgesetzt werden, in der familialen Sozialisation mißlang".[12] Ob die hier postulierte Notwendigkeit einer Aneignung von Qualifikationsprofilen wie Fleiß, Pünktlichkeit, Ausdauer usw. allerdings noch uneingeschränkte Gültigkeit besitzt, oder ob sie nicht bereits zunehmend durch neuere Verhaltensstandards überformt wurde und noch wird, mag dahingestellt bleiben. Daß auch die Schule schon immer dazu beigetragen hat, solcherart 'fehlgeleitete' Persönlichkeitsstrukturen massenhaft hervorzubringen, war und ist eine Vermutung der meisten 'Reformpädagogen'.[13]

Die Vertreter neuerer, eher psychoanalytisch orientierter Ansätze glau-

---

10 Eine gewisse Ähnlichkeit der auf den Untersuchungen Bernsteins basierenden kompensatorischen Sprachtrainings-Programme besteht interessanterweise mit den heutigen 'Maßnahmen gegen Jugendarbeitslosigkeit'. Dies betrifft sowohl die personelle Zusammensetzung der Mitarbeiter in diesen Programmen (Sozialarbeiter, Pädagogen, Psychologen, Lehrer) als auch ihre inhaltliche Zielsetzung: nämlich 'Chancengleichheit' herzustellen. Allein die Zielgruppen (vor allem Vorschulkinder damals, schwer vermittelbare Jugendliche heute) und die angewendeten didaktisch-methodischen Verfahren unterscheiden sich voneinander.
11 Vgl. Gerhard Brandt/Luitgard Haas/Evelies Mayer/Wilhelm Schumm (Autorenkollektiv), Berufliche Sozialisation und gesellschaftliches Bewußtsein jugendlicher Erwerbstätiger, Regensburg 1973, S. 120.
12 Brandt u.a., a.a.O., S. 120.
13 Daß pädagogische Programme, die sich ausschließlich an den Erkenntnissen der schichtspezifischen Sozialisationsforschung orientieren, "subjektive Klimata" außen vor lassen und von daher notwendig zu kurz greifen, bemerkte in einem jüngeren Beitrag auch Dieter Baacke: "Die Auffassungen beispielsweise von Familienmitgliedern über sich selbst und die Konkretheit familiärer Einlagerung in Umwelten sind ebenso handlungsrelevant wie sozialstrukturelle Merkmale, die die Verarbeitungskapazität und Erfahrungsdimensionen der Subjekte außen vor lassen." (Dieter Baacke, Sozialökologische Ansätze in der Jugendforschung, in: Heinz-Hermann Krüger (Hrsg.), Handbuch der Jugendforschung, Opladen 1988, S. 71 ff., hier: S. 71).

ben zunehmend, den 'oralen Flipper'[14] als 'neuen Sozialisationstypus mit Strukturmangel'[15] ausgemacht zu haben. Folgt man ihren Schöpfern, so leidet diese Kunstfigur (um zunächst auf die Erscheinungsebene zu schwenken) an mangelnder Planungsfähigkeit und -bereitschaft, dem Unvermögen zum Triebaufschub sowie leichter Verletzbarkeit. Mangelndes Planungsvermögen, spontaner Hedonismus (d.h. der beständige Hang, genußvoll das 'Hier und Jetzt' erleben zu wollen), "böse(s) und/oder depressive(s)"[16] Reagieren bei der Versagung von Bedürfnisbefriedigung (verstärkt immer dann, wenn die Forderung nach systematischer Arbeitshaltung und notwendiger Anstrengungsbereitschaft an den so bezeichneten Typus herangetragen werde) zeichne dessen 'normales' Verhalten im Alltag aus.

Fragt man dagegen nach den Ursachen für die Geburt des so oder ähnlich in der einschlägigen Fachliteratur figurierenden 'neuen Typus', so werden immer wieder Faktoren wie:
- eine in der oralen Phase erworbene 'ausgeprägte Ich-Schwäche'
- der reizüberflutende Medienkonsum (hier wiederum vor allem der 'Video-Boom'),
- die Zunahme des Warenangebots oder - allgemeiner -
- die zunehmende Komplexität, damit Undurchschaubarkeit der gesellschaftlichen Verhältnisse (als Folge des ökonomischen Konzentrations- und politischen Zentralisationsprozesses)
genannt.[17]

Die unterstellten 'psychologischen Probleme' solcherart 'Grundgestörter' unterliegen aber auch - so u.a. K. Horn[18] - einer primär soziologischen Fragestellung: derjenigen nämlich nach den gesellschaftlichen Voraussetzungen der Produktion und Reproduktion von individuellem Wohlbefinden. Die

---

14 Vgl. Klaus Horn, Was heißt hier oraler Flipper? Narzißmus und gesellschaftliche Verhaltensanforderungen, in: Helga Häsing/Herbert Stubenrauch/Thomas Ziehe (Hrsg.), Narziß. Ein neuer Sozialisationstypus? Frankfurt 1981, S. 78 ff..
15 Vgl. Thomas Ziehe, Ich werde jetzt gleich unheimlich aggressiv. Probleme mit dem Narzißmus, in: Häsing/Stubenrauch/Ziehe, a.a.O., S. 36 ff..
16 Horn, Was heißt hier oraler Flipper?, a.a.O., S. 84.
17 Vgl. hierzu die auch gegenwärtig noch aktuellen Überlegungen Wolf-Dieter Narrs, der die im übrigen auch anderswo in verschiedensten Facetten anzutreffende These vertritt, daß die wachsende Abstraktheit der gesellschaftlichen Verhältnisse dirigistisch auf den einzelnen einwirke und ihn auch ohnmächtig zurücklasse. Ökonomisch-politische Konzentrations- und Zentralisationsprozesse "fällen zugleich immer neue Bereich der Gesellschaft, die ökonomisch-politisch nicht mehr benötigt werden, als aktuell oder potentiell irrelevant aus. (...) Als Beispiel dafür, wie gesellschaftliche Gruppen und ganze Gesellschaftsbereiche 'ausgefällt' werden, können sowohl die Jugend- und die Altenprobleme dienen als auch die Art und Weise, wie Stadtteile und Regionen an den Rand gedrängt und dort belassen werden." (Wolf-Dieter Narr, Hin zu einer Gesellschaft bedingter Reflexe, in: Jürgen Habermas (Hrsg.), Stichworte zur 'Geistigen Situation der Zeit', 2. Band: Politik und Kultur, Frankfurt a.M. 1979, S. 489 ff., hier: S. 493).
18 Horn, Was heißt hier oraler Flipper?, a.a.O., S. 84 f..

Gesellschaft verursache unter den gegenwärtigen Bedingungen die Notwendigkeit einer beständigen Umorganisation der Besetzungswünsche als Folge des nie zum Stillstand gelangenden sozialen Wandels[19]. 'Imperiales Denken' etwa (im Sinne von überzogenem Anspruchsdenken, bei gleichzeitig nur geringer Toleranz- und Belastungsbereitschaft) könnte, so gesehen, auch als Folge nicht erfüllter Wünsche nach Unmittelbarkeit der Erfahrung, Spontaneität, Aufgehobensein etc. gedeutet werden. Widerspricht also - bewegt man sich auf dem Boden dieser Überlegungen - die erwartete Anpassung an eine Normen- und Wertewelt der Erwachsenen nicht den von diesen im Gegenzuge bereitgestellten Entwicklungs- und Entfaltungsmöglichkeiten? Wie dem auch sei: der 'grundgestörte Narziß' jedenfalls ist seit einigen Jahren fester Bestandteil der jugendsoziologischen, pädagogischen und psychologischen Diskussion.[20]

Auf der Ebene der Theorie vom persönlichkeitsstrukturellen Wandel bei großen Teilen der heutigen Jugendlichen wird auch die Wertewandel-Diskussion geführt. Ihr bekanntester Vertreter ist der Freizeitforscher H.-W. Opaschowski. Bereits 1983 forderte Opaschowski zur Auseinandersetzung mit neuen Erziehungszielen auf. Dies sei notwendige Folge der von ihm beobachteten Zunahme einer 'Verschiebung' der Werte in den Bereichen Arbeit und Freizeit.[21] Unter Rückgriff auf die Untersuchungen des Amerikaners R. Inglehart stellte auch er bei der jüngeren Generation in der Bundesrepublik eine Umorientierung fest, in deren Verlauf diese sich vom 'materialistischen Denken' zunehmend verabschiede und sich eher 'postmaterialistischen Werten' zuwende. Opaschowskis These: Eine solche Verschiebung bringe "das tradierte Wertesystem in Bewegung. Die Wertedynamik zieht eine Verhaltensdynamik nach sich und beschleunigt den gesellschaftlichen

---

19 An dieser Stelle wäre etwa darüber nachzudenken, ob der Frage nach 'Planungsunfähigkeit' bzw. 'Planungsunmöglichkeit' nicht auch die Frage nach 'Planungslust' bzw. 'Planungsunlust' (denn warum sollte jemand denn überhaupt planen 'müssen'?) hinzuaddiert werden sollte.
20 Als solcher stellt er die logische Verlängerung einer Diskussion dar, die mit den Thesen der Frankfurter Schule über den Zerfall der bürgerlichen Familie ausgelöst wurde. Die Überlegung, die hier angestellt wurde, geht etwa davon aus, daß mit dem Zerfall von Autoritätsstrukturen in der bürgerlichen Familie auch ein Bedeutungsverlust des ödipalen Konflikts einhergehe. Wenn dies der Fall sei, so sei auch die Entwicklung des 'Über-Ichs' in einem Maße behindert, welches es den gesellschaftlichen Kräften erlaube, direkten Einfluß zu nehmen auf innerpsychische Dispositionen, auf 'subjektive Klimata'. "Ziehe trieb diese Fragestellung weiter voran. Seine These lautete, die spätkapitalistische Gesellschaft könne sich individuell nur über narzißtische Strukturen reproduzieren." (Mario Erdheim, Psychoanalytische Ansätze in der Jugendforschung, in: Krüger, a.a.O., S. 29 ff., hier: S. 42.).
21 Vgl. Horst W. Opaschowski, Neue Erziehungsziele als Folge des Wertewandels von Arbeit und Freizeit, in: ZfP, Beiträge zum 8. Kongreß der Deutschen Gesellschaft für Erziehungswissenschaft, 18. Beiheft, Weinheim und Basel 1983, S. 237 ff..

Veränderungsprozeß."[22] Die jüngere Generation: ein Motor gesellschaftlicher Veränderungsprozesse also?

Was 1983 noch eher vorsichtig als möglicher Trend hin zu einer Veränderung des Zusammenhangs von Arbeit und Freizeit vor dem Hintergrund veränderter Wunschvorstellungen und Lebensperspektiven angedeutet wurde, wird wenige Jahre später von Opaschowski als faktische Entwicklung des Übergangs "vom dualen zum integralen Lebenskonzept"[23] gesehen. Jetzt glaubt der Autor, eine folgenreiche "Umorientierung vom Gelddenken zum Zeitdenken"[24], eine Hinwendung zu Konsumeinschränkung und bescheidenerem Leben ausgemacht zu haben. Freizeit, so Opaschowski, habe sich in ihren innovativen und ausstrahlenden Aspekten gleichsam zum 'Motor des Wertewandels' entwickelt; eine Tatsache, die sich letztlich auch auf die Arbeitswelt auswirke. Mehr als Einkommenshöhe, Status oder Aufstiegsmöglichkeiten seien Arbeits- und Freizeitzufriedenheit zu einem wichtigen Faktor im Leben gerade der jüngeren Generation geworden. Hier wird im Resultat das von Ziehe u.a. behauptete psychosoziale Schwanken, die psychosoziale Instabilität gleichsam als bewußt gelebte Abkehr von einer als schlecht und unzulänglich erfahrenen Welt gedeutet.

1.3 'Her mit dem ganzen Leben': Zwischen Privatismus und neuem Selbstbewußtsein

Ob Yuppie, Punk oder Spießbürger: annähernd allen Fraktionen der Jugendszene unterstellen Forscher und Praktiker einen zunehmenden Hang zum Privaten. Welche Bedeutung zum Beispiel ein Forscher wie Opaschowski der zunehmenden Privatisierung im Schnittpunkt von Lebensplanung, Lebensperspektive und konkreter Lebensweise beimißt, wurde auf dem 11. Kongreß der Deutschen Gesellschaft für Erziehungswissenschaften (DGfE) im März 1988 deutlich. Unter dem Titel 'Zukunft und Lebenssinn - Folgen für den einzelnen/Folgerungen für die Bildungspolitik' legte der Autor ein Thesenpapier vor, in dem bereits die Wahl der Begrifflichkeit (Zunahme von 'Eigenleistungen' und 'Do-it-yourself-Bewegung', 'zunehmende Sehnsucht nach Zeit und Muße für sich selbst', Hinwendung zu 'selbstorganisierten Reisen auf eigene Faust' usw.) die dominierende Bedeutung des

---

22 Opaschowski, Neue Erziehungsziele, a.a.O., S. 242.
23 Horst W. Opaschowski, Die neue Freizeitarbeitsethik, Entwicklungstendenzen im Freizeitbereich und soziale Folgen, in: Elmar Altvater/Martin Baethge u.a. (Hrsg.), Arbeit 2000, Hamburg 1985, S. 143 ff., hier: S. 143.
24 Ebd.

Individuellen annonciert. Auch die Familie als Raum "privater Sinngebung"[25] erfahre derzeit - so der Autor - eine neuerliche Aufwertung.[26]
Ähnlich auch die Autoren der 'Shell-Studie' aus dem Jahre 1985[27]: Fortschreitender Privatismus war auch hier eines der signifikanten Merkmale. Die auf der von den Autoren entwickelten 'Privatismus-Skala' hoch skalierenden Jugendlichen waren vor allem durch solche vertreten, die bereits älter (20 bis 24 Jahre), verheiratet sowie erwerbstätig waren, die Kinder hatten und über mehr Geld als die Restgruppe verfügten[28].

Die 'Nachteile' des ausgemachten 'Rückzugs ins Private' wurden von den Shell-Autoren gleich mitbenannt. Sie bestanden vor allem in der Abkehr von jenen 'Kulturtechniken', die als "kulturell höhergeschätzte Praktiken" bezeichnet wurden: Schreiben, Führen eines Tagebuchs, Musikmachen und Lesen.[29] Ebenso war - wie nicht anders zu erwarten - bei den Hochskalierenden die "Organisationszugehörigkeit" deutlich geringer als bei der Vergleichsgruppe[30].

Aber nicht nur ein neuer 'Privatismus' wurde ausgemacht. Auch zunehmend selbstbewußter, darüber sind sich annähernd alle Autoren einig, werde heute von der jüngeren Generation der Anspruch auf ein befriedigendes und erfülltes Leben eingeklagt. Dies führe hinsichtlich der Erwartungen an die Arbeitsbedingungen durchgängig zu einer offensiveren Artikulation der eigenen Vorstellungen: "Daß Jugendliche manchmal keine Lust zur Arbeit haben, ist an sich nicht neu und schon gar kein Weltereignis; neu ist, daß es möglich geworden ist, die Lustlosigkeit ganz unverblümt in Worte zu kleiden. Dies ist eine Änderung der Normen, kein Wertewandel."[31], so Allerbeck/Hoag in ihrer Replikationsstudie aus dem Jahre 1983.

Zunehmender Privatismus bei gleichzeitigem Umorientierungsbemühen

---

25 Opaschowski, Die neue Freizeitarbeitsethik, a.a.O., S. 145.
26 Ähnliches bemerkt Harry Friebel: 'Freie Zeit' konzentriere sich zunehmend auf den häuslichen Bereich, in immer stärkerem Maße dominiere die 'sozialräumliche Perspektive des zu Hause', der Wohnbereich der Familie also. (Vgl. H. Friebel/J. Geehrt/M. Piontek, Freizeitverhalten und Jugendkultur: Fürs Wochenende leben, in: Harry Friebel (Hrsg.), Von der Schule in den Beruf. Alltagserfahrungen Jugendlicher und sozialwissenschaftliche Deutung, Opladen 1983, S. 87 ff.).
27 Vgl. Jugendwerk der Deutschen Shell (Hrsg.), Jugendliche und Erwachsene '85. Generationen im Vergleich. Biographien/Orientierungsmuster/Perspektiven, Bd. 1, Hamburg 1985.
28 Vgl. Jugendwerk der Deutschen Shell, Jugendliche und Erwachsene '85, a.a.O., S. 141 ff..
29 Vgl. Jugendwerk der Deutschen Shell, Jugendliche und Erwachsene '85, a.a.O., S. 147. Mit welcher Definitionsmacht ausgestattet die Autoren allerdings die aufgeführten kulturellen Fertigkeiten als die 'höhergeschätzten Praktiken' bewerten, bleibt weitgehend im Dunkel ihrer Beurteilungskriterien.
30 Jugendwerk der Deutschen Shell, Jugendliche und Erwachsene '85, a.a.O., S. 148.
31 Klaus Allerbeck/Wendy Hoag, Jugend ohne Zukunft? Einstellungen, Umwelt, Lebensperspektiven, München 1985, S. 71.

und offensiverem Eintreten für die Erfüllung der eigenen, auf individuelles Wohlbefinden abzielenden Wünsche, Hoffnungen und Erwartungen; Verweigerung und aggressives Reagieren bei Nichterfüllung nicht ausgeschlossen: So etwa wäre stichwortartig die Situation zu beschreiben, wie sie in gängigen Jugendstudien (zumindest in ihren übereinstimmenden Teilen) für große Teile der heutigen Jugend gezeichnet wird.

Wen wundert es, daß dabei vom professionellen ebenso wie vom privaten Beobachter kaum mehr so recht unterschieden werden kann zwischen gesellschaftlichem Engagement und dem Eintreten für zutiefst private Belange? Wenn das eine unauflöslich mit dem anderen verknüpft ist, wird letztlich alles zu einer Interpretationsfrage. Und vielleicht erklärt sich auch der Trend hin zu 'kleineren Einheiten' (wie z.b. der Familie, dem Freund/der Freundin, der Clique) gerade daraus, daß allein innerhalb dieser kleineren Einheiten die zutiefst privaten Bedürfnisse mit einiger Aussicht auf Erfolg verwirklicht werden können.

Dokumentiert sich hier nicht auch bereits politisches Bewußtsein? Und wie wirken sich solche Entwicklungen eigentlich auf die Haltung zu den primär politischen Fragen aus? Wie gehen diese Jugendlichen/jungen Erwachsenen eigentlich mit so gesellschaftspolitisch relevanten Fragen wie z.B. der Arbeitslosigkeit, der Ausländer- bzw. Aussiedlerfrage um? Signalisieren diese Beobachtungen eine Entpolitisierung auf breiter Front oder eher einen Bedeutungswandel dessen, was als 'politisch' begriffen wird? Und schließlich: Wie wirkt sich bei alldem der Faktor Arbeitslosigkeit in seinen unterschiedlichsten Erscheinungsformen (ob selbstgewählt oder gesellschaftlich verordnet, befürchtet oder erhofft, im Elternhaus erlebt oder auch nicht) auf das vorherrschende Selbst- und Gesellschaftsbild aus?

1.4 Zur Rolle des Politischen im Leben von Jugendlichen

Obwohl der Zusammenhang von Arbeitslosigkeit und 'politischen Einstellungen bei Jugendlichen' auch in neueren Untersuchungen eine eher randständige Rolle spielt, sind doch in letzter Zeit einige interessante empirische Beobachtungen hierzu gemacht worden. Waren die Jugendstudien bis in die Mitte der 80er Jahre hinein noch dominiert von skalierenden bzw. statistischen Verfahren, mit deren Hilfe Phänomene wie Wertewandel, die Herausbildung von Subkulturen und ähnliches erfaßt werden sollten[32], so schoben sich in neueren Untersuchungen zwei Aspekte etwas

---

32 Anders das Interesse an Jugendforschung. Allein die Tatsache, daß es vor allem Landes-und Bundesministerien sowie Institutionen der Wirtschaft waren, die immer wieder

mehr in den Mittelpunkt des Interesses der Jugendforschung: zum einen der Aspekt der Auswirkungen und Folgen von Jugendarbeitslosigkeit, zum anderen der der Methode ihrer Beschreibung. Vor allem das biographische Interview wurde zum methodischen 'Renner' der 80er Jahre. Exemplarisch seien an dieser Stelle die Untersuchungen "Jugend und Krise" von M. Baethge u.a.[33] sowie "Das beschädigte Leben" von P. Alheit/Chr. Glas[34] genannt.

Auf thematisch zentrierende Interview-Techniken zurückgreifend, versuchten Baethge u.a. zentrale Erfahrungswelten Jugendlicher unter Berücksichtigung unterschiedlicher Herkunftsmilieus und Lebenslagen zu erschließen, zu beschreiben und in ihrer Bedeutung für zukünftige Möglichkeiten einer (insbesondere gewerkschaftlichen) Jugendarbeit zu diskutieren. Selbst für die am weitesten Ausgegrenzten der von den Autoren interviewten Jugendlichen stellten sie fest:
- alle wollten durch Arbeit ihre Lebensbedingungen - obwohl dies nicht immer den Anschein hatte - eigentlich verbessern;
- alle wünschten sich ein regelmäßiges Einkommen, soziale Anerkennung sowie 'geordnete Verhältnisse';
- annähernd alle Langzeit-Arbeitslosen unter ihnen hatten Erfahrungen mit den typischen Folgen von Arbeitslosigkeit gemacht (Verlust der Zeitstruktur etc.[35]); aber:
- alle lehnten auch die herrschende Arbeitsrealität ab und wünschten sich eine Arbeit, die geprägt ist von Selbstbestimmung, qualifizierten Inhalten, angemessenem Verdienst, menschlicheren Umgangsformen etc..

Vor allem zu den Erwartungen an Arbeit bemerken die Autoren kommentierend: "Diese Jugendlichen sind bewußt oder unbewußt auf der Suche nach einer Arbeitsrealität, die sich ihren Lebensvorstellungen fügt."[36] So waren die von Baethge u.a. Befragten mehrheitlich kaum in der Lage, die für sie schwierigen Rahmenbedingungen von (Erwerbs-)Arbeit überhaupt erst zu akzeptieren, um in der Folge, vor dem Hintergrund von langfristiger Veränderungsbereitschaft, die als möglicherweise schlecht empfundene Arbeitsrealität selber umzugestalten.

Diese beobachteten Verhaltensweisen sind als Folge von Grundstörungen

---

Forschungsgelder für diesen Bereich bereitstellten, deutet darauf hin, daß offenbar ein sowohl politisches als auch ökonomisches Interesse daran bestand (und noch besteht), diese Jugendlichen nicht zu 'verlieren'.
33 Vgl. Martin Baethge u.a., Jugend und Krise, Düsseldorf 1987.
34 Vgl. Peter Alheit/Christian Glas, Das beschädigte Leben, Bremen 1986.
35 Vgl. hierzu die für die Arbeitslosenforschung 'klassische' Studie von Marie Jahoda/Paul F. Lazarsfeld/Hans Zeisel, Die Arbeitslosen von Marienthal. Ein soziographischer Versuch über die Wirkungen langandauernder Arbeitslosigkeit, Frankfurt a.M. 1933.
36 Baethge u.a., a.a.O., S. 258.

(Stichwort: oraler Flipper), als Resultate schichtspezifischer Sozialisationserfahrungen oder als Ausdruck von Wertewandel und neuem Selbstbewußtsein lesbar. In der Dokumentation 'Risiko Jugend, Leben, Arbeit und politische Kultur'[37] bemerkt Martin Baethge dann auch entsprechend: "Die Mehrheit der Jugendlichen ist selbstbewußt genug, sich eine derartige Entgegensetzung [arbeiten, um zu leben - leben, um zu arbeiten] für ihr eigenes Lebenskonzept nicht aufdrängen zu lassen, sie fordert in beiden Bereichen, also auch und gerade in der Arbeit, so etwas wie Sinnstiftung und Sinnerfüllung und denkt überhaupt nicht daran, deren Verweigerung in der Arbeit hinzunehmen und sich den Anspruch auf eine sinnerfüllte Arbeit mit Vertröstung auf die Freizeit abkaufen zu lassen."[38]

Dennoch haben offenbar nach wie vor Arbeit und Beruf nichts von ihrer Bedeutung im Leben Jugendlicher eingebüßt. Die Autoren: "Von einer mehrheitlichen Abwendung von Arbeit und Beruf kann bei einer genauen Betrachtung der Lebenskonzepte Jugendlicher, d.h. ihrer langfristigen und handlungsverbindlichen Orientierungen, nicht die Rede sein."[39] Allenfalls für eine kleinere Gruppe (16%) gelte die These Opaschowskis, daß hier eine Hinwendung zum 'Zeitdenken', zur 'Dominanz der Freizeit' festzustellen sei. Hierbei handele es sich allerdings eher um ein aufgezwungenes Rückzugsverhalten als um eine besondere Form selbstgewählter Wunscherfüllung.

P. Alheit und Chr. Glas gelangten nach Auswertung von biographischen Tiefeninterviews zu der Einschätzung, daß Jugendliche mit Arbeitsplatzproblemen bereits im Kindesalter häufig sogenannte 'Subkarrieren' durchlaufen, deren Rahmenbedingungen ihrerseits in den sozialkulturellen Milieus, denen sie entstammten, den Lebensbedingungen ihrer Eltern also, angesiedelt seien[40]. Bereits in frühester Kindheit, so die Autoren, wurden in den von ihnen untersuchten Fällen quasi Pflöcke eingeschlagen, die den späteren Entwicklungsweg der Betroffenen (zum Beispiel das von Eltern und Erziehern häufig unbemerkte 'Abgleiten' in Alkohol- und/oder Drogenmißbrauch) absteckten. Solche 'Subkarrieren' als Folgen biographischer Brüche verhinderten im weiteren die problemlose Integration der Jugendlichen/jun-

---

37 Vgl. Martin Baethge, Jugend und Gesellschaft - Jugend und Arbeit, in: Frank Benseler/Wilhelm Heitmeyer/Dietrich Hoffmann/Dietmar K. Pfeiffer/Dieter Sengling (Hrsg.), Risiko Jugend. Leben, Arbeit und politische Kultur, Münster 1988, S. 28 ff..
38 Baethge, a.a.O., S. 35 f..
39 Baethge, a.a.O., S. 35.
40 Die Überlegungen der Autoren erinnern stark an die Theorie von Alice Miller (Am Anfang war Erziehung, Frankfurt a.M. 1983). Ähnlich wie diese unterstellen P. Alheit/Chr. Glas so etwas wie einen 'Wiederholungszwang' als Folge einer mehr oder weniger versteckten 'schwarzen Pädagogik'.

gen Erwachsenen in die soziale, damit auch in die berufliche Wirklichkeit.

Faßt man die zentralen Hypothesen, Vermutungen und Aussagen der skizzierten, älteren wie jüngeren Untersuchungen zusammen, so gelangt man zu folgender Kurzbeschreibung:

- Schichtzugehörigkeit und Erziehungsstil korrespondieren miteinander und beeinflussen entscheidend das soziale Denken und Verhalten von Kindern, Jugendlichen und jungen Erwachsenen. Menge und Qualität der Ausstattung mit verwertbaren 'Kapitalien' (durchaus auch als Weitergabe von Haltungen, Fähigkeiten und Bereitschaften verstanden) unterscheiden sich in den gesellschaftlichen Klassen, Schichten und Fraktionen stark voneinander.
- Mit Blick auf die persönlichkeitsstrukturelle Entwicklung wird bei einem wachsenden Teil der Jugendlichen/jungen Erwachsenen zunehmende Planungsunfähigkeit, Unvermögen zum Triebaufschub (spontaner Hedonismus) sowie leichte Verletzbarkeit bis hin zu aggressivem Verhalten, ausgemacht.
- Vor allem in jüngerer Zeit wird eine zunehmende Abkehr vom Gelddenken sowie eine Hinwendung zu eher hedonistischen Orientierungsmustern und Verhaltensweisen (Stichwort: Zeitdenken anstelle von Gelddenken) beobachtet.
- All dies korrespondiert mit der zunehmenden Privatisierung von Aktivitäten, darin eingebettet: die Wünsche, Erwartungen und Hoffnungen auf ein 'gutes und schönes Leben' (Zunahme des Stellenwerts 'kleiner Einheiten' wie Familie, Clique, Selbsthilfegruppe etc.).
- Die Zunahme von Selbstbewußtsein hinsichtlich der Formulierung spezifischer Vorstellungen darüber, was ein 'gutes und schönes Leben' (das Arbeitsleben eingeschlossen) eigentlich bedeute, ist eine weitere wichtige Beobachtung; damit geht unmittelbar einher:
- das Einklagen von 'akzeptablen Arbeitsbedingungen' (selbstbestimmte anstelle von fremdbestimmter Arbeit) oder, aus anderer Perspektive:
- die Zunahme von Anspruchsdenken als Suche nach einer 'Arbeitsrealität, die sich den Vorstellungen der Jugendlichen fügt', sowie
- die hervorragende Bedeutung von Erwerbsarbeit als wichtigstem Faktor im Leben Jugendlicher/junger Erwachsener (dies war allerdings in einem Teil der neueren Jugendstudien nicht unumstritten).

Als kreuzfidele Nachkommen der konsumgesättigten Wohlstandsgeneration der 60er, 70er und 80er Jahre jedenfalls wurden diese Jugendlichen/ jungen Erwachsenen in keiner der uns bekannten Studien porträtiert. Relativ unstrittig war auch die Einschätzung, daß Jugendliche in ihrer Gesamtheit heute (wie im übrigen zu jeder Zeit) eigentlich arbeiten wollen. Einzig die Frage, mit welchen Bereitschafts- und Belastungsprofilen ausgestattet welcher Typus welche Arbeit letztendlich für persönlich 'akzeptabel' hält, scheint bisher kaum geklärt. Andersherum: Wann Widerstand, in welcher Form auch immer, sich regen würde gegen eine Erwerbsarbeit - damit in gewisser Hinsicht auch gegen eine Lebensweise -, die als zutiefst unakzeptabel empfunden und bewertet wird. Und darüber hinaus, ob ein solcher Widerstand auch als 'politisch' motivierter Widerstand daherkommt, also etwa mit bestimmten politischen Grundhaltungen korrespondiert, blieb in den zitierten Studien im wesentlichen unbeantwortet.

Weitgehend unbeantwortet blieben auch Fragen nach den Möglichkeiten einer Umgestaltung und/oder Neuorientierung von Jugendarbeit in Schule, Verein, Gewerkschaft usw. (etwa orientiert an der Fragestellung, wie denn die skizzierte Form des 'Jugendprotests' in diesen Institutionen eigentlich fruchtbar zu machen wäre). Auch ob das private Rückzugsverhalten mit einer allgemeinen Selbstenteignung des politischen Bewußtseins korrespondiert, ob längerfristig aus dem Ausbildungs- und Erwerbsarbeitsprozeß ausgegrenzte Jugendliche/junge Erwachsene zu eher autoritären oder zu eher demokratischen Lösungsmustern neigen, ob sie - wie die Lektüre der meisten Jugendstudien nahelegt - mehrheitlich in die psychosoziale Instabilität[41] abgleiten oder sich als relativ stabil erweisen - all dies war kaum eindeutig auszumachen.

Noch zur Jahreswende 1989/1990 war ein Bericht des SPD-Parteivorstands erschienen, in dem eine Beratungsgruppe mit dem Namen 'Projekt R' ['R' wie 'Republikaner'] sozialwissenschaftliche Befunde für die jüngeren Wahlerfolge rechtsextremer Gruppen zusammentrug. Dieser Beratungsgruppe gehörten sowohl führende Politiker als auch Wissenschaftler - Extremismusforscher in der Regel - aus Universitäten und Meinungsforschungsinstituten an. Zum Zusammenhang von Arbeitslosigkeit und autoritärer Einstellung bemerkten sie u.a.: "<u>These 2</u>: Die Inkompetenz, Unprofessionalität und Führungsschwäche der in Bonn Regierenden hat die Obrigkeitsfixierung und die Autoritätsbindung und somit auch die Parteienbindung des rechten Wählerrandes der CDU/CSU gelockert und die Abwanderung zu den Parteien rechts von der Union erleichtert. Symbolthemen dieser Inkompetenz und Unprofessionalität sind vor allem:
- die Konzeptionslosigkeit bei der Bekämpfung der anhaltenden Arbeitslosigkeit"[42].

---

41 Vgl. hierzu Kapitel 2.2.1 ff. dieser Studie.
42 Beratungsgruppe 'Projekt R', Weder verharmlosen noch dämonisieren. Sozialwissenschaftliche Befunde über die Wählerschaft rechtsextremer Gruppierungen und die politischen und gesellschaftlichen Bedingungen des parlamentarischen Aufkommens der

Die ständig wiederholte Behauptung eines solchen Zusammenhangs sagt leider nichts aus über das, was eigentlich hieran interessieren sollte: die Mechanismen und individuellen Erfahrungen, die ihm zugrunde liegen.

U. Baumann/U. Becker/J. Gerstenmaier/O. Schickle/ R. Tippelt[43] waren, was diesen Fragenkomplex anbetrifft, ja bereits im Jahre 1979 zu der Einschätzung gelangt, daß arbeitslose Jugendliche eher zu unkonventionellen und aktionistischen Formen politischer Aktivität neigten als Auszubildende, dabei aber eher niedrige Werte bezüglich ihrer politischen Informiertheit erreichten. Eine Untersuchung des Sinus-Instituts aus dem Jahre 1983 konstatiert eine "zwischen Gleichgültigkeit und Feindseligkeit schwankende Distanz großer Teile der jungen Generation zur Politik und deren Akteuren", bei der die arbeitslosen Jugendlichen "gleichsam die Speerspitze dieser Entwicklung der politischen Orientierungen bei Jugendlichen"[44] bilden.

Konkreter noch wurde eine Untersuchung der Arbeitskammer des Saarlandes aus dem Jahre 1980. Hier gelangen die Autoren zu der Einschätzung, daß mit der Dauer der Arbeitslosigkeit auch eine rasante Zunahme antidemokratischer Einstellungen einhergehe[45].

Der Bielefelder Jugendforscher Wilhelm Heitmeyer, einer der gegenwärtig wohl rührigsten Forscher im Bereich 'Jugendliche und Rechtsextremismus', sieht die gegenwärtig größten Gefahren für ein Abgleiten Jugendlicher/junger Erwachsener in antidemokratische Haltungen in:

- dem Widerspruch zwischen einer sich demokratisch verstehenden Gesellschaft einerseits und den forcierten gesellschaftlichen Differenzierungs- und Ausgrenzungsprozessen andererseits;
- dem Verlust traditionsvermittelter Selbstverständlichkeiten (wie Nachbarschaftssolidarität, Kollegialität, kulturell geteilte Handlungsmuster etc.);
- der Entwicklung bestimmter Subkulturen, in deren Gefolge Persönlichkeitstrukturen als auf- und abschwellende Surrogate vermarkteter, von Konjunkturzyklen und Krisenschüben abhängiger Subjektivität daherkommen;
- der jeweiligen ökonomischen Situation der Betroffenen. So bemerkt er u.a.: "Es ist ganz deutlich, daß strukturelle ökonomische Problemlagen auf die

---

Partei "Die Republikaner". Ein Bericht. Leitung: Dr. Karl-Heinz Klär, Bonn, September 1989, S. 9.
43 Vgl. Ulrich Baumann/Ulrich Becker/Jochen Gerstenmaier/Ottmar Schickle/ Rudolf Tippelt, Handlungsperspektiven und politische Einstellungen arbeitsloser Jugendlicher, Frankfurt a.M. 1979.
44 Sinus-Institut, Die verunsicherte Generation. Jugend und Wertewandel, Opladen 1983, S. 147.
45 Vgl. Arbeitskammer des Saarlandes (Hrsg.), Ursachen und Folgen der Jugendarbeitslosigkeit. Schriftenreihe der Arbeitskammer des Saarlandes, Saarbrücken 1980.

Ebene der Schuldzuweisungen gegenüber 'fremden' Individuen verlagert werden."[46];
- einem "niedrigen Entwicklungsstand autonomieorientierter Handlungsfähigkeit" bei einem gleichzeitig "hohen Anteil von Abhängigkeit"[47] sowie
- den wieder stärker zunehmenden Rekrutierungsbemühungen von rechtsextremistischen Gruppierungen, die vor allem solche Jugendlichen zum Ziel haben, die in besonderer Weise von beruflichen Einstiegsproblemen betroffen sind.

Leider ist die Brauchbarkeit der meisten der hier vorgestellten Untersuchungen (so wichtig sie im einzelnen auch sein mögen) hinsichtlich ihres Gehalts für eine Perspektiv-Diskussion im pädagogischen und/oder politischen Raum eher begrenzt. Hier setzt unsere Arbeit an. Wir wollten herausfinden, ob sich die politische Einstellung von ausgegrenzten Jugendlichen/jungen Erwachsenen und solchen, die sich an der 'Schnittstelle zwischen Normalität und Ausgrenzung' befinden (z.B. die Teilnehmer an Maßnahmen des Arbeitsamtes), von der anderer Gruppen in vergleichbarem Alter (z.B. Schülern weiterführender Schulen, Auszubildenden auf dem originären Arbeitsmarkt sowie Erwerbstätigen) systematisch unterscheidet. Und, falls dies der Fall ist: ob sich in ihren Persönlichkeitsstrukturen Gemeinsamkeiten auffinden lassen, die bestimmte biographische Muster widerspiegeln.

---

46 Wilhelm Heitmeyer, Rechtsextremistische Orientierungen bei Jugendlichen, Weinheim und München 1988, S. 95.
47 Heitmeyer, a.a.O., S. 104. Zum besseren Verständnis einer solchen Abhängigkeit bietet sich hier das Beispiel eines 20jährigen Arbeitslosen an, der - noch immer von den Eltern und/oder dem Sozial- bzw. Arbeitsamt abhängig - auf unabsehbare Zeit ein quasi verlängertes Jugend-Dasein zu fristen gezwungen ist.

2 Datenerhebung und Interpretation

2.1 Die Hypothesen

Jugendarbeitslosigkeit, so unsere Überlegungen, werfe Probleme für Jugendliche/junge Erwachsene auf, die derzeit vorwiegend aus zwei Quellen gespeist werden:

- aus der seit nunmehr 1 1/2 Jahrzehnten andauernden Massen- und Langzeitarbeitslosigkeit (der im übrigen auch viele Eltern heutiger Jugendlicher/junger Erwachsener zum Opfer gefallen sind) sowie
- aus einer allgemein beobachtbaren, 'schleichenden Gewöhnung' an eben diesen Zustand, in deren Verlauf Arbeitslosigkeit zunehmend zur faktischen Normalität jenseits einer von allen behaupteten Normalität geworden ist[1].

Gegenwärtig wird unser Bewußtsein ja bereits in einer Art und Weise formiert, bei der die Kapitulation vor den vermeintlichen Zwängen von Wirtschaft und Politik den Umgang mit den Dingen selbst bestimmt[2]. Dies alles findet statt vor dem Hintergrund einer weiteren Differenzierung und Fraktionierung der ohnehin bereits gespaltenen Gesamtgesellschaft. Auffälligste Indikatoren dieses Auseinanderdriftens von Lebenslagen sind zwar in erster Linie die immer stärker auseinanderklaffenden Einkommen bei gleichzeitiger 'Monetarisierung' von immer mehr Lebensbereichen. Aber es sind nicht die finanziellen Probleme allein, die zu denken geben. Auch die Voraussetzungen für eine kulturelle und politische Teilhabe werden hier und heute immer ungleicher verteilt. Ist dies der Boden, auf dem - zumal bei hinreichend ideologischer und organisatorischer Vorbereitung - Feindbilder gedeihen und autoritäre Lösungen den Betroffenen mit Erfolg nahe-

---

1 Mittlerweile dürfte ein ungeputztes Fenster bei vielen Bundesbürgern wieder eher Grauen hervorrufen als die seit nunmehr 1 1/2 Jahrzehnten vermeldeten Horrorzahlen über Arbeitslosigkeit, die uns die Nachrichten periodisch ins Wohnzimmer liefern.
2 Daß das Gespenst der Arbeitslosigkeit dem Hoch- ebenso wie dem Niedrigqualifizierten droht, geht mittlerweile wohl in die biographische Planung von Gymnasiasten als 'Normalität' ebenso ein wie in die von Haupt- und Sonderschülern. So wurden bei einer EMNID-Umfrage von 18 bis 24jährigen dem Problem Arbeitslosigkeit die wenigstens Lösungschancen durch die Gesellschaft eingeräumt. Etwa jeder Vierte der Befragten (23%) hielt die gesellschaftliche Lösung dieses Problems sogar für 'ausgeschlossen'. (Vgl. EMNID 1985, Werthaltungen, Zukunftserwartungen und bildungspolitische Vorstellungen der Jugend 1985, a.a.O.).

gebracht werden können?

Geht man von der sich wahrscheinlich eher noch verschärfenden Spaltung der Gesellschaft aus, dann muß folgerichtig für einen noch wachsenden Teil der heute Jugendlichen/jungen Erwachsenen eine der immer entscheidender werdenden Fragen lauten: Werde ich künftig einer der gesellschaftlich 'erfolgreichen' Fraktionen angehören oder werde ich auf Dauer ausgeschlossen bleiben vom gesellschaftlichen Reichtum bzw. von dem, was als ein solcher (Stichwort: Lebensqualität) erscheint? Werde ich also langfristig zu jenem ausgegrenzten Drittel dieser Gesellschaft zählen, welches von einer 'zahlungskräftigen' und 'leistungsfähigen' Mehrheit zunehmend abgeschrieben wird?

Jugendliche - so entnahmen wir einigen vorab geführten Experteninterviews - nehmen heute immer früher diese heimlichen (weil privatisierten), gleichzeitig aber auch galoppierenden (weil sich qualitativ und quantitativ rasant verschärfenden) Marginalisierungsprozesse wahr. Sie durchschauen die Spielregeln, nach denen Chancen verteilt werden, immer früher, häufig bereits in einem Alter, in dem die Frage nach dem Sinn oder Unsinn einer gezielten schulischen bzw. beruflichen Ausbildung sich für sie noch gar nicht stellt. 'Dazugehören wollen' hat für viele von ihnen zwangsläufig zur Folge, sich in die 'Arena Gesellschaft' zu begeben, um den 'Kampf um die Anteile' mitzukämpfen. Bei den hunderttausenden von Verlierern in eben diesem Kampf zählen sowohl Resignation und Apathie als auch Verbitterung und Radikalisierung zu den wahrscheinlichsten Reaktionsformen. Nur einer Minderheit dürften sich hier Nischen auftun, die es ihnen erlauben, neue Lebensformen, Einstellungen und Orientierungsmuster zu entwickeln.

Entsprechend zielten unsere Fragen in erster Linie auf Einstellungen und Attitüden, die uns signalisierten, welcher Teil der Betroffenen den Boden demokratischer Grundorientierungen zu verlassen bzw. in Desorientierung und Apathie zu versinken drohe: eine nicht minder bedenkliche Folge gleicher lebensgeschichtlicher Erfahrungen. Würde also bei denjenigen, die von den negativen Folgen gesellschaftlicher Modernisierungs-, damit Differenzierungsprozesse betroffen sind:
- eher das demokratische Engagement,
- die Radikalisierung im Sinne einer eher antidemokratischen Grundhaltung,
- eine mehr resignative Einstellung,
- eine gewisse psychosoziale Stabilität - oder aber
- die Kombination mehrerer dieser Faktoren
überwiegen? Und die wichtigste Frage lautet: Existieren biographische Gemeinsamkeiten in den - qua Interview zu erkundenden - Lebensgeschichten derjenigen Jugendlichen/ jungen Erwachsenen, bei denen ähnliche Einstellungen auszumachen sind?

Gemäß dieser zentralen Fragestellungen kam es forschungspraktisch darauf an herauszufinden, ob politisches Bewußtsein entlang bestimmter Merkmale überhaupt signifikant differenzierbar sein würde. Wir entschlossen uns, exemplarisch zwischen verschiedenen Gruppen von Jugendlichen in Münster nach solchen Unterschieden zu forschen. Um größtmögliche Repräsentativität herzustellen, trafen wir eine Auswahl aus allen Fraktionen jener Altersgruppe (16 bis 25jährige), auf die es uns ankam. Hierzu zählten:

1.) SchülerInnen (AbschlußklassenschülerInnen der verschiedenen Schultypen);
2.) Auszubildende bzw. erwerbstätige Jugendliche/junge Erwachsene auf dem 'originären' Arbeitsmarkt;
3.) potentiell arbeitslose bzw. schwer vermittelbare Jugendliche, die in den verschiedensten Einrichtungen an Maßnahmen des Arbeitsamtes zur Berufsvorbereitung, Berufsfindung, beruflichen Ausbildung etc. teilnahmen, sowie
4.) 'unversorgte' Jugendliche (d.h. solche, die weder in einer Schule, noch in einer Ausbildung bzw. in einem Erwerbsarbeitsverhältnis standen).

Zunächst war geplant, von jeder der erwähnten Gruppen in einem ersten Anlauf 200 Personen mit einem Fragebogen zu befragen. Von besonderer Bedeutung war in diesem Zusammenhang natürlich die letzte Gruppe, weil wir hier den größten Teil der marginalisierten, längerfristig arbeitslosen Jugendlichen/jungen Erwachsenen mit sozial schwacher Herkunft (damit entsprechender biographischer Erfahrung) vermuteten. Nach über 8monatigem Bemühen (zwischen November 1988 und Juli 1989)[3] hatten wir von Mitgliedern dieser Gruppe ganze 38 Fragenbögen beisammen. Hier bestätigte sich auch für Münster die bereits von Alheit/Glas bei ihrer Suche nach längerfristig arbeitslosen Jugendlichen in Bremen gemachte Beobachtung, daß völlig unversorgte Jugendliche kaum anzutreffen sind: "Unsere Suche nach geeigneten Informanten blieb vergeblich, bis uns deutlich wurde, daß die Flut an 'Maßnahmen', in die jugendliche Arbeitslose - nicht selten gegen ihren Willen - gepreßt werden, eine 'statistische' Langfristarbeitslosigkeit verhindern (...). Solche Erfahrungen zwangen uns, das Phänomen 'Jugend-

---

3 Wir verteilten in ca. 4000 Münsteraner Haushalten Handzettel, in denen wir uns an Vertreter der besagten Gruppe wendeten, mit der Bitte, Kontakt zu uns aufzunehmen; wir riefen in allen uns zugänglichen kommunalen Publikationsorganen dazu auf, sich in unserem Institut zu melden; weiterhin nahmen wir mit ca. 40 bis 50 uns aus einem vorgängigen Forschungsprojekt bekannten Personen aus dem Bereich der offenen Jugendarbeit (Pfarrern, Sozialarbeitern und Sozialpädagogen, Lehrern usw.) Kontakt auf und verschickten überdies an insgesamt mehr als 100 Einrichtungen der offenen Jugendarbeit jeweils 2 Fragebögen mit der Bitte, diese für uns ausfüllen zu lassen.

arbeitslosigkeit' eher als unreines Syndrom zu sehen und nicht als leicht isolierbare Variable."[4]

Gerade in Münster, der Stadt mit der bundesweit höchsten Akademiker-Arbeitslosenquote (sie pendelt um ca. 25% der insgesamt arbeitslos Gemeldeten), scheint die 'Flut an Maßnahmen' gleichsam flächendeckend alle von Ausgrenzung bedrohten und/oder betroffenen Jugendlichen zu erfassen. Beschulung, Betreuung, Beratung, kurz: psychosoziale Versorgung aller Ausgegrenzten im weitesten Sinne ist ja das Feld möglicher Betätigung für arbeitslose Akademiker. Dies wurde bereits in der 'Armuts-Untersuchung' festgestellt und ironisierend mit dem Terminus 'Sozialvampirismus' belegt: eine Gruppe von Ausgegrenzten versorgt all die anderen auf Honorarbasis, ABM-Stellen, ehrenamtlich oder wie auch immer. Ganz im Gegensatz zu dem hiermit suggerierten Eindruck, gesellschaftliche Integration zu erfahren, hat in den meisten Fällen die Teilnahme an derartigen Maßnahmen nur eine Verschiebung der Arbeitslosigkeit auf einen späteren Zeitpunkt zur Folge.

In größerem Rahmen hatten wir allerdings einen Zugriff auf die 'Maßnahmeteilnehmer' als 'potentiell Arbeitslose' (weil unter 'Normalbedingungen' nicht vermittelbar). Fast alle der hier tätigen Sozialarbeiter, Sozialpädagogen, Lehrer, Psychologen usw. plädieren ja für den Erhalt dieser 'Pufferzonen', denen der Ruf vorauseilt, sie trügen dazu bei, spezifische Kompetenzen (berufspraktische ebenso wie soziale) zu vermitteln, um die Teilnehmer für den 'Ernstfall Erwerbsleben' zu präparieren.[5]

Bei der Erhebung der Daten kam es darauf an, Material zu erhalten, welches es ermöglichte, unterschiedliche politische Einstellungen zu differenzieren, zu systematisieren und vor dem Hintergrund von Vergleichbarkeit Auffälligkeiten auszumachen. Dies konnte in einem ersten Zugriff nur durch Anwendung eines skalierenden (Auswahl-) Verfahrens gelingen. Wir hofften, zwei 'Hitparaden' von Einstellungsmustern erstellen zu können, auf denen die einen ganz oben, die anderen eher am unteren Ende anzutreffen sein würden. Mit Hilfe eines solchen Verfahrens wollten wir also systematisch all jene Einstellungen ermitteln, die auch für die in der Folge durch-

---

4 Alheit/Glas, a.a.O., S. 11.
5 Was wäre eigentlich, so fragten wir uns, wenn diese Jugendlichen sich selbst überlassen blieben, die 'Simulation von Wirklichkeit' für einige hundert Jugendliche (und Dutzende von damit potentiell arbeitslosen Lehrern, Sozialarbeitern, Sozialpädagogen und Psychologen) schlichtweg unter den Tisch fiele? Wie würden sich dann ihr Verhältnis zur Gesellschaft und ihre Fähigkeiten und Fertigkeiten entwickeln und was würden sie tun (oder auch unterlassen), um ihre Zukunftsvorstellungen (falls sie denn welche haben) zu verwirklichen?

zuführenden Interviews von Belang zu werden versprachen. Die Ergebnisse nahmen wir als ersten und allgemeinsten Ausdruck von Einstellungsmustern, die wir mit den Leitbegriffen 'Stabilität/Instabilität' sowie 'demokratisches/antidemokratisches' bzw. 'autoritäres' Bewußtsein bei Jugendlichen/ jungen Erwachsenen beschrieben.

Im Verlauf unserer Fragebogenkonzeption hatten wir zunächst - theoriegeleitet - zwei Skalen (Instabilitäts-Skala und Autoritarismus-Skala) entwickelt. Ihnen ordneten wir Variablen (etwa: 'Ablehnung alles Andersartigen') zu, für die wir eine Reihe einzelner Statements konzipierten (wie z.B.: 'Wir Deutsche können auf unsere Leistungen schon stolz sein')[6]. Die Auswertung der Beantwortung solcher Statements ermöglichte es uns festzustellen, ob jemand oben oder unten auf einer unserer Skalen rangierte. Erst von hier aus wurde es dann möglich, Vergleiche anzustellen zwischen z.B. Schülern, Jugendlichen in Maßnahmen, Erwerbstätigen und (den wenigen) unversorgten arbeitslosen Jugendlichen; zwischen männlichen und weiblichen Jugendlichen; zwischen Arbeiter- und Angestelltenkindern; Abiturienten und Sonderschülern usw.. Und erst die bei diesen Auswertungen auftretenden 'Auffälligkeiten' und 'Besonderheiten' gaben die Grundlage ab für die Auswahl der Interview-PartnerInnen sowie die Durchführung und Interpretation der lebensgeschichtlichen Interviews. Hier verdichtete sich dann Gemeisames und Unterschiedliches, Verdrängtes und Erinnertes exemplarisch zu typischen Gesamtbildern einzelner Persönlichkeiten.

Bereits vor der Durchführung der Fragebogenaktion waren von uns einige Interviews mit Experten geführt worden, die im Bereich der offenen Jugendarbeit (Sozialarbeitern/Sozialpädagogen, ehrenamtlich Tätigen usw.) sowie in der Schule (LehrerInnen) tätig waren. Einen zweiten 'Experteninterviewdurchgang' führten wir nach einer ersten Grundauszählung der zurückerhaltenen Fragebögen durch. Die Experteninterviews insgesamt dienten - neben dem Literaturstudium - der Entwicklung von Arbeitshypothesen, die sowohl der Konzeption des Fragebogens als auch der Vorbereitung der Interviews mit zugrunde lagen. Die wichtigsten Arbeitshypothesen lassen sich wie folgt zusammenfassen:

<u>Hypothese 1</u>: Mit zunehmender Dauer der Ausgrenzung aus gesellschaftlichen Bezügen (Schule, Beruf, Maßnahme) entwickelt ein Teil der heutigen Jugendlichen/jungen Erwachsenen durchgängig andere Lebensziele und Wertorientierungen und reagiert autoritärer und offen antidemokra-

---

6 Siehe Seite 44 ff. dieser Untersuchung.

tischer als 'Versorgte' (Schüler, Erwerbstätige, Maßnahmeteilnehmer) auf im weitesten Sinne 'politisch-gesellschaftspolitische Problemfelder'. Werden bestimmte, sozialpolitisch relevante Problemfelder wie z.B. die Ausländerfrage, Arbeitslosigkeit, Kriminalität etc. thematisiert, ist dieser Teil der Jugendlichen eher bereit, eine Haltung einzunehmen, die sich an den ideolgischen Ausrichtungen rechtspopulistischer Strömungen orientiert. Dies wird dort besonders auffällig, wo entsprechende politische Probleme mittelbar oder unmittelbar mit der Arbeitsplatzfrage (damit der eigenen Lebensplanung) kollidieren.

Hypothese 2: Mit zunehmender Dauer der Ausgrenzung breitet sich schrittweise ein Erlebnisvakuum aus, welches sich bei einem weiteren Teil der heute Jugendlichen/jungen Erwachsenen in Orientierungslosigkeit, Gleichgültigkeit gegenüber sich und anderen und Hoffnungslosigkeit im Hinblick auf die eigene (damit auch gesellschaftliche) Zukunft äußert. Der Rückzug ins Private und ein Leben allein im 'Jetzt und Hier' sind zwei häufige Folgen einer solchen Erfahrung.

Hypothese 3: Vagabundierende Orientierungsmuster bei gleichzeitiger Ablehnung alles gesellschaftlich 'Vorstrukturierten' führen zu einer Nichtteilhabe an bzw. Verweigerung von diversen Angeboten traditioneller Einrichtungen (Gewerkschaften, Einrichtungen der Stadt, der Kirche, der Verbände, der Schulen und Betriebe). Solche Institutionen werden als nicht mehr zuständig für die eigene Lebenslage begriffen. Die 'Normalität' sozialer Ungleichheit wird dabei zwar sozial erlernt, traditionelle Integrationsangebote aber abgelehnt. Erst von hier aus wird von einem Teil der Jugendlichen/jungen Erwachsenen ein 'dritter Weg', der weder Aufstieg noch Fall ist, gesucht und 'produktiv' in jenen Zusammenhängen erprobt, auf die Institutionen keinen Zugriff haben.
Anders als 'versorgte' Jugendliche entwickeln unversorgte Jugendliche entsprechend eher 'unsichtbare', extrafunktionale (häufig auch 'multifunktionale') Qualifikationsprofile. Das bedeutet, ihre praktischen Fähigkeiten, ihre Phantasie und ihre Flexibilität bleiben vor allem deshalb im Verborgenen, weil sie sich in Feldern entfalten, die gesellschaftlich nicht (nach)gefragt und nicht akzeptiert sind. Sie unterliegen nicht der (markt)gängigen Akzeptanz, weil es ihnen an Verwertbarkeit mangelt.

Hypothese 4: Ein erheblicher Teil der heutigen Jugendlichen/jungen Erwachsenen wird, auch bei einer Verbesserung der Relation von Ausbildungsplatzanbietern und Ausbildungsplatznachfragern in den 90er Jahren, resistent bleiben gegen das 'Ansinnen', unter den gegenwärtigen Bedingungen an tradierten Formen des Erwerbslebens teilzunehmen. Weder geeignet für noch interessiert an einem System, welches zunehmend intellektuelle Wendigkeit, ständige Lernbereitschaft, Produktidentifikation u.ä. einfordert, geraten sie in Widerspruch zu den Optionen, die sich ihnen auch künftig wieder in der betrieblichen Wirklichkeit eröffnen. Eine solche Haltung wird von vielen auch auf diverse Subsysteme der Gesellschaft übertragen. Die von D. Baacke behauptete 'Selbstausbürgerung'[7], als gewollter und geplanter Rückzug aus den tradierten 'Normalitäten' gesellschaftlicher Existenz, hat hier ihren Ursprung. Sie ist die aus subjektiver Perspektive logische Konsequenz der hunderttausendfach addierbaren Erfahrungsfonds.

Wer nicht gewollt ist, wird sich beizeiten suggerieren, daß er auch nicht willens sei. Eine solche Selbstsuggestion aber bliebe nicht folgenlos. Eine über Jahre hinweg systematisch betriebene Ausgrenzungspolitik schlüge auf diese Weise in Gestalt 'neuer Sozialcharaktere' auf einen Arbeitsmarkt, damit auf eine Gesellschaft zurück, die hierauf kaum vorbereitet ist. Allein die aktuelle Arbeitslosen-Statistik wäre auf diese Weise für eine gewisse Zeit relativ problemlos 'entsorgt.'

2.2 Skalen, Variablen und Statements

2.2.1 Definition der Instabilitäts- und Autoritarismus-Skala (I- und A-Skala)

Von Anfang an bestimmten sowohl die theoretische Orientierung entlang der bestehenden Literatur als auch die in unseren Experteninterviews gewonnenen Eindrücke Auswahl und Konstruktion unserer Skalen.

So definierten wir die wesentlichen Aussagen der I-Skala, die zu messen waren, folgendermaßen:

- das Erleben einer perspektivlosen Gegenwart mit ausgeprägten Abhängigkeitsstrukturen (von Eltern, Lehrern oder dem Betreuungs-, Beratungs- und Verwaltungspersonal diverser Einrichtungen), was eine Selbsteinschätzung nahelegt, bei der man sich als 'Objekt' der umgebenden Kräfte wahrnimmt. Dies schließt auch ein Gefühl der Abhängigkeit von einer nicht

---

7 Vgl. Dieter Baacke, Jugend zwischen Anarchismus und Apathie?, in: Ilsemann, a.a.O., S. 115 ff..

gewollten und/oder nicht verstandenen politisch-gesellschaftlichen Entwicklung ein, die einhergeht mit einem Gefühl des schicksalhaften Ausgeliefertseins an 'unsichtbare Mächte'.
- das Fehlen zentraler Orientierungsmuster mit Blick auf die eigene Zukunft sowie die damit einhergehende (erzwungene) Unfähigkeit, das eigene Leben zu planen. Die Ablehnung alles Politischen bis hin zur politischen Apathie ist eines der Merkmale einer solchen Haltung, in der das Politische, obgleich unverstanden, instinktiv verantwortlich gemacht wird für die eigene Misere.
- die Existenz flexibler Deutungsmuster, die sich in einer stark situationsabhängigen Bewertung des Erlebten ausdrücken. Hierzu zählt auch die aus häufigen Standpunktverschiebungen resultierende, oft widersprüchliche Interpretation gleicher sozialer Sachverhalte. Allein das 'Aufleben im Spontanen', die Orientierung am Privaten und Individuellen bieten die scheinbare Gewähr für ein befriedigendes und schönes Leben.

Zu messen auf der A-Skala waren folgende Inhalte:

- die Akzeptanz von Denk- und Verhaltensmustern, die sowohl das Vorhandensein traditioneller Elemente des Autoritarismus annoncieren (Führerkult, Opferbereitschaft, Ablehnung alles Fremdartigen etc.) als auch die Bereitschaft erkennen lassen, einen neuen, quasi ins Moderne gewendeten Autoritarismus zu akzeptieren (unkritische Unterwerfung unter Sachzwänge, Idealisierung von Elitewissen etc.). Solch unkritisch akzeptierte 'Gesellschaftskonformität' und Leistungsbezogenheit, die in liberalem Gewande daherkommt, äußert sich unter anderem im "strategischen Umgang mit Menschen und dem opportunistischen Umgang mit Werten und Normen; immer ausgerichtet am Verwertungsnutzen, an Erfolg und individueller Leistung"[8].
- die Bestrebungen, 'Identität' nötigenfalls auch mit den Mitteln von 'Angriff' und/oder 'Abwehr' des bedrohlich erscheinenden Andersartigen herzustellen. Eine solche Haltung ist im wesentlichen Folge des Auseinanderklaffens von 'idealem Selbstbild' und 'tatsächlicher Existenz'[9] - und damit, als fortgesetzte Projektion der Ursachen des erlebten Mangels auf eben diese Anderen, eine der zentralen Ursachen für die Herausbildung autoritärer Einstellungsmuster.
- das damit einhergehende Unvermögen, in Strukturen gemeinsamen Han-

---

8 Wilhelm Heitmeyer, Aufklärung und Faschismuspotential: Gibt es eine zeitgemäße antifaschistische Erziehung?, unveröff. Manuskript, 1988, S. 12. Vgl. auch Thomas Ziehe, Trendanalyse zur Situation der jungen Generation aus psychologischer Sicht, in: Ilsemann, a.a.O., S. 47 ff., hier: S. 49.
9 Vgl. Horn, Zur politischen Psychologie, a.a.O., S. 165.

delns zu denken, was ein Denken in vorwiegend Ich-zentrierten Kategorien, die vorwiegend das 'Selbst' zum Mittelpunkt subjektiver Erfahrung und subjektiven Handelns haben, zur Folge hat. Ein gleichzeitig hohes Rangieren auf beiden Skalen würde, so unsere Annahme, auch den Grad des politischen Konformismus (= unreflektiertes Mitläufertum) anzeigen.

Weitere, von einzelnen Jugendforschern gemachte Beobachtungen (z.B. 'Altenfeindlichkeit' und 'jugendlicher Ethnozentrismus'[10]) wurden mit einzelnen Statements abgefragt, insoweit diese für unsere Fragestellungen von Belang schienen.

2.2.2 Variablen der I- und A-Skala

Als Variablen der I-Skala wurden festgelegt:

I-V_1 Ohnmacht und Ausgeliefertsein. Gefühl, ein 'Spielball' undurchschaubarer gesellschaftlicher Kräfte zu sein, die man selber nicht versteht.

I-V_2 Zukunftslosigkeit. Offenheit der Lebensplanung - mit der Folge, unfähig zu sein, zu einer Antizipation und planerischen Gestaltung des Zukünftigen.

I-V_3 Schicksalsgläubigkeit. Abkehr von der Auseinandersetzung mit der Realität und Glaube an 'übersinnliche' Kräfte, was in seiner extremsten Ausprägung eine Orientierung an astrologischen Artefakten zur Folge hat.

I-V_4 Politisch-gesellschaftspolitisches Desinteresse. Fehlendes Interesse, Engagement und Bereitschaft, sich für im weitesten Sinne politisch/gesellschaftspolitische Ziele einzusetzen.

I-V_5 Wechselnde Ansichten und Widersprüchlichkeit. Orientierung an und Akzeptanz von wechselnden Meinungen und Attitüden.

Als Variablen der A-Skala wurden festgelegt:

A-V_1 Führerorientierung. Wunsch nach einer 'idealisierten Autorität' an der Spitze sozialer Gebilde.

---

10 Vgl. Baacke, Jugend zwischen Anarchismus und Apathie?, a.a.O., S. 116.

A-V₂ Ablehnung von Andersartigem. Wahrnehmung des Andersartigen als Bedrohung infolge einer Verengung von Toleranzgrenzen. Das 'Andere' erscheint in dieser Perspektive als einerseits der Andere (ethnozentristisches Denken), aber auch als die andere 'soziale Eigenart' (in z.B. religiöser, kultureller oder ideeller Hinsicht), die es abzulehnen bzw. zu bekämpfen gilt.

A-V₃ Akzeptanzbereitschaft und Gefolgschaft. Bereitschaft zur Unterwerfung unter 'idealisierte Autoritäten' und Strukturen (auch: Sachzwänge). Unkritische Akzeptanz und Glorifizierung einer Welt des allseits 'Machbaren'.

A-V₄ Antikommunismus/Antikollektivismus. Ablehnung des Ideals von der sozialen Gleichheit und gemeinsamer Handlungsverbindlichkeiten zugunsten einer zutiefst Ich-bezogenen, individualistischen Weltsicht.

2.2.3 Verfahrensschwierigkeiten

Aus den genannten Variablen konstruierten wir eine vorläufige Version unserer Statements. Hier ergaben sich erste Schwierigkeiten bei der Durchführung des Pre-Tests.

Um die 'Lesbarkeit' und 'Verständlichkeit' unserer Statements zu testen, hatten wir uns entschlossen, in einer anderen Stadt in insgesamt drei Kursen mit Maßnahmeteilnehmern einen 'Testlauf' durchzuführen. Bei der Durchführung dieses Pre-Tests zeigte sich indes, daß hinsichtlich der Lesbarkeit und Verständlichkeit einzelner Statements Schwierigkeiten auftraten. Die Jugendlichen, zum größten Teil Haupt- und Sonderschüler aus sozial schwachen Haushalten, verstanden zunächst einen erheblichen Teil der von uns formulierten Statements nicht. Schwierigkeiten gab es mit Syntax und Terminologie. So wußten viele von ihnen z.B. mit den Begriffen 'Studierende' oder 'Kommunismus' nichts anzufangen. Sprache, Sprachstile, Verständlichkeit, dies lernten wir bereits bei diesem Durchgang, waren die wichtigsten Probleme bei der Auseinandersetzung mit dem größten Teil unserer Zielgruppe.

Aber nicht nur die sprachliche Form, auch der Inhalt, die Aussagekraft unserer Skalen wurden in diesem Zusammenhang immer wieder diskutiert. Und wir kamen nicht umhin festzustellen, daß es sehr schwierig ist, allein mit den Mitteln einer standardisierten Befragung Einstellungen und Haltungen exakt festzuschreiben. Am Ende waren sich alle darin einig, daß der gesamte Datenerhebungsteil nur die begrenzte Funktion haben konnte, Oberflächenmeinungen zutage zu fördern. Oberflächenmeinungen, die zwar zentrale Einstellungsmuster annoncieren, aber keine Festlegungen mit Blick auf

eine Einschätzung der gesamten Persönlichkeit ermöglichen, wie dies bereits D. Baacke festgestellt hatte: "Die sozial relevante Signifikanz von Daten stimmt nicht mit der statistischen überein. Quantitative Methoden sind unbrauchbar für die Analyse konkreter Probleme zwischen konkreten Menschen."[11]
Demgemäß betrachteten wir diesen gesamten Teil auch in erster Linie als ein Instrumentarium, um eine 'Vorauswahl' zu treffen. Eine Vorauswahl, um dann mit Hilfe einer anderen Methode (dem Tiefeninterview) so exakt wie möglich tatsächliche Einstellungs- und Orientierungsmuster sowie deren Ursachen zu erkunden. Auch war ein Teil der Statements unseren im Verlaufe des Projekts gewandelten Anforderungen zum Opfer gefallen. Sie wurden wegen quantitativer und/oder qualitativer Mängel nicht in die statistische Auswertung einbezogen.

Die den einzelnen Variablen schließlich zugeordneten Statements lauteten wie folgt:

I-Skala

I-V_1 <u>Ohnmacht und Ausgeliefertsein</u>. Gefühl, ein 'Spielball' undurchschaubarer gesellschaftlicher Kräfte zu sein, die man selber nicht versteht.

<u>Statements:</u>

1.) Ich habe häufig das Gefühl, wie eine Marionette an unsichtbaren Fäden zu hängen und dabei über mein eigenes Leben nicht entscheiden zu können. (V32)
3.) Das Schicksal wird letztlich darüber entscheiden, ob man ein bestimmtes Ziel im Leben erreicht oder nicht. (V34)
13.) Es ist gleichgültig, ob man sich für eine Sache einsetzt oder nicht - es wird sich sowieso nichts ändern. (V44)
27.) Die meisten politischen Dinge sind für mich einfach undurchsichtig und nicht zu verstehen. (V58)

I-V_2 <u>Zukunftslosigkeit</u>. Von den gesellschaftlichen Rahmenbedingungen erzwungene Offenheit der Lebensplanung - mit der Folge, unfähig zu sein zu einer Antizipation und planerischen Gestaltung des Zukünftigen.

---

11 Dieter Baacke, Ausschnitt und Ganzes - Theoretische und methodologische Probleme bei der Erschließung von Geschichten, in: Dieter Baacke/Theodor Schulze (Hrsg.), Aus Geschichten lernen, München 1979, S. 11 ff., hier: S. 39.

Statements:

5.) Ich bin bereit, auch ganz anders als bisher zu leben. (V36)
20.) Wie ich mein weiteres Leben gestalte, ist mir zur Zeit noch völlig unklar. (V51)
34.) Man sollte lieber die Gegenwart genießen, als sich Gedanken über die Zukunft zu machen. (V65)

I-V_3 Schicksalsgläubigkeit. Abkehr von der Auseinandersetzung mit der Realität und Glaube an 'übersinnliche' Kräfte, was in seiner extremsten Ausprägung eine Orientierung an astrologischen Artefakten zur Folge hat.

Statements:

3.) Das Schicksal wird letztlich darüber entscheiden, ob man ein bestimmtes Ziel im Leben erreicht oder nicht. (V34)
37.) Die Tierkreiszeichen (Horoskope), in denen Menschen geboren werden, haben schon Einfluß auf ihr Schicksal. (V68)

I-V_4 Politisch-gesellschaftspolitisches Desinteresse. Fehlendes Interesse, Engagement und Bereitschaft, sich für im weitesten Sinne politisch-gesellschaftspolitische Ziele einzusetzen.

Statements:

13.) Es ist gleichgültig, ob man sich für eine Sache einsetzt oder nicht - es wird sich sowieso nichts ändern. (V44)
25.) Welche Partei gerade regiert, interessiert mich nicht. (V56)
29.) Ich halte es für unbedingt wichtig, eine eigene politische Meinung zu haben. (V60)

I-V_5 Wechselnde Ansichten und Widersprüchlichkeit. Orientierung an und Akzeptanz von wechselnden Meinungen und Attitüden.

Statements:

11.) Bei der Vergabe von Arbeitsplätzen sollten Männer stärker als Frauen berücksichtigt werden. (V42)
mit:
38.) Die Emanzipation (Gleichberechtigung) der Frauen ist eine wichtige Sache. (V69)
(Der Faktor 'Widersprüchlichkeit' resultiert hier aus der Kombination beider Statements)

25.) Welche Partei gerade regiert, interessiert mich nicht. (V56)
mit:
29.) Ich halte es für unbedingt wichtig, eine eigene politische Meinung zu haben. (V60)
16.) Wenn jemand seine Ansichten öfters ändert, ist das eine ganz normale Sache. (V47)
(Der Faktor 'Widersprüchlichkeit' resultiert hier aus der Kombination der Statements)

A-Skala

A-V₁ <u>Führerorientierung</u>. Wunsch nach einer 'idealisierten Autorität' an der Spitze sozialer Gebilde.

Statements:

7.) Nur einer, der durchgreift und eine starke Partei im Rücken hat, kann es schaffen, die Arbeitslosigkeit in den Griff zu kriegen. (V38)
15.) Wenn jemand 'Führungsqualitäten' besitzt, sollte man ihm die Lösung von Problemen unbedingt anvertrauen. (V46)

A-V₂ <u>Ablehnung alles Andersartigen</u>. Wahrnehmung des Andersartigen als Bedrohung infolge einer Verengung von Toleranzgrenzen. Das 'Andere' erscheint in dieser Perspektive als einerseits **der** Andere (ethnozentristisches Denken) aber auch als **die** andere 'soziale Eigenart' (in z.B. religiöser, kultureller oder ideeller Hinsicht), die es abzulehnen bzw. zu bekämpfen gilt.

Statements:

26.) Ausländer sollten bei der Vergabe von Arbeitsplätzen genauso wie Deutsche berücksichtigt werden. (V57)
42.) Als Kulturvolk nehmen wir Deutsche eine besondere Stellung gegenüber anderen Völkern ein. (V73)
4.) Wir Deutsche können auf unsere Leistungen schon stolz sein. (V35)

(Die dieser Variablen zugeordneten Statements wurden von uns um die Bereiche 'Intellektuelle', 'Aids-Kranke' sowie 'Kranke/Behinderte' gekürzt. In einem späteren Durchlauf gelangten die dazugehörigen Statements jedoch zur Auswertung. Siehe hierzu das Kapitel 'Sonderauswertung'.)

A-V₃ <u>Akzeptanzbereitschaft und Gefolgschaft</u>. Bereitschaft zur Unterwerfung unter 'idealisierte Autoritäten' und Strukturen (auch: Sachzwänge). Unkritische Akzeptanz und Glorifizierung einer Welt des allseits 'Machbaren'.

Statements:

15.) Wenn jemand 'Führungsqualitäten' besitzt, sollte man ihm die Lösung von Problemen unbedingt anvertrauen. (V46)
19.) 'Neue Technologien' werden unsere Gesellschaft verbessern, weil unsere 'technische Elite' wissen wird, was sie tut. (V50)
33.) Es läßt sich kaum vermeiden, sich Sachzwängen unterzuordnen, weil an denen sowieso nichts zu ändern ist. (V64)

A-V$_4$ Antikommunismus/Antikollektivismus. Ablehnung des Ideals von der sozialen Gleichheit und gemeinsamer Handlungsverbindlichkeiten zugunsten einer zutiefst ich-bezogenen, individualistischen Weltsicht.

Statements:

9.) Die Durchsetzung von kommunistischen Ideen wäre ein Fortschritt für unsere Gesellschaft. (V40)
10.) Wem es in unserem Staate schlecht geht, der ist meistens selbst dran schuld. (V41)
12.) Wenn die eigene Zukunft auf dem Spiele steht, kann man auf andere keine Rücksicht nehmen. (V43)
30.) Gemeinsam kann man seine persönlichen Ziele und Interessen eher durchsetzen als alleine. (V61)
40.) Der Sozialstaat kann nicht für jeden verantwortlich sein, der im Leben keine Chance bekommen hat. (V71)

3 Auswertung des Fragebogen-Materials

Zwischen dem Frühjahr/Sommer 1988 und dem Frühjahr 1989 wurden von uns insgesamt 534 Erwerbstätige, SchülerInnen, MaßnahmeteilnehmerInnen und Unversorgte befragt. Die Schwierigkeiten, die hierbei auftraten, waren sowohl formaler als auch inhaltlicher Art.[1] Schließlich gelangten 478 Fragebögen zur Auswertung. Die übrigen BeantworterInnen waren 25 Jahre oder älter.[2] Unter diesen 478 Befragten befanden sich 291 männliche (60,9%) und 184 weibliche Jugendliche/junge Erwachsene (38,5%). Drei Fragebogen-BeantworterInnen hatten keine Angaben zu ihrem Geschlecht gemacht.

Die vier 'Schlüsselgruppen' umfaßten jeweils unterschiedlich viele Befragte. Neben 200 Schülern aus Abschlußklassen wurden 192 Maßnahmeteilnehmer sowie 48 Erwerbstätige und 38 Unversorgte erfaßt. Ihr Durchschnittsalter betrug 19 Jahre. Das der SchülerInnen lag bei 17 Jahren, das der anderen drei Gruppen bei 20 Jahren. Über einen Schulabschluß verfügten von den Erwerbstätigen 100% und von den Maßnahmeteilnehmern 90%. Von den Unversorgten gaben nur noch 79% an, einen solchen zu besitzen. Unter denen, die angegeben hatten, eine schulische Ausbildung abgeschlossen zu haben, befanden sich 45,7% mit Sonderschulabschluß bzw. mit dem Hauptschul-Abschluß 'Typ A'.[3] 21,0% besaßen den Hauptschulabschluß 'Typ B' bzw. die 'Mittlere Reife', 18,5% die Fachoberschulreife, 8,2% die Fachhochschul-Reife und 6,6% das Abitur. Von der Schule vorzeitig abgegangen zu sein, hatten nur insgesamt 6,3% aller Befragten angegeben, wobei am häufigsten die Hauptschüler die Schule vorzeitig (am häufigsten nach der Klasse 9) verlassen hatten.

Von den insgesamt 200 Schülern besuchten zum Zeitpunkt der Befragung 99 (49,5%) ein Gymnasium, 52 (26%) eine Realschule, 36 (18%) eine Hauptschule und 13 (6,5%) eine Sonderschule. Dies entsprach der Verteilung der Schülerzahlen auf die Abschlußklassen dieser Schultypen im Schuljahr 1988/89. Weitere Differenzierungen, etwa nach Gesamtschulen, Abend-Gymnasien, Kolleg-Schulen o.ä., wurden von uns nicht vorgenommen.

---

1 Dazu zählen das Warten auf die kultusministerielle Genehmigung zur Befragung der SchülerInnen ebenso wie die nicht enden wollenden Telefonate zur Vorab-Organisation der Maßnahmebesuche und die 'Überzeugungsarbeit', die immer wieder aufs Neue zu leisten war, um die Befragten für eine Teilnahme zu gewinnen.
2 Die über 24jährigen wurden von uns nicht berücksichtigt, weil die gängige Definition 'Jugendliche/junge Erwachsene' in der Regel nur die bis 25jährigen umfaßt. So etwa auch die Sonderuntersuchungen der Arbeitsämter, die - orientiert an der europäischen Norm - die ab 25jährigen nicht mehr berücksichtigen.
3 Da der Hauptschulabschluß 'Typ A' sowohl an der Hauptschule als auch an der Sonderschule erworben werden kann, wurden diese beiden Gruppen von uns zusammengefaßt.

Von den insgesamt 192 Maßnahmebesuchern entfielen auf den Bürobereich 14 (7%) und auf den gewerblich-technischen Bereich 178 (93%): Es war also eine deutliche Dominanz gewerblich-technischer Ausbildungsgänge in diesem Bereich festzustellen.

Arbeitslos gemeldet zu sein, gaben zum Zeitpunkt der Befragung nur insgesamt 27 Befragte (5,6%) an. Dies resultiert zum einen aus der geringen Anzahl der Unversorgten (38 Personen) sowie aus der Tatsache, daß nicht alle dieser Unversorgten auch arbeitslos gemeldet waren. Zum anderen unterstreicht es den Trend eines statistischen Rückgangs offizieller Arbeitslosigkeit in der Gruppe der bis zu 25jährigen.[4] Sie wird substituiert durch berufliche Integrationsprozesse der unterschiedlichsten Art (vom Maßnahmebesuch über Kurzzeit- bzw. Teilzeitjobs bis hin zu Tätigkeiten auf dem 'originären' Arbeitsmarkt).

Dort, wo Arbeitslosigkeit vorlag, währte diese häufig relativ lange. Ihre Dauer betrug durchschnittlich 15 Monate, und einzelne gaben sogar an, zum Zeitpunkt der Befragung bereits bis zu vier Jahren arbeitslos zu sein.

Die Verfügung über finanzielle Mittel war sehr breit gestreut. Durchschnittlich hatten die Jugendlichen vor Abzug laufender Kosten 459.- DM monatlich zur Verfügung, wobei das niedrigste Einkommen mit 10.- DM, das höchste mit 3000,- DM angegeben wurde.

Überraschend war für uns die Wohnsituation der Befragten. Insgesamt vier Fünftel (78,7%) wohnten noch bei den Eltern und nur 16,1% verfügten über eine eigene Wohnung. 3,1% gaben an, in einem Heim zu leben, der Rest machte hier keine Angaben. Nach Altersklassen differenziert, wohnten immer noch 92,5% der 18jährigen, 75% der 20jährigen, 54,2% der 22jährigen sowie 47,1% der 24jährigen im elterlichen Haushalt.

Interessant war auch, daß immerhin knapp die Hälfte der Befragten (49,6%) bei der Frage nach dem Beruf ihrer Eltern angab, die Mutter sei Hausfrau, der Begriff 'Hausmann' jedoch nicht ein einziges Mal auftauchte. Bei den Vätern dominierten als Berufsangabe Angestelltenberufe (28%) vor Arbeiterberufen (21,5%) und Beamtentätigkeiten (17,4%). 10,9% hatten hier keine Angaben gemacht. Der Rest setzte sich zusammen aus freien Berufen, Selbständigen, Landwirten etc..

Wie erwartet, standen bei den Müttern (nach dem Beruf 'Hausfrau') an Platz zwei der Nennungen ebenfalls Angestelltentätigkeiten (19,7%). Hier machten 10,5% der Befragten keine Angabe, und 8,2% gaben Arbeiterinnenberufe als Tätigkeit der Mutter an. Beamtinnen waren nur 5,4% der Müt-

---

[4] Vgl. hierzu auch die jährlichen Sonderuntersuchungen der statistischen Abteilungen der jeweiligen Arbeitsämter.

ter, im auffallenden Gegensatz zu 17,4% der Väter.
Die Arbeitslosenquote unter den Nennungen war hinsichtlich der Väter relativ gering. Sie betrug nur 2,1%. Noch geringer fiel sie bei den Müttern aus. Hier wurde in nur 0,8% aller Fälle angegeben, daß die Mutter gegenwärtig arbeitslos sei.[5]
Auf die Frage, ob denn Vater oder Mutter zu einem früheren Zeitpunkt schon einmal arbeitslos gewesen seien, wurde dies mit Blick auf den Vater von immerhin 16,7% bejaht, mit Blick auf die Mutter von 18,0%. Insgesamt 35,4% dieser Befragten hatten Probleme wahrgenommen, die aus der Arbeitslosigkeit eines Elternteils resultierten. Nach einer Unterteilung in unterschiedliche Problembereiche benannten 46,7% der Befragten finanzielle und 53,3% psychosoziale Probleme und deren Folgen. Unter den letzteren befanden sich Aussagen wie z.B. 'Zunahme der Streitigkeiten in der Familie', 'gespannte Situation', 'Heimeinweisung aller Kinder' etc..

3.1 Ergebnisse der A- und I-Skalenauswertung

Insgesamt erreichten die von uns befragten Jugendlichen/jungen Erwachsenen Durchschnittswerte von 3,1 Pkt. auf der A-Skala und 3,4 Pkt. auf der I-Skala[6]. Im Hinblick auf die Durchschnittswerte der von uns konzipierten 'Schlüsselgruppen' erlebten wir bereits zu Beginn eine Überraschung: die Werte der Schüler, Maßnahmeteilnehmer und Unversorgten wichen kaum in nennenswertem Umfang voneinander ab. Allein die Erwerbstätigen erreichten auf beiden Skalen niedrigere Werte als die anderen drei Gruppen (vgl. Tab.1).[7]

---

5 Diese Zahlen entsprachen in keiner Weise den Durchschnittsarbeitslosenquoten in Münster, die sich im Zeitraum der Befragung zwischen 11% und 12% bewegten. Sie entsprechen allerdings einer Beobachtung, die in unserem Institut schon vor einigen Jahren gemacht wurde: Gerade Ehepaare mittleren Alters mit ein bis zwei Kindern sind in der Arbeitslosenstatistik eher unterrepräsentiert (vgl. hierzu u.a.: Hoffmeister/Kiewit, a.a.O.).
6 Für die graphischen Darstellungen der jeweiligen Ergebnisse gilt: Je höher die Zustimmung zu den Statements auf den Skalen, desto höher auch die jeweiligen Autoritarismus- bzw. Instabilitäts-Werte. Der niedrigste mögliche Wert betrug 1,0, der höchstmögliche 7,0 Punkte.
7 Da dieses Sample insgesamt nur 54 Personen umfaßt, kann hier nicht von Repräsentativität in streng statistischem Sinne gesprochen werden. Wohl aber annoncieren diese Ergebnisse hinsichtlich der Differenzierung unserer Schlüsselgruppen einen Trend zur Nivellierung, der auch in anderen Bereichen anzutreffen war.

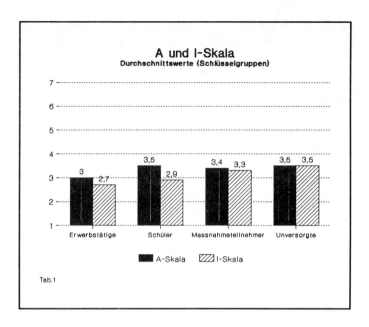

Tab.1

Auffällig ist die Tatsache, daß die 'unversorgten' Jugendlichen, zusammen mit den 'Maßnahmeteilnehmern', zwar die höchsten Instabilitätsquoten aufweisen, gleichzeitig aber nicht - quasi im Umkehrschluß - als diejenigen Statusgruppen betrachtet werden dürfen, die (deswegen) am anfälligsten für autoritäre Denkmuster erscheinen. Ein massenhaftes 'Wegkippen' individualisierter und chancenloser Jugendlicher/junger Erwachsener aus bestimmten sozio-kulturellen Milieus in den Autoritarismus läßt sich unseren statistischen Auswertungen also nicht so einfach entnehmen. Auch die Schüler haben ja - obwohl sie nur geringe Instabilitätswerte erzielten - auf der A-Skala ähnlich hohe bzw. gleiche Werte wie die Unversorgten und die Maßnahmeteilnehmer erreicht (vgl. Tab.1).

Da unter dem Kriterium der Statusgruppenzugehörigkeit (Schüler, Erwerbstätige, Maßnahmeteilnehmer und Unversorgte) Auffälligkeiten, wie sie - vor allem auf den A-Skalen - von uns erwartet worden waren, nicht sichtbar wurden, differenzierten wir die je Fragebogen erzielten Mittelwerte in einem weiteren Durchlauf nach 'Schulbildung', 'Altersverteilung' sowie 'Geschlechterzugehörigkeit'.

Nach schulischen Bildungstiteln differenziert, rangierten die Sonderschüler auf dem ersten Platz der A-Skala, gefolgt von den Realschülern, den Hauptschülern und - erst an letzter Stelle - den Gymnasiasten (vgl. Tab. 2). Die Verteilung der Durchschnittswerte für die Schüler auf der I-Skala ergab ein ähnliches Bild. Auch hier rangierten die Sonderschüler auf dem ersten Platz, gefolgt von den Hauptschülern, den Realschülern und - wiederum erst an letzter Stelle - den Gymnasiasten. Auffällig hierbei ist, daß die Sonderschüler auf 'I' und 'A' identische Werte erzielten (Tab. 2) - ähnlich wie dies bereits bei Maßnahmeteilnehmern und Unversorgten der Fall war (Tab.1).

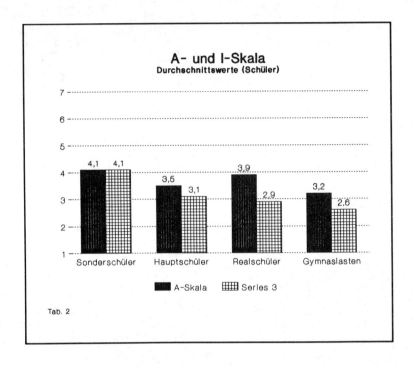

Tab. 2

Mit Blick auf die Zusammenhänge zwischen den einzelnen Skalen war zudem auffällig, daß - entgegen einer weiteren Mutmaßung - auch zwischen A-hoch und I-niedrig kein Zusammenhang bestand. Dafür galt aber der Umkehrschluß: viele von denen, die bereits auf der A-Skala hohe Werte erreichten, bewegten sich auch auf der I-Skala auf den oberen Plätzen. Nicht der Zusammenhang von autoritärer Einstellung und stabiler Persönlichkeit war also auffällig, sondern der von autoritärer Einstellung und psychosozialer Instabilität (bzw. dem, was wir darunter gemessen hatten). Für die in der Folge durchzuführenden Interviews bedeutete dies, daß wir es bei einer ganzen Anzahl von Befragten gleichzeitig sowohl mit einem/einer 'A' als auch mit einem/einer 'I' zu tun haben würden.[8]

Unter dem Aspekt der Altersverteilung lassen sich die Ergebnisse auf der A- wie auch auf der I-Skala in dem Satz zusammenzufassen: je jünger, desto autoritärer die Einstellung und desto instabiler die Persönlichkeitsstruktur. Die folgende Tabelle mag diesen Zusammenhang verdeutlichen:

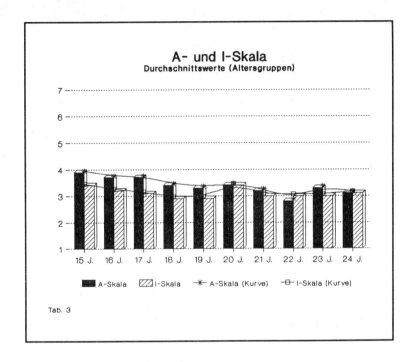

Tab. 3

Sieht man von einigen leichten Schwankungen vor allem bei den I-Werten einmal ab, so veranschaulichen beide Verlaufskurven, daß mit zunehmendem Alter eine insgesamt kontinuierliche Abwärtsentwicklung von Autoritarismus und Instabilität zu verzeichnen ist. Konnten wir uns dies mit Blick auf die Verlaufskurve der I-Skala noch erklären (als Resultat einer spezi-

---

[8] Die "Beratungsgruppe 'Projekt R'" formulierte im Gegensatz hierzu in ihren sozialwissenschaftlichen Befunden über die Wählerschaft rechtsextremer Gruppierungen: "Die dem gesellschaftlichen Modernisierungsprozeß eigenen Individualisierungstendenzen (...) haben bei einem Teil der Bevölkerung zu zunehmender Verunsicherung und Orientierungslosigkeit geführt. Es steigt die Anfälligkeit gegenüber politischen Angeboten, die vermeintlich Sicherheit gewährleisten, sei es durch Überbetonung der Nation oder durch die Bereitstellung von Sündenböcken (Fremde)." (Beratungsgruppe 'Projekt R', a.a.O., S. 18).

fischen Lebensaltersphase, als 'relative Offenheit' oder schlicht 'Erprobungsphase' [Ziehe]), so drängte sich hinsichtlich der Werte auf der A-Skala die Frage auf: Sind autoritäre(re) Einstellungsmuster in diesem frühen Lebensabschnitt etwas ganz Normales oder haben wir es hier mit einem Trend hin zu mehr Autoritarismus zu tun, der sich möglicherweise fortschreiben wird, auch in den folgenden Lebensabschnitten der von uns Befragten?

Sehr verwundert waren wir über diese Ergebnisse, bezogen auf die Altersdifferenzierung, nicht. Bereits die Auswertung einer Blitzumfrage, die wir im Sommer 1989 in Münster mit 800 Personen durchführten, hatte ähnliche Ergebnisse zutage befördert. Auch hier hatte eine Differenzierung unter dem Altersaspekt ergeben, daß - neben den Älteren - gerade wieder ganz junge Befragte dazu neigten, bei einigen der von uns abgefragten Statements die 'autoritärere Lösung' zu wählen (vgl. Tab 4).[9]

Die entsprechenden Statements, wie sie im Rahmen dieser Blitzumfrage ausgewertet wurden und in Tab. 4 dargestellt sind, lauten:

1.) Sind Sie für ein kommunales Wahlrecht für Ausländer?
(Antwortmöglichkeiten: a) ja; b) nein).

2.) Wer oder was hat nach Ihrer Meinung bei uns am ehesten die gegenwärtige 'Wohnungsmisere' ausgelöst?
(Antwortmöglichkeiten: a) der Zuzug von Ausländern/Asylanten; b) eine falsche Wohnungsbaupolitik; c) der Zuzug von Aussiedlern).

3.) Wer trägt für Sie die 'Schuld' an der zur Zeit herrschenden Arbeitslosigkeit?
(Antwortmöglichkeiten: a) die Aussiedler; b) die Regierung; c) die Ausländer/Asylanten).

4.) Ist es für Sie wichtig, ein Nationalbewußtsein zu haben?
(Antwortmöglichkeiten: a) ja; b) nein).

---

9 Die "autoritärere Lösung" bedeutete in diesem Falle, gegen ein kommunales Wahlrecht für Ausländer votiert zu haben, Nationalbewußtsein für wichtig gehalten zu haben und sowohl Wohnungsmisere als auch Arbeitslosigkeit vor allem durch Ausländer und Asylanten verursacht zu sehen.

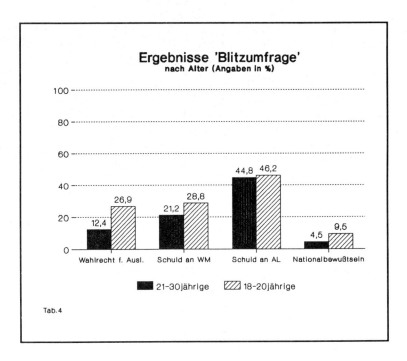

Tab. 4

Allerdings war auch in der Diskussion über diese Auffälligkeit unklar geblieben, ob die Option für eine eher autoritäre Lösung möglicherweise das Resultat politischer Sozialisation in einer bestimmten Lebensaltersphase ist, oder ob sich hier ein allgemeiner Trend andeutet, der alle politisch und/oder pädagogisch Verantwortlichen nachdenklich stimmen sollte. Doch wenden wir uns im folgenden der Rolle zu, die die Geschlechtergruppenzugehörigkeit für die Beantwortung unseres Fragebogens spielte.

Unter geschlechtsspezifischen Aspekten erreichten die Männer mit 3,5 Pkt. auf der A-Skala leicht höhere Werte als die Frauen mit 3,2 Pkt.. Hingegen dominierten die Frauen leicht mit 3,1 Pkt. auf der I-Skala vor den Männern, die hier 3,0 Pkt. als Mittelwert erreichten (vgl. Tab. 5). Auch antworteten die Frauen weniger uneinheitlich als die Männer, deren maximalste und minimalste Antwortwerte weiter auseinanderlagen. Sie hielten sich eher im Mittelfeld der Antwortmöglichkeiten auf und neigten weniger häufig als die Männer dazu, ein Statement völlig abzulehnen oder ihm uneingeschränkt zuzustimmen.

Fassen wir die bisherigen Beobachtungen zu den A-Skalen-Werten zusammen, so sind es vor allem die Erwerbstätigen, die Gymnasiasten, die Älte-

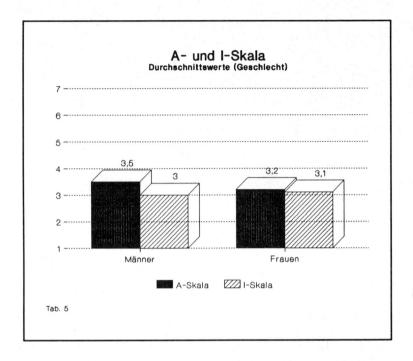

Tab. 5

ren und die Frauen, die eher gefeit zu sein scheinen gegen die von uns gemessene Erscheinungsform von Autoritarismus. Und es sind eher die Sonderschüler, die männlichen Jugendlichen/jungen Erwachsenen sowie die Jüngeren unter ihnen, die sich als anfällig erwiesen für die Übernahme autoritärer Einstellungsmuster.

Auf der I-Skala waren es vor allem die Unversorgten, die Sonderschüler, wiederum die Jüngeren sowie (mit nur leichtem Vorsprung) die Frauen, die hier die jeweils höheren Werte erzielten.

Nun sagt die Verteilung dieser Durchschnittswerte entlang der sozialen Merkmale Alter, Geschlecht etc. noch recht wenig über die tatsächliche Verteilung von Einstellungen und Haltungen innerhalb dieser Gruppen aus. Ebensowenig werden hier sogenannte 'Ausreißer', d.h. solche, die entweder auffällig hoch oder auffällig niedrig auf einer der beiden Skalen rangieren, erfaßt. Auch die Frage, ob die Zugehörigkeit zu einer unserer 'Status-' bzw.

'Schlüsselgruppen' stärker als z.B. das Alter oder die Schulbildung auf das Antwortverhalten einer befragten Person einwirkt, war auf diese Weise noch nicht eindeutig zu beantworten.

Um diesen Fragen nachzugehen, d.h. um die absolut und relativ am stärksten auf das Antwortverhalten einwirkenden Faktoren zu isolieren, differenzierten wir auch unsere vier Statusgruppen nach deren unterschiedlichen sozialen Merkmalen. Das auffälligste, immer wiederkehrende Muster erhielten wir bei diesem Durchlauf ebenfalls bei einer Aufteilung nach schulischen Bildungstiteln. Sofort deutlich wird dies am Beispiel der Erwerbstätigen. Hier spielt die Frage der schulischen (Vor)Bildung eine ganz erhebliche, das Antwortverhalten beeinflussende Rolle (vgl. Tab. 6).

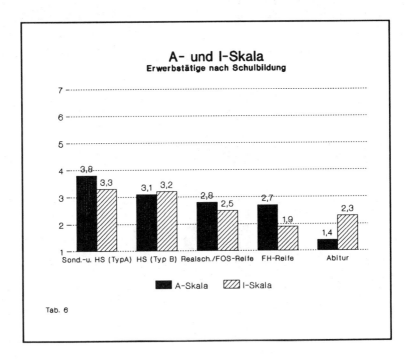

Tab. 6

Differenziert man die Gruppe der Erwerbstätigen nach Schulabschlüssen, so wird die Tendenz, niedrige Werte vor allem im Bereich höherer Bildungstitel zu erreichen, deutlich sichtbar. So resultiert z.B. im vorliegenden Fall aus der Kombination von 'Erwerbstätigkeit' (=niedrigster Gruppen-Wert auf der A-Skala) und 'gymnasialer Abschluß' (=ebenfalls niedrigster Gruppen-Wert auf der A-Skala bei den Schülern) der absolut niedrigste Wert, den eine Schnittmenge (hier: Erwerbstätige mit gymnasialem Abschluß) auf der A-Skala überhaupt erreicht hat (vgl. Tab. 6).[10]

Auch die Verteilung der Werte auf der I-Skala unterliegt offenbar diesen Gesetzen. Hier wurden, nach schulischen Bildungstiteln differenziert, ebenfalls proportional zur Qualität der Bildungstitel, abnehmende bzw. ansteigende Werte erzielt.

Wenn wir uns zudem noch einmal die von der Schülergruppe erzielten Werte vergegenwärtigen (vgl. Tab. 2), so bestätigt sich auch von hier aus abermals der Einfluß der unterschiedlichen Bildungstitel auf das Antwortverhalten.

Aber es gab auch Ausnahmen von dieser 'Regel'. Bei den Maßnahmeteilnehmern zum Beispiel finden wir, hinsichtlich des Zusammenhangs ihrer Positionierung auf der A- bzw. I-Skala und ihrer schulischen Bildung, ein bereits leicht verändertes Bild vor.

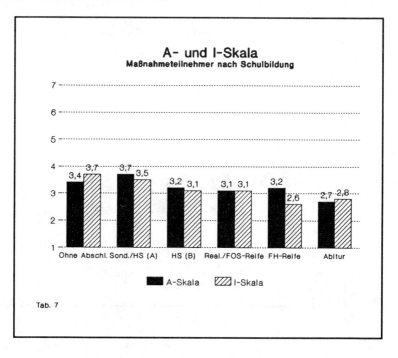

Tab. 7

---

10 Auch hier können nur 'Beobachtungen' wiedergegeben werden. Repräsentative Aussagen zu machen, etwa für die Grundgesamtheit jüngerer Münsteraner Erwerbstätiger, verbietet die zu geringe Anzahl von nur insgesamt 54 Erwerbstätigen an der Befragung.

Der Proportionalität von schulischer Bildung und Antwortverhalten wird hier - sowohl im Bereich der A- als auch der I-Skala - erstmals Einhalt geboten. Dieser Trend verstärkt sich bei den Unversorgten, bei denen die niedrigsten Werte eher bei den Hauptschülern (Typ B) sowie den Real- und Fachoberschülern anzutreffen sind (vgl. Tab. 8). Vor allem die auf der A-Skala erzielten niedrigen Werte der Sonder- und Hauptschüler mit dem Abschluß 'Typ A' sowie der Hauptschüler mit dem Abschluß 'Typ B' stellen das Bild dann in der Folge geradezu auf den Kopf.[11] Dies sollten allerdings die ein-

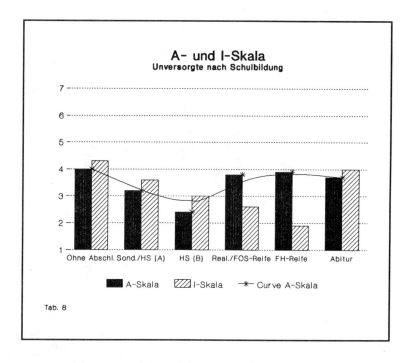

zigen Ausnahmen bleiben hinsichtlich des Zusammenhangs von Bildungsniveau und Antwortverhalten, wie es sich uns ansonsten durchgängig präsentierte.

Schaut man sich die Auswirkungen der unterschiedlichen Bildungstitel auf das geschlechtsspezifische Antwortverhalten an, so trifft man auch hier wieder auf die gewohnten Abstufungen. Betrug die Abweichung zwischen den

---

11 Da auch die Gruppe der 'Unversorgten' nur 38 Personen umfaßt, gilt auch mit Blick auf die in Tabelle 8 aufgezeigte Entwicklung, was wir bereits für den Zusammenhang von schulischer Bildung und Erwerbstätigkeit festgestellt haben (vgl. Anm. 7).

männlichen und den weiblichen Beantwortern auf der A-Skala nur 0,3 Pkt. und auf der I-Skala nur 0,1 Pkt., so waren die Differenzen entlang der Bildungsniveaus entsprechend wesentlich auffälliger.

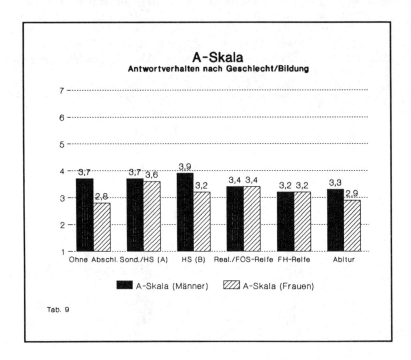

Tab. 9

Vor allem bei den männlichen Beantwortern wird in den Tabellen 9 und 10 wieder die eingangs erwähnte Struktur des Antwortverhaltens entlang der Hierarchie der Bildungstitel sichtbar. Bei den weiblichen Beantwortern wird diese Struktur, obwohl ebenfalls erkennbar, durch nur geringe Abweichungen etwas verwischt. Offenbar, so wäre zu vermuten, besitzen Bildungstitel unter geschlechtsspezifischem Aspekt weniger Bedeutung für die weiblichen Fragebogenbeantworter als für die männlichen.

Als Resümee läßt sich bislang festhalten: Von größerer Konsistenz und Relevanz als z.B. Status- und Geschlechtergruppenzugehörigkeit erwies sich die jeweilige Positionierung auf unseren Skalen unter dem Aspekt der erworbenen Bildungstitel. Mit anderen Worten: Die Variable 'Schulbildung' hatte den größten Einfluß darauf, ob jemand einen hohen oder niedrigen Wert auf der A- und/oder I-Skala erzielte. Einzig bei den Maßnahmeteilnehmern sowie den Unversorgten begann die Variable 'Schulbildung' an Wirkungskraft einzubüßen. Das Gleiche gilt, in abgeschwächter Form, auch für die Fragebogenbeantworterinnen.

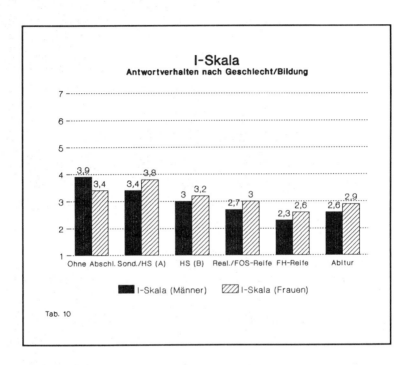

Tab. 10

All dies bedeutet nicht, daß etwa Geschlechtergruppenzugehörigkeit, Alter, oder Statusgruppenzugehörigkeit überhaupt keine Rolle für die Höhe der jeweiligen Mittelwerte gespielt hätten. Die Tatsache aber, daß zum einen die größten Unterschiede klar in der Gruppe der Schüler (entlang der verschiedenen Schultypen) ausgemacht werden konnten, zum anderen die erworbenen Bildungstitel innerhalb der Status- und Geschlechtergruppen die jeweiligen Mittelwerte zum Teil noch einmal stark differenzierten, deutete bereits darauf hin, daß der erworbene Schulabschluß die größte Bedeutung für die Übernahme bestimmter Haltungen und Einstellungen besitzen würde. Entsprechend fielen die jeweiligen Mittelwerte aller Befragten aus, die wir noch einmal entlang ihrer schulischen Bildungstitel differenzierten.

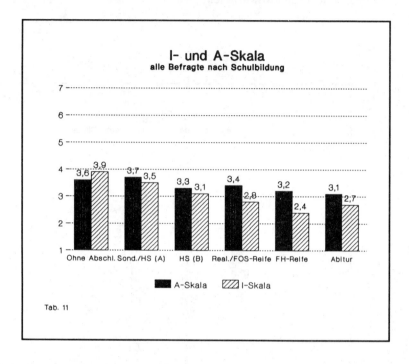

Tab. 11

Unmittelbar ersichtlich ist hier: je höher der Bildungstitel, desto niedriger die auf beiden Skalen erzielten Werte.

Faßt man nun alle Befragten zu drei großen Bildungs-Gruppen zusammen[12], um die weiteren Arbeitsschritte überschaubar zu machen, so ergeben sich Werte, wie sie in Tab. 12 zur Darstellung gebracht werden.

---

12 Bei den Befragten mit 'niedrigem Bildungsabschluß' handelt es sich um jene ohne Schulabschluß bzw. mit Sonder- und/oder Hauptschulabschluß des Typs A; bei den Befragten mit 'mittlerem Bildungsabschluß' um solche mit Hauptschulabschluß des Typs B und um Realschüler; bei den Befragten mit 'höherem Bildungsabschluß' um Fachhochschüler und Gymnasiasten.

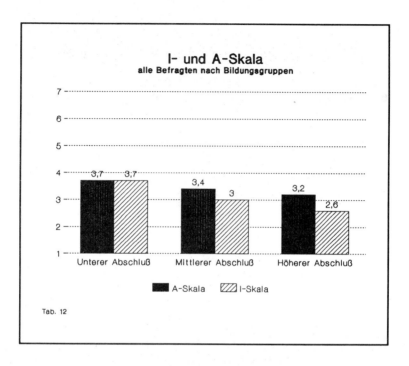
Tab. 12

Eine Vermutung, die auch für unsere Interviews noch Bedeutung erlangen sollte, drängte sich bereits an dieser Stelle auf: Wenn die Art und Weise, wie jüngere Arbeitslose, Erwerbstätige, Maßnahmeteilnehmer oder Schüler mit gesellschaftspolitischen Problemen und individuellen Perspektiven umgehen, sich offenbar eher entlang ihrer Bildungstitel beantworten läßt, dann müßten Schule und Elternhaus nachhaltiger prägende Einflüsse hinterlassen haben als ihre konkret wahrnehmbare Gegenwartsrealität. Von hier aus ließe sich auch die Tatsache erklären, daß die jeweilige Statusgruppenzugehörigkeit für das Antwortverhalten offenbar nur eine 'Nebenrolle' spielte.

Daß erworbene Bildungstitel ja durchgängig eng mit der sozialen Positionierung der Eltern (damit auch der Schulbiographie) korrespondieren, zeigt die folgende Tabelle.[13] Sie veranschaulicht den Zusammenhang von

---

13 Bei den Männern wurden die Berufe in Tabelle 13 nach den häufigsten drei, bei den Frauen nach den häufigsten beiden Nennungen geordnet.

schulischen Bildungstiteln und elterlicher Stellung, gemessen an deren Berufen.

	Beruf Vater	Beruf Mutter
Höheres Bildungsniveau der Befragten	32,8% Beamte 31,1% Angestellte 11,1% Arbeiter	45,6% Hausfrau 26,1% Angestellte
Mittleres Bildungsniveau der Befragten	33,1% Angestellte 22,3% Arbeiter 12,2% Beamte	51,1% Hausfrau 20,9% Angestellte
Niedriges Bildungsniveau der Befragten	32,2% Arbeiter 20,4% Angestellte 4,6% Beamte	53,9% Hausfrau 11,2% Angestellte

(Tab. 13)

Zu dieser nahezu 'klassischen' Verteilung der elterlichen Berufe auf die jeweiligen Bildungsgruppen gesellte sich das Faktum, daß sich die Nennungen in der Gruppe mit den niedrigen Bildungsabschlüssen bei der Beantwortung der Frage, ob denn Vater oder Mutter schon einmal arbeitslos gewesen seien, mit 29.9% deutlich über dem Durchschnitt von 16.7% befanden. Entsprechend lagen die Nennungen in der mittleren Gruppe mit 14% leicht und die jener, die über eine Fachhochschulreife oder ein Abitur verfügten (bzw. eine Einrichtung zum Erwerb eben dieser Qualifikationen besuchten), mit nur 9% weit darunter. Im Klartext: Diejenigen, die einen höheren Bildungsabschluß anstrebten oder besaßen, entstammten nicht nur einem 'sozial besser gestellten' Elternhause, sie hatten auch seltener Erfahrungen mit der Arbeitslosigkeit und ihren ökonomischen und psychosozialen Folgen im Elternhause gemacht. Dies war einer der Anlässe für uns, bei der späteren Durchführung und Interpretation der biographischen Interviews neben Fragen der 'schulischen Sozialisation' auch den gesamten Bereich 'Eltern-Kind-Verhältnis' sowie Fragen zum Themen-Komplex 'Arbeitslosigkeit' in besonderer Weise zu berücksichtigen.

Die Unterschiedlichkeit der sozialen Herkunft, so unsere Annahme, würde auch Auswirkungen haben sowohl auf Struktur und Qualität der sozialen Kommunikationsbeziehungen (Kontakte) als auch auf die Präferenzen im Freizeitbereich (Hobbys). Demgemäß unterschieden sich, in bezug auf Angaben über Hobbys und Kontakte, die drei Bildungs-Gruppen auffällig voneinander. Was die sozialen Kontakte anbelangt, so hatten die Befragten (jeweils 100%, verteilt über die drei Bildungsgruppen) folgende Angaben gemacht:

Kontakte

	Niedriges Bildungsniveau	Mittleres Bildungsniveau	Höheres Bildungsniveau
Familie	25,8%	30,8%	44,0%
Freunde	33,0%	29,7%	37,3%
Vereine	21,2%	32,7%	46,2%
Parteien	0,0%	0,0%	100,0%
Schul- und Arbeitskollegen	14,3%	28,6%	57,7%
kaum bzw. keine Kontakte	66,7%	11,1%	22,2%

(Tab. 14)

Die Vielfalt der Kontakte der Inhaber höherer Bildungstitel auf allen hier benannten Ebenen (vor allem aber im Bereich der Parteitätigkeiten) steht in auffälligem Zusammenhang mit der relativen Kontaktarmut derjenigen, die über niedrigere Bildungsabschlüsse verfügen. Interessant bei der Frage nach den sozialen Kontakten ist auch die für alle Gruppen gleichermaßen wichtige Rolle, die Freunde bzw. Freundinnen einnehmen, wo hingegen die Eltern-Familie offenbar in dem Maße an Bedeutung verliert, in dem ihr sozialer Status, gemessen am Bildungsniveau der Befragten, abnimmt.

Blickt man ergänzend auf die Verteilung der Hobbys in den einzelnen Bildungsgruppen (vgl. Tab. 15), so fällt unmittelbar ins Auge, daß privates und öffentliches Interesse hier auffällig auseinanderklaffen. Die Verteilung dieser Präferenzen und der ihnen zugrunde liegenden Motivationsmuster sind durchaus relevante Größen für die Analyse der lebensgeschichtlichen Interviews.

Hobbys

	Niedriges Bildungsniveau	Mittleres Bildungsniveau	Höheres Bildungsniveau
Sport	30,0%	32,0%	38,0%
Spiel	57,7%	23,1%	19,2%
Kreatives	16,4%	29,5%	54,1%
Lernen/Weiterbildung	18,3%	29,5%	54,1%
kulturelle Aktivitäten	21,7%	41,3%	37,0%
politische Aktivitäten	0,0%	14,3%	85,7%
Vereinsaktivitäten	66,7%	33,3%	0,0%
kommunikative Aktivitäten	17,1%	52,9%	30,0%
rumhängen	39,8%	32,4%	27,8%
Arbeiten	17,6%	29,4%	52,9%
Auto/Motor-Sport	45,8%	16,7%	37,5%
Geschlechter-Beziehungen	42,9%	42,9%	14,3%

(Tab. 15)[14]

---

14 Unter den Begriff 'Spiel' faßten wir Angaben wie z.B.: Zocken, Spielautomaten, Billard oder Schach.
Unter die Angabe 'Kreatives' faßten wir Aussagen wie z.B.: fotografieren, zeichnen/ma-

Während sich sportliche Aktivitäten in allen Gruppen offenbar durchgängig großer Beliebtheit erfreuen, gaben vor allem die Inhaber höherer Bildungstitel viel häufiger an, kreativ, kulturell, politisch oder in den Bereichen Bildung/Weiterbildung tätig zu sein. Auch dokumentierten sie ein höheres Maß an Arbeitszufriedenheit allein dadurch, daß mehr als die Hälfte von ihnen Arbeit als 'Hobby' bezeichnete.

Kann man mit Blick auf die Kontakte der einzelnen Bildungsgruppen von einem Gegensatz zwischen Kontaktvielfalt (=höheres Bildungsniveau) und Kontaktarmut (=niedrigeres Bildungsniveau) sprechen, so gilt eine ähnliche Entgegensetzung nicht gleichermaßen auch für den Bereich der Hobbys. Nicht der Gegensatz zwischen aktiven und passiven Tätigkeitsfeldern ist hier auffällig, sondern die Andersartigkeit der Freizeit-Vorlieben. Während diejenigen mit dem geringeren Bildungsniveau Aktivitäten in den Bereichen 'Spiel', 'Vereinsaktivitäten', 'Auto/Motor-Sport' und 'Geschlechterbeziehungen' präferierten, bevorzugten die höher Gebildeten 'kreative' und 'politische' Tätigkeiten sowie 'Arbeiten' und 'Lernen/Weiterbildung'. Daß erstere bei einer Auswertung der Variablen 'politisches Desinteresse' entsprechend die höchste Punktzahl erreichten (NB=3,0/MB=2,3/HB=1,7 Pkt.), verwundert da wenig.

Würde man die Verteilung der Werte in den Feldern 'Kreativität', 'Lernen/Weiterbildung', 'kulturelle und politische Aktivitäten' sowie 'Arbeit' einerseits, 'rumhängen', 'Geschlechterbeziehungen' und 'Auto/Motor-Sport' andererseits dem Bereich 'Gesellschaft/Politik' (im weitesten Sinne) zuordnen, so gelangte man auch von hier aus zu der Aussage, daß eine eher gesellschaftsabgewandte Haltung im Sinne eines 'gesellschaftspolitischen Desinteresses' mit sinkendem Bildungsniveau und entsprechender sozialer Herkunft zunimmt. Daß trotz dieser Verteilung, die aus den Angaben über die realen Tätigkeitsbereiche resultiert, es gerade die höher Gebildeten waren, die den Wunsch nach mehr Privatheit bekundeten, ist die Kehrseite einer solchen Lebensweise (vgl. Tab. 19).

3.2 Sonderauszählungen

Da der Faktor 'Bildungstitel' die herausragende Rolle bei fast allen unseren Auswertungen einnahm, war für uns von besonderem Interesse, wie sich die Verteilung der höchsten Werte auf der A- sowie der I-Skala unter dem

---

len, Musik machen, basteln.
Zu den kommunikativen Aktivitäten zählten wir Angaben wie: Reden/unterhalten, Freunde besuchen, Kaffee/Kneipe oder Feten/Parties.
Als 'rumhängen' bezeichneten wir Angaben wie z.B.: fernsehen, faulenzen, rumhängen, spazierenfahren.

Aspekt der unterschiedlichen Bildungsgruppen gestaltete. Es ging also darum herauszufinden, welche der drei Bildungsgruppen die jeweils höchsten Werte auf den beiden Skalen erreicht hatte.[15]

Im folgenden zeigen wir, differenziert nach Bildungsgruppen (niedrig/mittel/hoch), den Anteil jener auf, die Werte über 4,0 Pkt. auf der A- sowie auf der I-Skala erreichten.

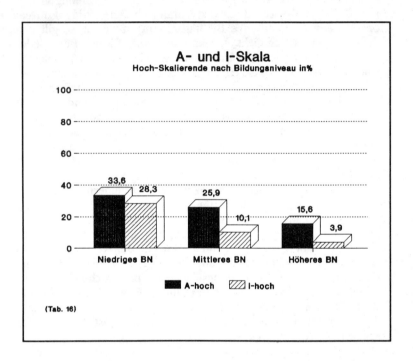

(Tab. 16)

Wie aus Tabelle 16 ersichtlich, sind es wiederum die Inhaber niedriger Bildungstitel, die nicht nur die höchsten Durchschnittswerte, sondern auch die höchsten Skalenwerte (mehr als 4,0 Pkt.) erlangten. So erreichten mehr als ein Drittel (33,6%) der Befragten aus der Gruppe mit den niedrigen Bildungsabschlüssen auf der A-Skala einen Wert von mehr als 4,0 Pkt.. Aus

---

15 Die Ankündigung, 'hohe Werte' aufzeigen zu wollen, erfordert die Bereitschaft zur subjektiven, damit relativ willkürlichen Definition von Grenzwerten. Erst durch einen solchen Schritt allerdings erlangen die Begriffe 'hoch' und 'niedrig' ihre Bedeutung und erst hierdurch werden Zusammenhänge sichtbar, die ohne diesen Schritt im Verborgenen geblieben wären. Im vorliegenden Fall wurde der mittlere Skalenwert 4,0 Pkt. als Grenzwert gewählt.

der Gruppe der Höherqualifizierten hingegen waren dies nur 15,6%. Auffälliger noch klafft die Verteilung der erzielten Spitzenwerte auf der I-Skala auseinander. Hier erreichten 28,3% der Befragten mit niedrigerem Bildungsniveau einen Wert von mehr als 4,0 Pkt., aus der Gruppe der Inhaber höherer Bildungstitel waren dies nur noch 3,9% (!).

Eine ähnliche Verteilung gilt, mit umgekehrten Vorzeichen, für die Häufungen auf den unteren Rängen der A- bzw. auf der I-Skala. (vgl. Tab. 17).

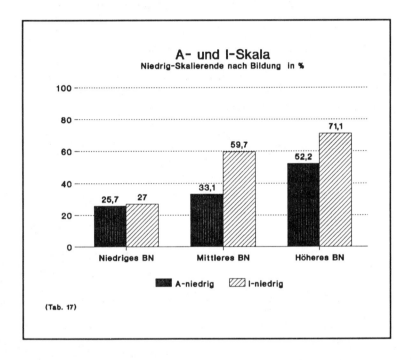

Ein weiterer Punkt unserer Sonderauszählungen betraf den Grad der Einheitlichkeit bei der Beantwortung bestimmter Statement-Gruppen durch unsere Befragten. So lehnten ca. drei von vier unserer Befragten (72,7%) folgende Statements uneingeschränkt ab:

11.) Bei der Vergabe von Arbeitsplätzen sollten Männer stärker als Frauen berücksichtigt werden. (V42)

8.) In Zeiten hoher Arbeitslosigkeit sollten Behinderte zugunsten Gesunder auf ihren Arbeitsplatz verzichten. (V39)

28.) Geistig Behinderte sollten besser unter sich bleiben. (V59)
6.) Was Stars (zum Beispiel Musiker, Filmstars, Spitzensportler und andere) sagen, ist schon wichtig für mich. (V37)
13.) Es ist gleichgültig, ob man sich für eine Sache einsetzt oder nicht - es wird sich sowieso nichts ändern. (V44)

Zentrale inhaltliche Aussagen, über die in hohem Maße Einigkeit bestand, waren somit:

a) Ablehnung von Ungleichheitsbehandlungen hinsichtlich der Arbeitsplatzvergabe;
b) Ablehnung der Ausgrenzung Behinderter und/oder Kranker;
c) Ablehnung eines unreflektierten 'Starkults';
d) Befürwortung von Engagement und Veränderungsbereitschaft zur Durchsetzung von persönlich für wichtig gehaltenen Zielen.

Die Einheitlichkeit der Aussagen umfaßt sowohl allgemeine ('soziale Ungleichheit') als auch individuelle ('persönliche Ziele') Aussage-Bereiche und entwickelt sich vom Individuellen (weniger Übereinstimmung) zum Allgemeinen (größte Übereinstimmung). Interessant an dieser Auszählung ist das Faktum, daß es vor allem die Maßnahmeteilnehmer (unmittelbar gefolgt von den Erwerbstätigen) waren, die die größte Übereinstimmung an den Tag legten. Erst danach folgten die Schüler sowie die Unversorgten, die hier den letzten Platz belegten.

Aber nicht nur einheitliche, auch unterschiedliche Meinungsbilder wurden von uns gemessen. Am uneinheitlichsten wurden folgende Statements beantwortet:

33.) Es läßt sich kaum vermeiden sich Sachzwängen unterzuordnen, weil an denen sowieso nichts zu ändern ist. (V64)
5.) Ich bin bereit, auch ganz anders als bisher zu leben. (V36)
15.) Wenn jemand 'Führungsqualitäten' besitzt, sollte man ihm die Lösung von Problemen unbedingt anvertrauen. (V46)
12.) Wenn die eigene Zukunft auf dem Spiele steht, kann man auf andere keine Rücksicht nehmen. (V43)
41.) Die Ansichten der älteren Generation sollte man schon akzeptieren. (V72)

Als zentrale inhaltliche Aussagen wären hier etwa zu nennen:

a) Akzeptanz von Sachzwängen der unterschiedlichsten Art;
b) Akzeptanz von 'Führerpersönlichkeiten' (i.d.R. wohl bezogen auf deren fachlich-berufliche 'Führungsqualitäten', die nicht 'Führerqualitäten' sind);

c) Akzeptanz des Auslese-Prinzips und Bereitschaft zum 'Kampf um die Anteile';
d) Akzeptanz von Ansichten, Werten und Normen der älteren Generation.

Den uneinheitlich beantworteten Statements liegt die inhaltliche Tendenz zugrunde, vermeintlich 'Unvermeidliches' in unterschiedlichstem Gewande zu akzeptieren. Sogenannte 'Sachzwänge' zählen ebenso hierzu wie - Hommage an die 'neue Beweglichkeit' - die notwendige Anpassung von Lebensstilen und -formen ans Gegebene, oder aber auch die Unterordnung unter jene, die sogenannte 'Führungsqualitäten' besitzen. Auch die Vorrangigkeit der eigenen Zukunft - wichtiger Faktor in einer Zeit mangelnder Planungsmöglichkeiten und zunehmender biographischer Unsicherheiten - reiht sich ein in die bei einigen offenbar zur Normalität geronnene Akzeptanz-Haltung. Daß ein Teil der Jugendlichen wieder stärker die Meinung vertritt, man sollte die Ansichten der älteren Generation akzeptieren, mutet da wenig anachronistisch an: in einer Welt der Unvermeidbarkeiten und Abhängigkeiten, in der so viele so Vielem bedenkenlos zustimmen.

Interessant an dieser Auszählung ist die Beobachtung, daß gerade die Aussage 'auf andere keine Rücksicht' nehmen zu können, 'wenn die eigene Zukunft auf dem Spiel steht', vor allem von jenen bejaht wurde, die mehrheitlich um ihre Zukunft eher wenig besorgt sein brauchen: den Erwerbstätigen sowie den Schülern. Erst an dritter Stelle rangieren hier die Maßnahmeteilnehmer und am seltensten wurde diese Meinung von denjenigen geteilt, die doch die größten Probleme beim Gedanken an ihre persönliche Zukunft haben müßten: den unversorgten Jugendlichen/jungen Erwachsenen.

Weitere Sonderfragen, die wir auswerteten, betrafen die Bereiche Altenfeindlichkeit, Nationalbewußtsein, Orientierung an Leitbildern, Bereitschaft zum Denunziantentum, Bereitschaft zur Selbstjustiz, politisches Interesse/Desinteresse, Privatismus, Emanzipation, spontaner Hedonismus, Intellektuellenfeindlichkeit und Einsatz aller Mittel (um einen Arbeitsplatz zu bekommen). Obwohl nicht alle Statements für die Skalenkonstruktion ausgewertet worden waren[16], wurde ein Teil von ihnen bei unseren Sonderauszählungen berücksichtigt und diente somit der Vorbereitung der biographischen Interviews (vgl. u.a. Tab. 18+19).

---

16 Vgl. S. 44 ff. dieser Untersuchung.

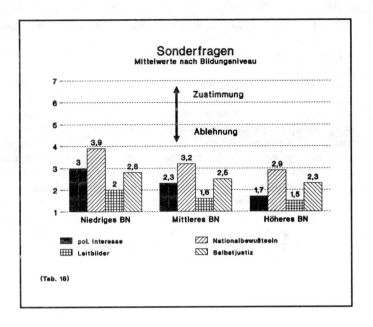

(Tab. 18)

Die Auszählung von Fragen wie der nach dem Grad der 'Altenfeindlichkeit' (Baacke), der Befürwortung von 'Emanzipation' und 'spontanem Hedonismus' hatte keine nennenswerten Differenzierungen entlang der Bildungshierarchie ergeben. Hier legten alle Gruppen ein relativ einheitliches Antwortverhalten (Abweichungen von weniger als 0,5 Punkten) an den Tag. Sie wurden von uns in die Tabellen 18 und 19 nicht aufgenommen.

Während bei den meisten, in den Tabellen 18 und 19 zur Darstellung gelangten Sonderauswertungsbereichen ein weitgehend einheitliches Bild zu verzeichnen ist, nämlich eine Zunahme der Werte mit steigendem Bildungsniveau, verkehrt sich dieser Trend bei den Fragen zum 'Privatismus' sowie der 'Bereitschaft zum Denunziantentum'. Hier rangieren jene mit höherem Bildungsniveau noch vor denjenigen, die über einen niedrigeren Bildungsstatus verfügen. Entgegen unseren eigenen Vorab-Eindrücken (und auch entgegen weit verbreiteter Meinung) orientieren sich hier die Inhaber höherer Bildungstitel (zumindest, was die gewünschte Perspektive anbelangt) stärker an Privatheit als die Inhaber niedrigerer Bildungsabschlüsse. Entgegen dem allgemeinen Antwortverhalten neigen jene auch eher dazu, als Denunzianten aufzutreten, vor allem dann, wenn es darum geht, 'Schwarzarbeiter' zur Anzeige zu bringen (vgl. Tab. 19).

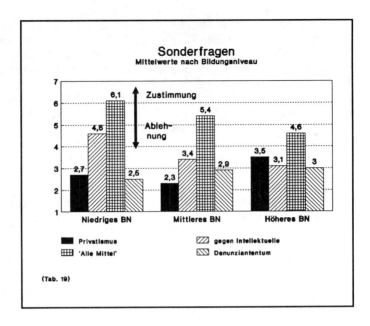

(Tab. 19)

Wird darüber hinaus - und hier wurden die höchsten von uns gemessenen Werte überhaupt registriert - die Frage nach der Bereitschaft gestellt, 'alle Mittel' für einen Arbeits- bzw. Ausbildungsplatzerhalt einzusetzen (das entsprechende Statement lautete: "Man sollte alle nur denkbaren Mittel einsetzen, um einen Ausbildungs- oder Arbeitsplatz zu kriegen."), so überschreiten alle drei Gruppen den von uns gesetzten Grenzwert von 4,0 Pkt. ganz erheblich (vgl. Tab. 19). Daß die Inhaber niedriger Bildungstitel mit 6,1 (!) Punkten diese Aussage annähernd durchgängig mit dem höchsten Wert 'stimmt völlig' bejahten, liegt auf der Hand. Daß darüber hinaus allerdings auch die Inhaber höherer Bildungstitel dieser Aussage ebenfalls in diesem Ausmaß zustimmten, war für uns doch überraschend.

3.3 Zusammenfassung

Im folgenden sollen noch einmal die für uns wichtigen Überlegungen, die wir dem Fragebogen-Material entnahmen, wiedergegeben werden.

Bei dem Versuch, mit Hilfe eines Statements-Indikatorensystems im skalierenden Verfahren unterschiedliche Grade von autoritärer Einstellung und persönlicher Instabilität bei ausgewählten Gruppen von Jugendlichen/jungen Erwachsenen zwischen 16 und 25 Jahren sichtbar zu machen, erzielten wir Ergebnisse, die, was unsere Vorüberlegungen anbelangt, nur bedingt unseren Erwartungen entsprachen. So grenzten sich, unter dem Aspekt der Statusgruppenzugehörigkeit, allein die Erwerbstätigen mit niedrigeren Mittelwerten sowohl auf der A- als auch auf der I-Skala von den übrigen drei Gruppen ab. Erwerbstätigkeit bzw. Nichterwerbstätigkeit (was nicht Arbeitslosigkeit meint) stellten sich hier also als jene Merkmale dar, die das Antwortverhalten differenzierten. Altersunterschiede zwischen den einzelnen Gruppen spielten in diesem Zusammenhang keine Rolle, da die Altersstruktur relativ einheitlich war und zwischen den Statusgruppen eine durchschnittliche maximale Abweichung von nur 0,6 Jahren bestand.

Gerade hinsichtlich der Verteilung der A-Skalen-Werte in den übrigen drei Gruppen erfüllten sich unsere Erwartungen nicht. Hier hatten sowohl die Schüler als auch die Maßnahmeteilnehmer und Unversorgten fast gleiche Werte erreicht. Diese Beobachtung legt die Frage nahe, ob allein der Status 'Erwerbstätigkeit' bereits eine demokratischere Einstellung durch entsprechende Prozesse der beruflichen Sozialisation und Teilhabe fördert; die Tatsache hingegen, ob jemand Schüler, Maßnahmeteilnehmer oder Unversorgte(r) ist, eine weniger wichtige Rolle für den Grad der autoritären Einstellung spielt. (vgl. Tab.1)

Anders die Verteilung auf der I-Skala. Hier nehmen die Instabilitäts-Werte in dem Maße zu, in dem die vor allem berufsbezogenen Perspektiven bei den Befragten abnehmen. Die Gruppen mit den höchsten I-Werten (Maßnahmeteilnehmer sowie Unversorgte) erreichten allerdings nicht als einzige die höchsten A-Werte. Auch die Schüler lagen in diesem Zusammenhang ja bei einem Mittelwert von 3,5 Pkt.. Autoritäre Einstellung, so müssen wir also folgern, ist nicht die monokausale Folge einer Erscheinungsform von Instabilität, die ihrerseits wiederum in Nichterwerbstätigkeit ihren Ursprung hat. Offenbar sind hier noch andere Kräfte am Werke, denen wir in unseren Interviews weiter nachzugehen gedachten.

Unter dem Aspekt der Altersverteilung war mit steigendem Alter eine leichte Abnahme der Werte sowohl auf der A-Skala als auch - mit leichten Schwankungen - auf der I-Skala zu beobachten. Ursachen für einen solchen, von uns bereits zum wiederholten Mal beobachteten Verlauf konnten wir uns nicht erklären.

Die höheren A-Werte der männlichen Beantworter ebenso wie die leichte Dominanz der weiblichen Beantworter auf der I-Skala sind vermutlich in erster Linie abhängig von einer geschlechtsspezifischen Sozialisation; kaum anders wohl die relative Konsistenz des weiblichen Antwortverhaltens im Gegensatz zur größeren Spannweite des Antwortverhaltens bei den männlichen Beantwortern, die eher den extremeren Positionen zuneigten.

Die wichtigste Erkenntnis für uns war jedoch folgende: Signifikanter als Status- oder Altersgruppenunterschiede und geschlechtsspezifisches Antwortverhalten war auf allen Ebenen der Auswertung die Differenzierung nach Bildungsgruppen. So rangierten auf beiden Skalen auch innerhalb der verschiedenen Status- und Geschlechtergruppen diejenigen mit den niedrigeren Bildungstiteln noch vor denen mit den mittleren sowie den höheren Bildungsabschlüssen. Dies bestätigte sich auch bei der Isolierung einzelner Statusmerkmale und ihrer Korrelation mit den entsprechenden Bildungsgruppeneinteilungen (vgl. Tab. 6 bis 11).

Aber nicht nur die höchsten Mittelwerte, sondern auch die höchsten Einzelwerte verteilten sich entsprechend. Auf beiden Skalen wurden von den Inhabern niedriger Bildungstitel die jeweils höchsten Werte erzielt (vgl. Tab. 16). Bildungsgruppenzugehörigkeit konnte von uns also als diejenige Variable identifiziert werden, die durchgängig am stärksten das Antwortverhalten der Befragten differenzierte.

Allerdings brachte die nähere Betrachtung der Variablen der A-Skala auch Unterschiedliches an den Tag. So hatte der Grad der Führerorientierung offenbar wenig mit der Bildungsgruppenzugehörigkeit zu tun[17], und auch die Bereitschaft zum Denunziantentum (von uns nur bei den Sonderauszählungen berücksichtigt) war bei den Inhabern höherer Bildungstitel ausgeprägter als bei den anderen Gruppen.

Daß unterschiedliche Bildungsniveaus auch heute noch vor allem eine Folge der unterschiedlichen Herkunftsmilieus sind, konnte entlang einer Verteilung der elterlichen Berufe der Befragten aufgezeigt werden. So nahm z.B. der Anteil derer, die als Beruf des Vaters 'Beamter' angaben, von 32,8% in der Gruppe mit dem höchsten Bildungsniveau auf 4,6% in der Gruppe mit dem niedrigsten Bildungsniveau ab; der Arbeiteranteil hingegen stieg umgekehrt proportional von 11,1% auf 32,2% (vgl. Tab. 13). Entsprechend dieser Verteilung hatten diejenigen mit den niedrigeren Bildungsabschlüssen auch wesentlich häufiger Erfahrungen mit der Arbeitslosigkeit eines oder beider Elternteile gemacht als jene mit mittleren bzw. höheren Bildungsabschlüssen.

Zudem überraschte es uns, daß die befragten Jugendlichen (wieder) relativ lange im elterlichen Haushalt verweilten. Ob dies als Resultat der 'neuen Wohnungsnot', der ökonomischen Gesamtsituation Jugendlicher/junger Erwachsener, damit von einer wieder verstärkten Elternabhängigkeit, oder aber der Kombination mehrerer dieser Faktoren abhängig ist, ging im

---

17 So wichen die Werte der einzelnen Bildungsgruppen hinsichtlich der Variable 'Führerorientierung' kaum voneinander ab (NB=3,8/ MB=3,8/HB=3,4 Pkt.).

einzelnen aus unserer Befragung nicht hervor. Hierüber weiteren Aufschluß zu erhalten, versprachen wir uns von den noch durchzuführenden Interviews.

Auch war auffällig, daß die Inhaber qualifizierterer schulischer Abschlüsse über ausgeprägtere Kommunikationsnetze verfügten und stärker an politisch-gesellschaftspolitischen Dingen interessiert waren als Inhaber anderer Bildungsabschlüsse. Und dies, obwohl gerade von ihnen der Wunsch nach mehr Privatheit eher bekundet wurde als von den Mitgliedern der anderen Bildungsgruppen. Auch neigten höher Qualifizierte eher dazu, Arbeit als befriedigende Tätigkeit zu betrachten und bestimmte 'rechtliche Grundsätze' anzuerkennen und zu befolgen[18].

Gemeinsam war allen Befragten ihre durchgängige Entschlossenheit, alle nur denkbaren Mittel einzusetzen, um einen Ausbildungs- oder Arbeitsplatz zu erhalten. Daß darüber hinaus bei allen mit Blick auf die zentralen Fragen von 'Ungleichbehandlung', 'Arbeitsplatzvergabe', 'Ausgrenzung von Kranken und Behinderten', 'Ablehnung von Starkult' sowie 'Notwendigkeit von persönlichem Einsatz für Veränderungen' große Übereinstimmung bestand, war eine der erfreulichen Ergebnisse dieses Auswertungsteils.

Daß allerdings bei Teilen von ihnen auch eine Orientierung am scheinbar Unvermeidlichen, eine Anpassung ans Gegebene durchschien, war ein wenig erfreulicher, wenngleich ebenfalls beachtenswerter Faktor. Hier deutet sich an, daß - bei aller Skepsis gegenüber den Entscheidungsträgern in Politik und Wirtschaft sowie individueller Engagementbereitschaft - größere Teile der Befragten offenbar auf das Prinzip 'Delegieren und Vertrauen' setzen. Eine solche Haltung, die Entwicklungsnotwendigkeiten mit der Akzeptanz von 'Expertentum' beantwortet, ist sicherlich auch eine Reaktion auf die Zunahme der Komplexität und Undurchschaubarkeit der gesellschaftlichen Verhältnisse.

Die Summe unserer Auswertungen hatte per saldo in zwei Punkten entscheidend dazu beigetragen, unsere Untersuchungen voranzubringen. Zum einen waren wir nun in der Lage, mit genau denjenigen unserer gesprächsbereiten Informanten Kontakt aufzunehmen, die sich auf einer unserer Skalen im oberen bzw. unteren Bereich befanden. Zum anderen hatten einige der Ergebnisse uns auf Phänomene aufmerksam gemacht, denen wir in den sich anschließenden Interviews verstärkte Aufmerksamkeit widmen wollten; Phänomene, die anzusprechen wir uns für den Fall vornahmen, wenn unsere Informanten sie selbst nicht thematisieren würden.

---

18 So lehnten sie z.B. mehrheitlich 'Schwarzarbeit' als 'Delikt' ab - was wohl in erster Linie als Ausdruck ihrer relativen Distanz zu den sozioökonomischen Bedingungen der 'Schwarzarbeiter' zu bewerten ist - und stimmten überproportional häufig der Aussage zu, daß die Sendung "Aktenzeichen XY eine wichtige Sache" sei, "weil dadurch viele Verbrecher gefaßt und bestraft werden" können.

Mit Blick auf die Anzahl der Interviews entschlossen wir uns, jeweils zehn Interviews in den Bereichen 'A-hoch' und 'I-hoch' sowie jeweils fünf Interviews in den Bereichen 'A-niedrig' und 'I-niedrig' durchzuführen.

4 Die 'Tücke des Objekts': Anmerkungen zum narrativen Interview als Forschungsgegenstand

> "Die gängige Auffassung, daß die Vergangenheit im Unterschied zum ewig strömenden Fluß der Gegenwart fest stehe, starr und unveränderlich sei, ist falsch."
> (Berger, Einladung zur Soziologie, 1977)

Wir wollen an dieser Stelle auf eine grundlegende Erörterung des wissenschaftlichen Stellenwerts von qualitativer Sozialforschung, damit auch bestimmter Positionen, Verfahrensweisen und Erkenntnisse dieses Wissenschaftszweigs verzichten. Der interessierte Leser sei zu diesem Zweck auf die einschlägige Fachliteratur verwiesen.[1] Dennoch sollen, zum besseren Verständnis dieses Untersuchungsteils, einige grundsätzliche Bemerkungen zum biographischen Interview und zur Kategorie des Sich-Erinnerns vorausgeschickt werden.

Biographisches Erzählen, mit dem wir es im vorliegenden Fall zu tun haben, bietet - so der gängige Tenor in der qualitativen Sozialforschung - einen Zugang zu dem, was in einer spezifischen Lebenswelt an Wichtigem erfahren und erlebt wurde. Hierüber werde in der Regel berichtet. Dies stimmt zwar in gewisser Hinsicht, ist aber nur die 'halbe Wahrheit'. Denn auch die Art und Weise, in der erzählt wird, das 'Wie' des Erzählens also (neben den mimischen und gestischen Besonderheiten die Auswahl des Stoffes, das Weggelassene, die eingesetzten Ordnungselemente mit deren Hilfe segmentiert, gewichtet, bilanziert wird), stellt ein wichtiges analytisches Instrumentarium dar. Das Material wird, sozusagen 'hinter dem Rücken der Sprecher',

---

[1] Eine brauchbare wissenschaftliche Einführung in qualitative Forschungsmethoden bietet nach wie vor das Buch von Christel Hopf/Elmar Weingarten (Hrsg.) Qualitative Sozialforschung, Stuttgart 1984.
Speziell zum qualitativen bzw. narrativen Interview existiert darüber hinaus eine Fülle an Literatur. Als Autor wäre hier vor allem Martin Osterland zu nennen, von dem ein im Jahre 1983 erschienener Aufsatz auch den interessierten Laien begeistern wird. Es handelt sich um den Beitrag: 'Die Mythologisierung des Lebenslaufs'. Zur Problematik des Erinnerns, in: M. Baethge/W. Essbach (Hrsg.), Soziologie: Entdeckungen im Alltäglichen. Hans Paul Bahrdt. Festschrift zu seinem 65. Geburtstag, Frankfurt a.M./New York 1983, S. 279 ff..
Die verschiedenen Richtungen der Biographieforschung werden in folgendem Sammelband zusammengefaßt: Wolfgang Voges (Hrsg.), Methoden der Biographie- und Lebenslaufforschung, (Reihe 'Biographie und Gesellschaft', Bd. 1), Opladen 1987.

zu einer aufschlußreichen 'Fundgrube' für den Interpreten.[2]
Wie lebensgeschichtliche Ereignisse wahrgenommen werden, hängt wiederum entscheidend von den zum Zeitpunkt des Erzählens zur Verfügung stehenden Deutungsmustern ab. Diese Deutungsmuster sind ihrerseits zum einen Produkte der eigenen Biographie (damit der zutiefst privaten Lebensgeschichte), zum anderen aber auch abhängig von den sozio-kulturellen, den kollektiven, klassen-, milieu- und/oder gruppenspezifischen Erfahrungen (damit bestimmt von den gesellschaftlichen Rahmenbedingungen, in denen jemand lebt).

Lebenslaufanalytisches Vorgehen, wie es das biographische Verfahren im wesentlichen darstellt, ist Analyse des Erinnerten, damit des Vergangenen im Lichte einer gegenwärtigen Situation. Die von den Informanten vergegenwärtigte Vergangenheit darf nicht gleichgesetzt werden mit der tatsächlichen Vergangenheit. Erinnerungen trügen. In der Biographieforschung nennt man dies 'retrospektive Illusionen'. Jeder von uns kennt die volkstümliche Wendung: Erinnerung vergoldet. Dabei ist es müßig, sich die Frage zu stellen, ob jemand, den seine Erinnerungen trügen, auch seine(n) Zuhörer betrügt. Auch eine objektiv 'falsch' erinnerte Begebenheit ist für den Sich-Erinnernden ja immer eine subjektiv 'richtige' Wahrnehmung, von der aus er seine Meinung über andere, sein Bild von der Welt konstituiert. Was objektiv belegbar ist und was nicht - das ist also nicht die Frage. Auch wenn nur eine einzige von mehreren denkbaren Erzählvarianten derselben Tatsache 'wahr' ist, kann eine falsche Variante eine für die Selbstbildkonstruktion außerordentlich aktive Version sein.
All dies gibt Aufschluß über die Persönlichkeitsstruktur eines potentiellen Erzählers/einer Erzählerin. Um es noch einmal deutlich zu sagen: Von geringerer Bedeutung war für uns, ob die interviewten Jugendlichen/jungen Erwachsenen nach 'objektiven Kriterien' einiges falsch, verzerrt, geschönt oder übertrieben pessimistisch erinnerten. Wichtiger als die Tatsache, daß im Zuge von Umdeutungsprozessen das Erlebte möglicherweise sogar auf den Kopf gestellt wurde, war für uns, was und vor allem wie dies erinnert und erzählt wurde.[3]

---

2 So sind z.B. linguistische Merkmale wie prosodische Zäsuren, Wortabbrüche, Wiederholungen, Betonungen etc. unter dem Aspekt der Kohärenz des Erzählten von Interesse, denn: "Die Zersplitterung der Erzählungen ist [häufig] bereits ein Hinweis auf die Zersplitterung des Erinnerungswürdigen." (Michel de Certeau, Kunst des Handelns, Berlin 1988, S. 205)
3 "In (..) Umdeutungsprozessen kann der vormalige Zenit des Lebens des sozialen Aufsteigers, das bescheidene, aber immer für alle Probleme zu jeder Tages- und Nachtzeit geöffnete Elternhaus, zur Peinlichkeit im hochdotierten Kollegenkreis werden, um dann zu einem späteren Zeitpunkt zum musealen Vorzeigeprojekt zu avancieren, dem Symbol für die eigene Tüchtigkeit und zur Demonstration der gesellschaftlichen Machbarkeit von Top-Biographien." (Erika M. Hoerning, Lebensereignisse: Übergänge im Le-

Leben besteht aus Geschichten: aus erinnerten, vergessenen, für wichtig oder unwichtig genommenen Geschichten. Lebensgeschichten: Erinnerungen, Beschreibungen und Visionen machen Selbstbilder sichtbar. Geschichten zu erzählen, z.B. in einem biographischen Interview, ist daher immer auch Selbstvergewisserung, Produktion einer gewollten Selbstsicht. Die Form des Berichts über eine Tatsache ist bei alldem immer auch Selbst-Deutung: immer steht das Selbstbild Pate bei der Auswahl und Präsentation eines erzählten Stoffes. Dessen Struktur und Konstitutionsbedingungen standen demgemäß im Vordergrund unserer interpretatorischen Bemühungen.

Ein besonderes Augenmerk bei der Deutung von erzählten Erfahrungen sei, so die Vertreter der 'biographischen Methode', auf die lebensgeschichtlichen Wendepunkte in den Erzählungen zu richten. Solche Wendepunkte, meistens durch überraschende (oder herbeigeführte) Ereignisse repräsentiert (wie z.B. den Tod eines Elternteils, die Heimeinweisung, die Beendigung der Pflichtschulzeit, der Eintritt in das Berufsleben oder - im umgekehrten Fall - der Beginn von Arbeitslosigkeit), hätten in der Regel weitreichende Auswirkungen auf Qualität und Struktur sozialer Beziehungen. Zudem seien auch im psychosozialen Bereich häufig individuelle Umorientierungen im Gefolge solcher Ereignisse anzutreffen. Hierzu zählen Abkoppelungs- oder Integrationsbemühungen, die Abkehr von vertrauten Orientierungs- und Einstellungsmustern und die Akzeptanz von und Hinwendung zu Neuem, bisweilen Unbekanntem, was dann in der Konsequenz eine Umorientierung auch im sozialen Bereich zur Folge habe.
Eine solche Sicht wurde von uns dahingehend modifiziert, daß wir unser Interesse an lebensgeschichtlichen Wendepunkten und besonderen Ereignissen im Leben unserer Informanten vor allem auf die Art und Weise ihrer Bewältigung richteten. Insbesondere der rückblickende Umgang mit all diesen Dingen zum Zeitpunkt der Abfassung der Interviews als Ausdruck einer bestimmten ethisch-moralischen, aber auch politischen Haltung war für uns von Bedeutung. Dies alles ließ sich wiederum als Resultat von Lebenserfahrungen deuten, die es ihrerseits so exakt wie möglich zu beschreiben galt.
Daß solche Haltungen nicht allein der berichteten Chronologie des faktisch Erinnerten entspringen, wird jedem klar, der sich längere Zeit mit Theorie und Praxis der biographischen Methode befaßt. Biographien nämlich verlaufen zwar einerseits nach bestimmten Mustern, die in jedem Lebenslauf (wie er zum Beispiel einer Bewerbung beigefügt wird) nachzulesen sind. Neben diesen äußeren Mustern - zumeist an den familiären und institutionellen Einschnitten orientierte Chronologien - existieren andererseits aber auch verdeckte, häufig nicht bewußt wahrgenommene, vielfach auch verdrängte Muster. Nicht selten aus dem Dunstkreis aktueller Vergegen-

---

benslauf, in: Voges, a.a.O., S. 231 ff., hier S. 233)

wärtigung (damit aus dem Bereich der sprachlichen Benennung) verbannt, sind gerade diese unbewußten Muster die eigentlichen Motoren von gegenwärtigen Orientierungen, damit Handlungs- und Lebensentwürfen. Solche Muster zu dechiffrieren, war unsere schwierigste Aufgabe.

Von hier aus bestimmt sich im wesentlichen auch der Begriff des 'politischen Bewußtseins', wie wir ihn benutzen. Bei diesem handelt es sich ja gerade nicht um ein System individueller Überzeugungen, deren Zustandekommen additiv aus der Summe des faktisch Erlebten herleitbar wäre. Wäre dies so, dann könnte man kausallogische Aussagen darüber treffen, welche Bewußtseinslage welcher Biographie zu entspringen habe - und umgekehrt. Gerade die in die eigene Sozialisationsgeschichte eingelagerten Erfahrungen, deren Auswirkungen vielfach unbewußt, somit nicht unmittelbar vergegenwärtigbar sind (wie z.B. eine latent vorhandene Existenzangst, eine nur diffus wahrgenommene soziale Unsicherheit, ein mangelndes Selbstwertgefühl etc.), bilden häufig die Ursache für die aktuelle Bewertung von Ich und Welt, für die individuelle politische Einstellung.[4] An dieser Stelle verschränken sich biographisches Erleben, persönliche Einstellungen, Attitüden und Erinnerungsproduktion miteinander. Soll nun Typisches exemplarisch zur Darstellung gebracht werden, so gilt es analytisch zu erschließen, welche möglichen biogaphischen Ereignisse welche verdeckten Muster hervorgebracht haben, die ihrerseits in Zusammenhang stehen mit den bekundeten Ansichten über das eigene Ich und die Welt.[5]

Zwischen dem Sommer 1989 und der Jahreswende 1989/90 wurden die Interviews von uns durchgeführt. Was sich so leichthin formulieren läßt, warf in der Durchführungspraxis zunächst unüberwindlich erscheinende Probleme auf. So waren einige der Jugendlichen zwischen dem Zeitpunkt der Fragebogen-Erhebung und dem anvisierten Interview-Zeitpunkt verzogen, andere

---

4 Vorwiegend auf dieses 'Dahinterliegende' zielen ja auch die Produzenten von Ideologie ab, wenn sie z.B. daran gehen, Menschen für ihre 'Überzeugungen' zu werben. So spricht Adorno u.E. mit Recht von der "rationalen Fixierung irrationaler Tendenzen", von dem Bestreben aller Ideologen, "unbewußte Regungen zu verstärken und auszubeuten". Sei es der Antisemitismus oder die kommerzielle Astrologie der Zeitungsspalten - stets werde angeknüpft "an unbewußte Triebregungen, Konflikte, Neigungen, Tendenzen", die verstärkt und manipuliert würden, "anstatt sie zum Bewußtsein zu erheben". (Theodor W. Adorno, Zur Bekämpfung des Antisemitismus heute. In: Ders., Kritik. Kleine Schriften zur Gesellschaft, Frankfurt a.M. 1971, S. 105 ff., hier S. 112 ff.)
5 Identische Ereignisse können bei alldem eine durchaus unterschiedliche Wirkung entfalten: während z.B. bei einem in die Arbeitslosigkeit abdriftenden Jugendlichen aus bürgerlichem Elternhaus mit ökonomisch hinreichender Versorgung ein bestimmtes 'Ereignis' kaum zu nennenswerten Umorientierungsprozessen führen mag, könnte das gleiche Ereignis bei einem Jugendlichen aus einem anderen sozialen Milieu ein neues, bislang verborgenes biographisches 'Muster' an die Oberfläche bringen.

hatten sich zwischenzeitlich gegen ein Interview entschieden - um nur zwei der gängigsten Probleme zu benennen.[6] Nach vielen Monaten endlich konnten wir die Interview-Erhebungsphase als weitgehend abgeschlossen betrachten.

Alle Gespräche, die wir in diesem Zeitraum durchführten, können als grundsätzlich 'offene' Interviews bezeichnet werden. Offenheit der Interviews bedeutet in diesem Falle die weitestgehende Zurückstellung einer theoretischen Vorab-Strukturierung der erwarteten Erzählinhalte. Uns ging es vor allem darum, die narrative (erzählerische) Kompetenz unserer Interview-Partner nutzbar zu machen. Die Aussagen unserer Informanten sollten nicht an einer Wirklichkeit, wie wir sie sahen, gemessen oder gar korrigiert werden. Ihnen selbst sollte die Auswahl und Strukturierung des Stoffes überlassen werden.[7] Wir wollten also lebensgeschichtliche Erinnerungen in die Hand bekommen, die nicht nur Aussagen darüber enthielten, was, sondern auch wie etwas gesehen, behandelt oder bewertet wird. Erzählungen mithin, die eine Hilfe bereitstellen bei der Behandlung der Frage, wie jemand eine gegebene Situation einschätzt, in welcher Art und Weise er sich zu ihr verhalten hat, zum Interview-Zeitpunkt verhält oder zu einem späteren Zeitpunkt möglicherweise verhalten würde.

Die Interview-Ablaufregeln beschränkten sich vornehmlich darauf, eine Eingangsfrage zu stellen[8], um anschließend eine 'kommunikative Zuhörerrolle' einzunehmen. Der Begriff 'kommunikative Zuhörerrolle' meint: Interesse an der Darstellung zu signalisieren, ohne unnötige Zwischenfragen zu stellen und damit das Gespräch in eine bestimmte Richtung zu lenken - was nicht weiter schwer fiel, denn spannend war es schon, was die von uns interviewten Jugendlichen da über ihr Leben berichteten.

Für den Fall, daß das Interview ins Stocken geriet, war vorgesehen, zunächst nur mit Blick auf die bereits vom Interviewpartner thematisierten Inhalte nachzufragen. Damit sollte gewährleistet bleiben, daß eine Orientierung weitgehend an den vom Interviewpartner vorgegebenen und für wichtig erachteten Inhalten entlang stattfand. In der Praxis allerdings kam dieser idealtypische Fall nicht vor. Schon führten wir Interviews durch, deren

---

6 Einer unserer Informanten etwa war mittlerweile in einer anderen Stadt inhaftiert. Ein Schriftwechsel mit der Gefängnis-Verwaltung wurde notwendig, um erst einmal die formal-juristische Voraussetzung für die Durchführung eines Interviews herzustellen.
7 Es existiert eine Forschungsrichtung, die bereits die bloße 'Dokumentation' von Interviewergebnissen als Forschungsergebnis, als 'Analyse von innen' (Bühl, 1972), betrachtet. Eine solche, auf bloßen Dokumentarismus angelegte Darstellung war im Rahmen unserer Projektkonzeption allerdings nicht beabsichtigt.
8 Der 'Einstieg' bestand in der Regel darin, die Interviewpartner darüber aufzuklären, daß es für das Gelingen des Projektes wichtig sei, etwas über ihr 'ganzes Leben' zu erfahren und sie dann zu bitten, "ganz von vorne anzufangen" bei der Darstellung ihrer Lebensgeschichte.

Verlauf nahezu vollständig vom Interviewten bestimmt wurde, in denen es so gut wie keine Unterbrechungen von seiten der Interviewer gab. In der Regel allerdings geriet der Erzählfluß immer wieder ins Stocken, mußten erzählträchtige Bereiche angestoßen werden. Dabei wurde dann allerdings darauf geachtet, daß so wenige Vorgaben wie möglich gemacht wurden, um dem Erzähler die Möglichkeit zu geben, innerhalb dieser Bereiche eine eigenständige Auswahl und Gewichtung vorzunehmen. Allein von hier aus werden ja potentielle Informanten zu dem, was sie entsprechend der Theorie und Praxis des narrativen Interviews sind: Experten des geschilderten, von ihnen gelebten Lebens und der von ihnen gemachten Erfahrungen. Allein für den Fall, daß die Kommunikation gänzlich zu versiegen drohte, waren zu 'erzählträchtigen Themenbereichen'[9] Leitfragen formuliert worden.

Bei alldem gaben wir uns redlich Mühe, das kommunikative Regelsystem der Befragten zu beachten, zu akzeptieren und - falls möglich - selbst zu benutzen. Anders gewendet: Es galt, sich weitgehend der Sprache der Interviewten (ihrer Alltagssprache) zu bedienen und das hinlänglich bekannte und gefürchete 'Soziologen-Chinesisch' aus den Interviews so gut es ging zu verbannen.

Nach Beendigung des narrativen Interviewteils war noch eine kurze, leitfadenorientierte 'Nachhakphase' vorgesehen. Hier wurden noch einige wenige Fragen für den Fall bereit gehalten, daß einer unserer Informanten uns interessierende Bereiche[10] überhaupt nicht thematisiert hatte.

Die Interviews selbst wurden - je nach Wunsch der Jugendlichen - entweder in der Wohnung der Informanten, in unserem Institut oder an einem Ort ihrer Wahl durchgeführt und aufgezeichnet. Sie dauerten i.d.R. zwischen dreißig und neunzig Minuten. Danach wurden sie von uns nach bestimmten Transkriptions-Regeln verschriftlicht. Eine solche Vorgehensweise eröffnet die Möglichkeit, besondere Eigenheiten der Sprecher (z.B. Wortabbrüche, Wiederholungen, besonders lautes und betontes Reden) zu rekonstruieren und auszuwerten. Überdies können allein verschriftlichte Materialien analytischen Verfahren unterzogen werden.

---

9 Vgl. Ursula M. Quasthoff, Erzählen in Gesprächen. Linguistische Untersuchung zu Strukturen und Funktionen am Beispiel einer Kommunikationsform des Alltags, Tübingen 1980.
10 Hierzu zählten Aussagen zu den Bereichen Arbeitslosigkeit, Sexualität, die Rolle von Freundschaften und/oder Kameradschaften sowie die des Geldes.

5 Die narrativen Interviews: Lebensgeschichten im Spannungsfeld von Individuellem und Gesellschaftlichem

5.1 Vorbemerkungen

Bevor wir uns den Ergebnissen unserer qualitativen Forschungen zuwenden, ist es notwendig, die vorgenommene Gruppierung unserer Informanten gemäß der von ihnen belegten Ränge auf der A- bzw. I-Skala kurz zu skizzieren.

Da waren zunächst die Erinnerungen derjenigen Informanten, die auf unserer A-Skala die obersten Ränge[1] belegt und gleichzeitig ihre Interviewbereitschaft signalisiert hatten. Unter soziographischem Aspekt zerfallen diese A's in zwei Gruppen: Zum einen entstammten sie Haushalten, die über ein durchschnittliches bis hohes Einkommen verfügten und in denen die Haushaltsvorstände, die Eltern also, mehrheitlich eine gehobene bzw. leitende berufliche Stellung einnahmen. Die gesamte Lebensweise in solchen Familien kann als durchgängig mittel- bzw. oberschichtenorientiert bezeichnet werden. Jugendliche und junge Erwachsene aus diesen Haushalten verfügten i.d.R. über einen mittleren oder höheren Bildungsabschluß oder strebten ihn an. Wir bezeichneten Mitglieder dieser Gruppe, die allein auf der A-Skala und nicht auch auf der I-Skala hoch skalierten, als 'reine' A's.

Hiervon zu unterscheiden war eine zweite Gruppe der A's. Diese setzte sich aus Teilnehmern zusammen, die sowohl auf der A- als auch auf der I-Skala obere Ränge belegt hatten. Im Gegensatz zu den 'reinen' A's entstammten sie durchgängig marginalen Haushalten. Als 'marginal' bezeichnen wir in diesem Zusammenhang Haushalte, in denen Problemkumulationen vorlagen.[2] Jugendliche und junge Erwachsene, die diesem Haushaltstyp entstammten, berichteten vielfach über Heimkarrieren, waren in Ein-Eltern-Familien bzw. bei Pflegeeltern aufgewachsen und hatten fast immer einen häufigen Wechsel ihrer Bezugspersonen erlebt. Durchgängig verfügten sie über niedrigere Bildungsabschlüsse als jene aus den besser gestellten Familien und waren in der Regel auch auf anderen Feldern von der diskontinuierlichen und

---

1 Wenn an dieser Stelle oder im folgenden von 'hoher Skalierung' oder 'oberen Rängen' die Rede ist, so ist damit gemeint, daß die damit bezeichneten Informanten sich unter den oberen 10 Prozent auf einer oder beiden Skalen befanden.

2 Haushalte also, in denen ökonomische und/oder psychosoziale Probleme den Alltag bestimmten; in denen Arbeitslosigkeit, Scheidung/Trennung der Eltern sowie ein Wohnen in einschlägig bekannten 'sozialen Brennpunkten' die Regel war. Diskontinuität, Mangel und Notbehelf dominierten somit die gesamte Lebensweise von Mitgliedern dieser Haushalte.

notbehelfsökonomischen Lebensweise ihrer Eltern betroffen. Wir bezeichneten diese Gruppe als A-I's.

Als 'interviewbereite Spitzenreiter' unserer A-Skala kamen Vertreter beider Gruppen zu etwa gleichen Teilen vor. Hierzu wurden, was die Gesamtgruppe der A's anbelangt, Interviews auch mit einigen Jugendlichen/jungen Erwachsenen durchgeführt, die sich auf den untersten Rängen der A-Skala befanden. Mit Hilfe von Interviews auch aus diesem Bereich vergewisserten wir uns, daß bestimmte Einstellungsmuster, wie wir sie bei den jeweils hoch Skalierenden entdeckten, auch wirklich 'typisch' für diesen Personenkreis waren. In die folgenden Darstellungen werden die Ergebnisse der Analyse dieser wenigen Interviews allerdings nicht eingehen, da uns vor allem die hoch Skalierenden interessierten.

Eine letzte Gruppe bestand folgerichtig aus Informanten, die allein auf der I- und nicht gleichzeitig auch auf der A-Skala vordere Ränge belegt hatten. Diese wurden von uns als 'reine' I's bezeichnet. Hinsichtlich ihrer sozialen Zugehörigkeit ähnelten sie bisweilen den marginalen Haushalten entstammenden A-I's. Allerdings waren ihre Eltern in wesentlichen sozialen Bereichen besser gestellt. So verfügten sie in der Regel über eigene Einkommen und waren nicht von Lohnersatzleistungen, wie etwa der Sozialhilfe, abhängig. Auch lebten diese zum Zeitpunkt der Erhebung in relativ 'stabilen Verhältnissen' und waren nicht - wie z.B. viele der Eltern der A-I's - betreuungsbedürftig. Auch hier wurden Interviews mit einigen wenigen Teilnehmern durchgeführt, die auf der I-Skala unterste Ränge belegten. Und auch hier gilt, daß die Ergebnisse der Analysen dieser Interviews aus den oben dargelegten Gründen von uns nicht zur Darstellung gebracht werden.

Aus verschiedenen Gründen wurde in der Praxis die anvisierte Zahl von insgesamt 30 Interviews nicht ganz erreicht. Im Resultat wurden von uns 24 Interviews durchgeführt. Davon entfielen acht auf die 'reinen' A's, sechs auf die A-I's sowie sechs auf die 'reinen' I's. Vier Interviews wurden mit Informanten an den unteren Enden der beiden Skalen erhoben.
Im Anschluß an die zeitraubende und mitunter mühselige Verschriftlichung der Interviews erfolgte deren eingehende Besprechung und Interpretation. In einer Serie von Projektgruppensitzungen wurden die Beobachtungen zu den einzelnen Transkripten gesammelt, vielfach kontrovers diskutiert und mitprotokolliert. Diese Protokolle wiederum dienten als Grundlage für die Erstellung des nun vorliegenden Textes.

Es ist wohl selbstverständlich, daß eine vollständige Wiedergabe aller Detailbeobachtungen, der zahllosen Korrespondenzen in und zwischen den einzelnen Interviews eine annähernd übersichtliche Darstellung unmöglich gemacht hätte. Damit aber befanden wir uns inmitten eines größeren Dilemmas: Um den einzelnen biographischen Interviews, mithin den einzelnen Informanten und ihren je besonderen Lebensgeschichten gerecht zu werden, wäre es durchaus wünschenswert, detaillierte Einzelanalysen aller Interviews vorzulegen. Im Ergebnis hätten wir so ein Werk von vielen Hundert Seiten produziert, bei dessen Lektüre auch dem gutwilligsten Leser irgendwann einmal die Luft ausgegangen wäre - wenn überhaupt ein Verlag sich bereit gefunden hätte, es zu publizieren. So ergab sich die Notwendigkeit einer zusammenfassenden, auf das Typische sich konzentrierenden Darstellung. Für sie sprach überdies, daß auf die aus soziologischer Sicht notwendige Kategorisierung nicht verzichtet werden kann. Denn im Kern ging es uns ja darum, die in der subjektiven Vielfalt verborgenen Gemeinsamkeiten zu bündeln und zur Sprache zu bringen. Diese Vorgehensweise birgt jedoch wiederum die Gefahr in sich, das Individuum im Streben nach Verallgemeinerbarkeit aus dem Blickfeld zu verlieren: im 'Dickicht der Abstraktion'. So entschlossen wir uns zu einer Konzeption, in der beide Wege zu ihrem Recht kommen sollten.

Grundlegend für die weiteren Ausführungen ist die Einteilung aller Interviews in jene drei Gruppen, deren soziographische Einordnung oben vorgenommen wurde: die Gruppe der 'reinen' A's, der A-I's sowie der 'reinen' I's. In dieser Reihenfolge widmen sich ihnen die Kapitel 5.2, 5.3 und 5.4. Sie wiederum unterliegen einer stets gleichen Anordnung, die es vorab zu skizzieren gilt.

Zunächst erfolgt jeweils die zusammenfassende Darlegung der Beobachtungen und Interpretationsergebnisse oberhalb der je konkreten Biographien. Sichtbar wird auf diese Weise der Typus 'rein' A, 'A-I' sowie 'rein' I - anhand dreier thematischer Felder:

- Kindheitserinnerungen und Eltern-Kind-Beziehungen
- Selbstbilder und Zukunftsvorstellungen
- Politik und Gesellschaft.

Stets darauf bedacht, das Wesentliche der Interviewaussagen zu bündeln und auszuwerten, werden in diesen Unterkapiteln jene Gemeinsamkeiten erkennbar, die es allererst erlauben, von einem bestimmten Typus (des A-I's z.B.) zu sprechen. Aus diesem Grunde dienen die zwischenzeitlich eingefügten Zitate aus Interviews allein der Illustration unserer Thesen. Mit anderen Worten: Die Interviewten fungieren in diesen Fällen als Repräsentanten genereller Merkmale. Infolgedessen erschien es uns nur als logisch, die zitierten Aussagen allein mit den Signaturen der statistischen Auswertung zu versehen: 0303.A, 0380.A-I, 0002.I etc..

Erst zum Abschluß der den drei Gruppen gewidmeten Kapitel erfolgt die exemplarische Analyse jeweils eines unserer Interviews. Diese Analysen erlauben dem Leser einen Einblick in unsere Interpretationsverfahren - und sind zugleich auch mehr. Denn sie erscheinen als notwendige Ergänzung zum Vorausgegangenen. Was dort im Interesse verallgemeinerbarer Aussagen vernachlässigt werden mußte, rückt hier in den Mittelpunkt: die konkrete Individualität unserer InterviewpartnerInnen und deren je spezifische Lebensumstände. Gerd (A), Mirabella (A-I) und Till (I)[3] - drei Beispiele für eine Fülle von Einzelschicksalen, in die wir während der Interview-Phase Einblick nehmen durften. Sie stehen für sich und weisen doch auch über sich hinaus. Wir hoffen, diesem Sachverhalt in den weiteren Ausführungen gerecht geworden zu sein.

5.2 Die Lebensgeschichten der 'Autoritären' (A)

5.2.1 Kindheitserinnerungen und Eltern-Kind-Beziehungen

Aufgefordert, über ihr 'ganzes Leben' zu berichten, präsentierten einige Informanten dieser Gruppe zunächst eine Chronologie der einzelnen biographischen Stationen ihres Lebens (Geburtsdatum und -ort, Jahr des Schuleintritts etc.). Andere wiederum schilderten als erstes ihre Gegenwartssituationen, um sich von hier aus dann in ihre Vergangenheit 'vorzuarbeiten'. Einhellig, wenn auch in verschiedensten Variationen betont wurde immer wieder die Normalität der erlebten Kindheit und die Zufriedenheit mit den familiären Verhältnissen. Sei es unaufgefordert oder auf die Bitte der Interviewer hin, etwas über die Kindheit zu berichten, stets von neuem erfolgten ähnlich lautende Aussagen über die Eltern: über deren Berufe und wichtige gesellschaftliche Funktionen und Positionen sowie deren Verfügung über soziales (Beziehungen, Verwandtschaft), kulturelles (Bildung, Artikulationsfähigkeit) und/oder ökonomisches Kapital. Wo all dies nicht in erwähnenswertem Umfang vorhanden war, wurde zumindest die allgemeine Intaktheit der familiären Verhältnisse bzw. die eigene Zufriedenheit in und mit den familiären Rahmenbedingungen bekundet.

Dabei reichte das Spektrum der Darstellung von der unaufgeforderten Schilderung der elterlichen Berufe und Einkommensverhältnisse ("Und mein Vater ist [Wissenschaftler] und meine Mutter ist [Ärztin]. Die verdienen beide nicht schlecht", 0424.A) über eine eher 'zurückhaltend-verschämte' Preisgabe ("Mein Vatter is - ja der is - äh - der is - äh - (...) Oberarchivrat - und hasse nich gesehn - (..) und meine Mutter is - äh - hättse jetz bestimmt auch gefragt - meine Mutter is hier leitende Ärztin", 0303.A) bis hin zur knap-

---

3 Es handelt sich hier, wie bei allen anderen erwähnten Namen, stets um Decknamen.

pen Erwähnung, daß das Verhältnis zu den Eltern "doch sehr gut" (0045.A) sei.[4]

Auch daß die Eltern durchgängig sehr "ehrgeizig sind, was ihren Job angeht", und "immer nach vorne (wollen)" (0303.A), erfuhren wir vor allem von denjenigen Informanten, deren Eltern über eine gehobene berufliche und soziale Stellung verfügten. Daß all dies den meisten unserer InterviewpartnerInnen zum Vorbild geriet, wunderte uns wenig; daß sich bei aller behaupteten Harmonie auf den zweiten Blick durchgängig aber auch Widersprüche ausmachen ließen, die das Behauptete in Frage stellten, erstaunte uns anfänglich. So waren die innerfamiliären Beziehungsstrukturen bei fast allen 'reinen' A's keineswegs so ungetrübt, wie sie uns dies glauben machen wollten. Von Prozessen 'subtiler Verwahrlosung' (Alheit/Glas) in Kindheit und Jugend unserer Informanten über rigide Reglementierungspraxen, denen sie ausgesetzt waren (und die auch die Anwendung der Prügelstrafe bisweilen einschlossen), bis hin zu ausgeprägt hohen Leistungserwartungen von seiten der Eltern reichte die Palette der Belastungsprofile, die auch noch in den 'besten Familien' anzutreffen waren.

Niemand der von uns interviewten 'reinen' A's allerdings brachte offen Generationskonflikte zur Sprache. Niemand kritisierte auch letztlich aus distanzierter Perspektive die Leiderfahrungen, die die Eltern ihm/ihr zugefügt hatten. An kaum einer Stelle wurde demgemäß die eigene Kindheit (die ja immer unauflöslich mit der Rolle, die die Eltern einnahmen, verknüpft war) problematisiert. Bestenfalls wurden die vermeintlich eigenen Unzulänglichkeiten (die eigene "Faulheit", der fehlende "Mumm" etc.) verantwortlich gemacht für eine angedeutete Leistungsverweigerung, eine Subkarriere oder - wo dies explizit zur Sprache gebracht wurde - das eigene schulische Versagen.[5]

In allen diesen Interviews wurde mit den unterschiedlichsten Mitteln versucht, Kindheitsprobleme, die man als Folge elterlichen Verhaltens in unterschiedlichster Ausprägung erfahren hatte, unter den Tisch zu kehren. Verallgemeinerungen, Relativierungen und Bagatellisierungen waren die Techniken, derer sich die Informanten dabei bedienten. Das beständige Schwan-

---

4 Wenn im folgenden Zitate aus den Interviews in diesen Text einfließen, sind die Transkriptionsnotationen, derer wir uns bedienten, teilweise aufgehoben worden. Dies gilt nicht für die Wiedergabe längerer Interview-Passagen. Vgl. hierzu die Transkriptionsregeln im Anhang.
5 Ganz anders erinnerten z.B. diejenigen ihre Eltern, die auf der A-Skala am unteren Ende (als wenig Autoritäre, mithin 'demokratische' [D's] also) rangierten. Sie waren viel eher zu einer konstruktiven Kritk bereit und neigten in diesem Zusammenhang dazu, auch mißliebige Verhaltensweisen ihrer Eltern zu schildern. So etwa unser Informant mit der Nr. 0444.D, der den Materialismus seines Vaters anprangerte, oder unsere Informantin 0162.-D, die den vom Vater ausgeübten Leistungsdruck offen kritisierte und auch die lebenspraktische Konsequenz hieraus gezogen hatte, indem sie aus der elterlichen Wohnung ausgezogen war.

ken zwischen Selbstbehauptung und Selbstverleugnung als Folge der Akzeptanz erlebter Fremdbestimmung war mithin eines der wichtigen Merkmale im erinnerten Eltern-Kind-Verhältnis dieser Gruppe.

Wenn man sich nun anschaut, welche unserer Informanten am konsequentesten elterliche Meinungsbilder und Lebensweisen adaptierten, um sie gegen die eigenen biographischen Erfahrungen zu reformulieren, so stößt man auf unübersehbare Auffälligkeiten. Da ist zunächst die Tatsache, daß die Eltern all jener, die eine solche 'Harmonisierung' nahezu perfektioniert hatten, einer gesellschaftlichen Gruppe entstammten, die relativ einheitliche Charakteristika aufwies: Alle verfügten über ausreichende, soziale Sicherheit garantierende ökonomische Grundlagen als Folge entsprechender beruflicher Tätigkeiten, die meisten von ihnen zudem über die damit einhergehenden sozialen Kontakte sowie ein gewisses 'intellektuelles Niveau'. Auch wurden alle von ihren Kindern, den von uns Interviewten, als leistungsorientierte, fleißige, tüchtige und 'nach vorne strebende' Leute bezeichnet. Das Wichtigste aber war: Sämtliche von uns interviewten Jugendlichen/jungen Erwachsenen, die dieser 'Haushaltskategorie' entstammten, ließen vermuten, daß sie selber noch sehr lange von der eigenen Verfügung über solche Lebensumstände abgeschnitten bleiben würden. Allein die Verfügung ihrer Eltern über marktgängig hochgeschätzte Kapitalien und Tugenden dürfte ihnen in der Perspektive bestenfalls eine längerfristige Abhängigkeit von diesen bescheren, denn: Sowohl ihr eigenes Leistungs- und Qualifikationsprofil als auch die Bedingungen, die ihnen ein sich zunehmend verengender Arbeitsmarkt für Akademiker diktiert, stellen wenig hoffnungsvolle Rahmenbedingungen dar.

Was dies für den Prozeß der Rekonstruktion der eigenen Lebensgeschichten und - hierin eingebettet - die Rolle der Eltern bedeutete, liegt auf der Hand: die Bereitschaft zur Aufgabe von Souveränität und Selbstbestimmtheit bis hin zur Überidentifikation mit der elterlichen Welt. Dies alles nahm in dem Maße zu, in dem - entsprechend der jeweiligen sozialen Herkunft - entweder deutlich wurde, daß die Interview-Partner die in ihnen vorgeblich schlummernden Qualitäten ebenso nutz- und gewinnbringend wie ihre Eltern zu 'vermarkten' gedachten, oder aber die elterlichen Lebensverhältnisse wenigstens eine Sicherheit vermittelten, die die Informanten selber nicht herzustellen vermochten. Insbesondere das Zusammenspiel von sozialem Status der Eltern und eigenen Lebensmöglichkeiten im Lichte der je individuellen Zukunftsplanungen also war es, welches hier bestimmte Verhaltensmuster und Sichtweisen hervorgebracht hatte. Diese wurden ihrerseits zu Auslösern von Harmonisierungsbemühungen, die im Dienste einer Einebnung des Widerspruchs zwischen Erhofftem und individuell Möglichem standen.

Dort, wo die Eltern über entsprechende soziale Positionen nicht verfügten und auch andere Formen von Elternabhängigkeiten nicht vorhanden waren, erfuhren wir entsprechend wenig oder nichts über deren soziale und/oder berufliche Stellung, wurden elterliches Verhalten und elterliche Lebensweisen auch in ihren belastenden Dimensionen zur Sprache gebracht. Im Falle struktureller und in der Perspektive längerfristiger Abhängigkeitsverhältnisse jedoch wurde auch in sogenannten 'Normal-Haushalten' beständig auf das gute Verhältnis zu den Eltern verwiesen. Im Zentrum solcher, erzählerisch ins Positive gewendeter Verhältnisse standen auch hier unübersehbar sicherheitsökonomische Überlegungen, die der eigenen konkreten Mangelsituation (etwa dem Status einer 'Alleinerziehenden', die auf die Eltern als 'Versorgungsinstanz' angewiesen ist) entsprangen.

5.2.2 Selbstbilder und Zukunftsvorstellungen

Der Zusammenhang von Selbstbild und Zukunftsvorstellung ergibt sich durch einen einfachen gedanklichen Zirkelschluß, der unseren interpretatorischen Bemühungen als Annahme vorausging: Einerseits nehmen die der eigenen Persönlichkeit zugeschriebenen Eigenschaften und Fähigkeiten eine wichtige Rolle ein bei der Beurteilung der Gegenwart und der Planung der eigenen Zukunft; andererseits sind es auch die ersehnten Zukunftsvorstellungen, die umgekehrt bestimmte Selbstbilder erst produzieren. Und in der Tat: Die von unseren Informanten thematisierten Karrierewünsche gingen Hand in Hand mit der vielfachen Betonung ihres intellektuellen und 'extrafunktionalen' Fähigkeitenpotentials (Flexibilität und individuelle Wendigkeit, Mobilität, Verfügung über eine 'gute' Allgemeinbildung, Beliebtheit etc.).

Waren von den meisten unserer Interview-Partner bereits zum Komplex Eltern-Kind-Verhältnis vor allem solche Aspekte zur Sprache gebracht worden, die den Kriterien 'normal', 'harmonisch' und 'problemlos' entsprachen, mit Blick auf die Rolle ihrer Eltern vor allem deren herausragende soziale Positionen, Tugenden und Aufstiegsorientierungen, so verwundert es wenig, daß hinsichtlich ihrer Selbstbilder sich vieles hiervon wiederfinden ließ. So wurde unter dem Aspekt einer Einschätzung von Gegenwärtigem und Zukünftigem Problematisches kaum zur Sprache gebracht. Die behauptete Problemlosigkeit der Kindheit verlängerte sich in ihren Darstellungen ins Gegenwärtige und wurde immer wieder abgerundet durch ein Selbstbild, welches bisweilen einem Verhaltens-Katalog für 'erfolgreiche Menschen' hätte entnommen sein können. Diese positiven Selbstbildkonstruktionen hatten behauptete Eigenschaften zur Grundlage, die in Begriffen wie sportlich, kommunikativ, intelligent, natürlich, aufgeschlossen, ordentlich, fleißig und/

oder ehrlich auflösbar sind. All dies wurde zudem vielfach ergänzt durch die behauptete 'Tugend', hart und durchsetzungsfähig zu sein - gegenüber sich selbst ebenso wie gegenüber anderen. Letzteres kam bei den einen (aus den eher gehobenen sozialen Schichten) als 'Dickschädeligkeit', bei den anderen (aus den 'Durchschnittshaushalten') vornehmlich als 'körperliche Stärke' daher. Daß alle diese Eigenschaften das eigene Fortkommen begünstigen würden und in vielen Lebenssituationen eine gewisse Funktionalität besäßen, dies wurde bisweilen als positive Erkenntnis verbucht:

"0303: Aber - ich hab grade in der Oberstufe gelernt
daß - wenn man Leistung zeigt -
daß man die Lehrer dann immer auf seiner Seite hat.
Wenn man Vier steht - oder Fünf
dann ist es schon sehr viel schwieriger
mit Leuten gut auszukommen - sehr viel schwieriger.
Is ne Erfahrung - ich hätts nich gedacht.
Aber es is so".

Daß der hier zitierte Jugendliche sich natürlich zu jenen zählte, die eine solche Leistung erbrachten, für ihn selbst all dies nicht 'schwierig' war, sei an dieser Stelle angemerkt.

Fast wären wir versucht gewesen, eine solche positive Selbstsicht als gegeben hinzunehmen, wären da nicht immer wieder Resignation, Anpassungsbereitschaft an das Gegebene oder auch versteckt formulierte Fluchtabsichten im Spiele gewesen, die diese Selbstbilder in teilweise krasser Form konterkarierten:

"0166.A: Kriegst noch ein hinter die Ohren -
auch wenns nicht läuft - beschwerst dich bei deim Chef -
kriegste auch noch da Druck -
(...) also - Motivation - überhaupt nich -
viel krankgefeiert - wanns nur immer geht -
es wird Berufsschule geschwänzt -
man drückt sich wo man kann - ne".

Nicht anders als die nur angedeuteten Probleme im Eltern-Kind-Verhältnis wurde solches allerdings stets nur in Ansätzen erwähnt, flugs harmonisiert, in Nebensätze verwiesen oder überhaupt erst durch das Aufspüren von Widersprüchen im Zuge der Analyse transparent.

Warum diese Selbstbilder auf zum Teil so bizarre Weise ins Positive verzerrt waren, wird deutlich, wenn man die Zukunftserwartungen von Mitgliedern dieser Gruppen näher beleuchtet. Ebenso wie der Blick in die eigene Vergangenheit und auf sich selbst entsprangen auch diese weitgehend dem 'stummen Zwang der elterlichen Verhältnisse'. Der immer wieder geäußerte Wunsch, beruflich aufzusteigen und dereinst einer (in vielen Fällen technischen) 'Elite' angehören zu wollen ("Also mich würd das unheimlich - äh -reizen mitzuhelfen, den Fusionsreaktor in Betrieb zu nehmen" 0424.A), war stets eher als Indikator für die Existenz eines durch die Eltern vermittelten, sicherheitsökonomischen Denkens auszumachen, denn als Folge von zutiefst persönlichen Neigungen, Fähigkeiten und intellektuellen Voraussetzungen.

Entsprechend ihrer sozialen Stellung zielten die Zukunftswünsche von nur zwei Informanten dieser Gruppe auf für sie vielleicht Erreichbares (den Besitz von Haus und Auto), ohne eine darüber hinausgehende berufliche oder soziale Positionierung zu perspektivieren. Alle anderen waren stark an einer gehobenen beruflichen Stellung, an der Verfügung über intellektuelles know-how, sozialer Akzeptanz und Anerkennung, kurz: an sozialem und ökonomischem Aufstieg orientiert. Ihre Zukunftswünsche blieben weitgehend auf die Reproduktion der Sicherheit versprechenden Lebensweise ihrer Eltern reduziert.

Einer unserer Informanten stand bei alldem geradezu unter dem Zwang, "irgendwann (das) zu schaffen" (0166.A), was seine Eltern 'geschafft' hatten. Mit diesem Ziel als Maßstab des eigenen Handelns vor Augen zog er Zwischenbilanz, glaubte er, "für (sein) Alter schon ganz gut im Rennen" zu liegen, zumal er glücklicherweise als "Einzelkind mal das Haus erben" werde (0166.A). Ein anderer Interviewter bezeichnete es als großes Glück, als "Wahnsinn", wenn er dem Ziel, eine eigene Familie ernähren zu können und ein Auto zu besitzen, schon näher wäre (0411.A). Dieser Interview-Teilnehmer war zum Zeitpunkt der Erhebung ganze 17 Jahre alt. Hier offenbarte sich uns eine Form der Lebensperspektivierung, die sich immer auch orientierte an einer in den Dingen kristallisierten, zum Ding geronnenen elterlichen Lebensweise, deren Devise zu lauten schien: 'keine Experimente'.

Kamen eigene Zukunftsplanungen zur Sprache, so nahmen einige Informanten zudem in auffälliger Weise eine geradezu 'reumütige' Haltung gegenüber ihrer eigenen Vergangenheit ein. Als quasi verspätete Akzeptanz äußerer (etwa schulischer) Rahmenbedingungen, deren Erfüllung sie bislang verweigert hätten, gab diese 'späte Reue' häufig den Blick frei auf die dahinter verborgenen Bewegungsmomente.

Da war zunächst der Aspekt einer Umdeutung nicht erwünschter biographischer Ereignisse. Mit der Einnahme einer reumütigen Haltung - so war zu beobachten - ging in nahezu allen diesen Fällen die Behauptung einher, daß man ja bestimmte Dinge hätte leisten, schulischen Anforderungen etwa hätte genügen können - wenn man dies nur gewollt hätte: "Ich hab, überhaupt, ich hätte (auf Dauer) vielleicht doch noch zwei drei Noten vielleicht besser sein können (in manchen) insgesamt, also in zwei drei Fächern eine

Note besser sein können - aber ich hatte absolut <u>keine</u> Lust mehr" (0411.A). Hier wurde sowohl dem Zuhörer als auch sich selber eine Entscheidungsfreiheit suggeriert, die in den meisten Fällen faktisch gar nicht vorhanden gewesen war. Bezog man etwa die jeweiligen Rahmenbedingungen ein, wie sie im Interview-Material zutage traten, und wie sie das erinnernde Ich in der damaligen Zeit vorgefunden haben mußte, so gaben diese häufig den Blick frei auf Umstände, die den Interviewten in der Regel gar keine Wahlfreiheiten eröffnet hatten:

" <u>0411.A</u>: /Ja (gedehnt)/ - also -
bis ich sitzen geblieben bin - da - also -
hab ich mich auch bisher durch - so durchgemogelt.
Einer Fünf und dann zweimal vier Minus -
also gerade eben durchgemogelt".

Die Umdeutung des Faktischen diente hier also zu allererst der legitimatorischen Absicherung eines vergangenen Verhaltens, welches sich im Nachhinein als disfunktional für die weitere biographische Planung herausgestellt hatte. Ein solcher 'Trick' unserer Interviewpartner, mit denen sie sich selbst überlisteten, um sich ihrer Fähigkeitenpotentiale und psychosozialen Stabilität zu versichern, verstellte ihnen demnach den Blick auf die objektiven Ursachen für ein z.B. schulisches Versagen, eine frühe Rebellion oder eine Subkarriere. Das Vermögen, die Dinge, wie sie wirklich sind (bzw. waren), zu erkennen und zu benennen, möglicherweise sogar Aktivitäten wider die sie bestimmenden Zwänge zu entfalten (oder einfach nur aus der eigenen Geschichte zu lernen), war hier also stark eingeschränkt.

Bei näherem Hinsehen wurde auch deutlich, daß die einer solchen funktionalen Perspektivierung zugrunde liegende Pragmatik nur eine scheinbare war. In nahezu allen Fällen, in denen z.B. der Gedanke an Zukünftiges sich in erster Linie auf die 'Normalität' einer kleinbürgerlichen Existenz konzentrierte, klafften Zukunftswunsch und je konkrete biographische Voraussetzungen hierfür häufig weit auseinander. Trotz der 'Pragmatik', mit der das Erklimmen einzelner Stufen auf dem Wege zu den individuellen Zielen ins Auge gefaßt wurde, läßt sich vermuten, daß es - zumindest für einen Teil dieser Informanten - eher unwahrscheinlich sein dürfte, die formulierten Ziele jemals zu erreichen. Dem zum Teil pragmatisch-rigiden Konventionalismus, der in diesem Zusammenhang immer wieder aufschien, entsprach in anderen Interviews eine Lebensplanung, deren mögliches Mißlingen gar nicht mehr thematisiert wurde. Auch hier fiel auf, daß gerade diejenigen mit geradezu schlafwandlerischer Sicherheit auf eine gehobene berufliche und soziale Position zuzusteuern glaubten, die, zumindest auf der äußeren Erscheinungsebene, im nahezu idealtypischen Sinne über die entsprechenden sozio-kulturellen Voraussetzungen verfügten.

Daß Lebensplanungsprozesse, soziale Herkunft und Elternorientierung stark miteinander korrespondierten, darüber hinaus familiäre Herkunft immer auch mit einer entsprechenden elterlichen Erwartungshaltung einherging, wurde zum einen von den Informanten selber explizit betont, zum anderen ließ sich dies aber auch erschließen durch das textanalytische Verfahren. Der Wunsch, gehobene, wenigstens aber Sicherheit gewährleistende soziale Positionen zu besetzen, hatte sowohl den erwähnten pragmatischen Konventionalismus im Gefolge, korrespondierte aber auch mit bestimmten Selbstsichten. Konventionalismus nun muß seinerseits als von außen gesetztes Produkt einer 'Zwangsverinnerlichung' gesehen werden, die dem gesellschaftlichen Konkurrenzdenken geschuldet ist. Auf der Ebene der konkreten Lebenswelt der Jugendlichen/jungen Erwachsenen war er offensichtlich einer Erfahrung erwachsen, die der schlichten Devise entsprang: 'Wes Brot du ißt, des Meinung (sprich: Orientierungsmuster) du übernimmst'. In unseren Diskussionen über diesen Zusammenhang hatten wir für eine solche Haltung den Begriff der 'Erbenqualifikation'[6] gewählt. 'Erbenqualifikation' in unserem Sinne meint die Einnahme einer Haltung, mit der die Gewißheit verbunden ist, Ansprüche zu erwerben auf die Teilhabe an und spätere Übernahme von sozialem, kulturellem und ökonomischem Kapital der Eltern.

Daß derjenige, der in den Strudel einer solchen Dynamik gerät, auch von Ängsten geplagt wird (die ja nicht zuletzt aus der Möglichkeit des Nicht-Gelingens des allseits Erwarteten resultieren), ist da wenig verwunderlich. Die allgegenwärtige Angst, all dies nicht leisten zu können, belastete auch die von uns interviewten Jugendlichen/jungen Erwachsenen offensichtlich schwer. Deutlich wurde dies unter anderem sowohl in den immer wieder auffindbaren Selbstschuldzuweisungen als auch im behaupteten Versagen der gesellschaftlichen Institutionen und Rahmenbedingungen. Eine solche Angst wurde allerdings durchgängig überlagert von dem bereits skizzierten funktionalen Zukunftsoptimismus, der offen eingestandene Zweifel am Nicht-Gelingen der eigenen Entwicklung nur selten aufkommen ließ.

Pragmatische Lebensplanung, Schwanken zwischen scheinbar innerer Vorherbestimmung und äußerem Schicksal sowie das Schwelgen in zum Teil unrealistischen Fernzielen wechselten sich daher häufig ab. Bisweilen war all dies sogar in ein und demselben Interview anzutreffen. Immer aber waren die Selbstbilder von den sozialen und familiären Verhältnissen produzierte Gebilde, durch die hindurch das Gegenwartsgeschehen gesehen, Zukünftiges geplant wurde.

Daß Ängste der skizzierten Art zudem beständig abgewehrt werden müssen -

---

6 Dieser Begriff findet hier Anwendung in Anlehnung an Dieter Huhn, Der Fall Familie, Darmstadt und Neuwied 1977, S. 89 ff..

allein schon aus dem Zwang heraus, alle verfügbaren Energien im Sinne der eigenen biographischen Planungen nutz- und gewinnbringend einzusetzen, liegt auf der Hand. Dies hatte sich ja unter anderem in der beständigen Reproduktion einer positiven Selbstsicht geäußert, die auch die Selbstsuggestion von Härte und Durchsetzungsvermögen einschloß. Systematische Selbstbildproduktionen gingen aber auch einher mit einer sozialen Differenzierung, wie sie die Interviewten immer wieder vornahmen. Solche Differenzierungen, die gleichermaßen Voraussetzung und Folge ihres Denkens waren, wurden offenbar im biographischen Prozeß verinnerlicht. Demgemäß waren sie auch bei der Planung der je individuellen Zukunft gegenwärtig, schienen 'Planerfüllung' zu gewährleisten.

5.2.3 Politik und Gesellschaft

In den Interviews der reinen A's ließen sich im Hinblick auf den thematischen Bereich 'Politik und Gesellschaft' eine Fülle von Gemeinsamkeiten ausmachen, die die entwicklungslogische Verlängerung der bis zu diesem Punkt wiedergegebenen Beobachtungen darstellen.

So betrachteten die Informanten unter anderem immer wieder sozial Schwächere weniger als Ausdruck bestehender sozialer Ungleichheiten, sondern vielmehr unter dem Aspekt ihrer potentiellen Bedrohlichkeit. Sie gerieten einigen gar zu "Parasiten", die, mit einer anderen Bedürfnisstruktur ausgestattet als sie selbst, das soziale System ausbeuten und auf diese Weise ein Leben führen, wie sie es eben "gerne haben möchten" (0424.A). Soziale Sicherungssysteme wurden entsprechend zum "Sozialkäse" umbenannt, an dem der Staat letztendlich "zugrunde gehn" (0424.A) werde.

Untergangsprognostik beim Blick auf das Staatsganze wurde immer wieder bemüht, um vor allem das die eigene Entwicklung bedrohende Andere abzuwehren. Die durchgängig beobachtbare Akzeptanz, bisweilen auch Bewunderung derjenigen, die es geschafft hatten, prestige- und einkommensträchtige Positionen zu besetzen, ging also vielfach einher mit einer Haltung, die etwa auf die Formel 'kein Mitleid mit den Armen' zu bringen wäre. Hier fanden wir Elemente einer Sichtweise vor, die klare Züge einer zutiefst individualistisch-sozialdarwinistischen Einstellung aufweist.

Das Gefühl, beständig 'aufs Kreuz gelegt' und 'ausgebeutet' zu werden, von 'Unrechtsstrukturen' umgeben zu sein, war daher in den Schilderungen unserer reinen A's ständig präsent. Bezeichnet sind damit Indikatoren einer weit umfassenderen Haltung, die wir in unseren Textbesprechungen mit dem Begriff 'Kriegspfadmentalität' belegten. Die aus der Angst vor dem eigenen Versagen resultierende Ablehnung alles Andersartigen erscheint als wesentliches Merkmal für eine Persönlichkeitsstruktur, die auf permanente Auseinandersetzung angelegt ist. Episodisch bediente man sich wahlweise 'unfähiger Pädagogen' (0424.A), 'willkürlich handelnder Politiker' (0510.A) "bekloppter Nachbarn" (0166.A) oder 'stehlender und arbeitsscheuer Ausländer' (0166.A), um einzelne oder ganze Personengruppen zu diffamieren und nach akzeptabel/unakzeptabel zu ordnen - wobei die meisten von ihnen in der zweiten Kategorie landeten.

All dies wurde vielfach 'beglaubigt' und 'legitimiert' unter Zuhilfenahme von Informationen aus zweiter Hand. Daß hierbei bisweilen auch Ironisierendes und/oder Überpointiertes für bare Münze genommen wurde, entbehrte nicht einer gewissen Komik. So, wenn z.B. die vermeintlichen Bedingungen benannt wurden, die zu einer Anerkennung deutscher Volkszugehörigkeit, damit zum problemlosen Erwerb der deutschen Staatsbürgerschaft führen würden. Diese bestünden, so ein Informant, u.a. darin, "nen deutschen Schäferhund" zu besitzen, denn: "ohne Scheiß jetz - ne - also wer 'n deutschen Schäferhund hatte, könnte sich theoretisch darauf berufen, deutsches Kulturgut gepflegt zu haben" (0166.A).

Auch die von einigen Interviewten behauptete Zugehörigkeit zur 'politischen Mitte' muß im Kern als Strategie betrachtet werden; als strategische Einnahme einer Position, von der aus einzelne oder ganze gesellschaftliche Gruppen diffamiert bzw. stigmatisiert werden konnten. Während so die einen eine politische Mitte hinsichtlich ihrer realpolitischen Selbstpositionierung behaupteten, waren wiederum andere bemüht, uns in den verschiedensten Zusammenhängen eine 'Sowohl-als-auch-Haltung' zu suggerieren, was ebenfalls den Blick freigab auf das Bemühen, eine 'mittlere' Position bei der Behandlung gesellschaftspolitischer Fragen einzunehmen. Eine solche 'Mitte' wiederum hatte sich im Bewußtsein unserer Informanten zum Teil so weit nach rechts verschoben, daß "die Grünen, die (..) ja auch ne linksgerichtete Partei" für sie darstellten, durchaus mit der "DVU und so" vergleichbar waren: "ja ja" (0411.A).

Doch kehren wir zurück zu den Selbstsichten dieser A's und dem, was sie hinsichtlich ihrer politisch-gesellschaftlichen Einstellungsmuster daraus gemacht hatten. Das eigene, bisweilen aggressive Verhalten wurde von ihnen immer wieder legitimiert mit dem Verweis auf die vermeintlichen Unzulänglichkeiten und Fehler anderer. Im Unterschied etwa zu den 'reinen' I's gaben sie vor zu wissen, wie man zu reagieren habe und was zu tun sei - nicht Bewegte, sondern Bewegende der sie umgebenden Verhältnisse zu sein ("Was andere schaffen, kann ich au wohl schaffen", 0045.A). Mit einer solchen 'Selbstsicherheit' ebenso ausgestattet wie mit dem behaupteten Vermögen, die gesellschaftlichen Verhältnisse kritisch beobachten und einschätzen zu können, warnten sie gelegentlich auch vor einem Zuviel an Rücksichtnahme auf die deutsche Vergangenheit und mahnten auch auf der Ebene 'kollektiver Identität' mehr Selbstbewußtsein an. Letzteres geschah vor allem immer wieder unter Verweis auf die nationalen technischen Hervorbringungen: "Ja, ich bin stolz ein Deutscher zu sein. (...) Meine, der Staat kann sich sehen lassen; wir haben es geschafft, zu einer führenden Industrienation zu werden. Technisch sind wir sicher hier auf dem besten Stand" (0166.A).

Demokratie und Freiheit waren für diese Jugendlichen/jungen Erwachsenen bei alldem zuallererst Garanten für scheinbar unbegrenzte Aufstiegsmöglichkeiten in einem prosperierenden Staat. Eine ausgeprägte Konsumhaltung allerdings war in den Interviews nicht auszumachen. Der technischökonomische Entwicklungsstand wurde vielmehr als ein stabiler Rahmen begriffen, innerhalb dessen man seine biographischen Planungen zu verwirklichen trachtete. Jeder, der diese Freiheit der biographischen Planung (die hier nahezu durchgängig identisch war mit dem Wunsch nach persönlichem Aufstieg) zu gefährden schien, wurde ja, wie bereits angemerkt, als Bedrohung empfunden. Dies konnte bereits allein durch seine, das Staatsganze (damit die Rahmenbedingungen) 'verunglimpfende' Andersartigkeit gegeben sein, die in den Augen dieser Informanten das nationale Ansehen gefährde. Demgemäß wurden in mehreren Interviews sowohl 'Kommunisten' und 'Autonome' als auch 'Ausländer' für bedrohlich gehalten.

Eine solche Ablehnung von Fremdgruppen setzte, wenn sie sich im Bereich des 'Legitimen' bewegen sollte, nun ihrerseits das Vorhandensein eines gruppalen bzw. nationalen Konsenses, ein Gemeinschaftsgefühl im weitesten Sinne voraus. Dieses bestand für den einen Teil der Informanten in der gemeinsamen, d.h. nationalen Verfügungsmacht über technisch-ökonomische Potentiale, bei den anderen lag die Betonung eher darauf, auf gemeinsame Unrechtserfahrungen (den ungerechten Staat, die ungerechten Wiedergutmachungsleistungen, die ungerechtfertigte moralische Verurteilung ehemaliger SS-Mitglieder etc.) zurückblicken zu können. All dies besaß für sie offenbar identitätsstiftende und vergemeinschaftende Kraft.

Interessant an dieser Stelle ist die Tatsache, daß der soziale Status oder die Art der Fremdgruppe relativ beliebig war für den Grad ihrer Ablehnung. Dies wurde etwa dann deutlich, wenn Ausländer oder Autonome gleichermaßen diffamierend kritisiert wurden. Viel entscheidender als die soziale Provenienz und Zusammensetzung der jeweiligen Gruppen war der Grad ihres vermeintlichen Gefährdungspotentials, mit dem sie die eigenen Perspektiven zu bedrohen schienen. Deutlich wird dies am Beispiel der einzigen Frau unter unseren Informanten, die eher der Faulheit ihrer Landsleute die Schuld zuschrieb für die Höhe der Arbeitslosenzahlen ("Manche wollns nich", 0045.A) als - wie bei vielen anderen - den ausländischen Mitbürgern. Bei ihr, der geradezu einzelkämpferische Züge anhafteten, bricht sich der in den anderen Interviews zum Teil ausgeprägte Nationalismus an einem quasi privatisierten und (noch) nicht parteipolitisch instrumentalisierten Individualismus, dem politische Positionierungen merkwürdig fremd sind: "Die schimpfen dann lieber auf die Ausländer - oder - dann solln se selber was tun - ne?" (0045.A). Dies legt allerdings auch Zeugnis ab über den Grad der Beliebigkeit, mit dem Fremdgruppen zur 'Zielscheibe' persönlicher Angriffe stilisiert wurden. Die Informationen über die verschiedenen Fremdgruppen, die der jeweiligen Einordnung zugrunde lagen, müssen als durchgängig zufällig entstanden und in ihrem Gehalt als vage bezeichnet werden -wie das Beispiel über den 'kulturellen Wert deutscher Schäferhunde' belegt. Daß sich dahinter immer wieder zutiefst persönliche Problemlagen verbargen, die zum Teil bereits in frühen Kindheitserfahrungen ihre Ursprünge hatten, wurde von uns bereits angedeutet.

Bei den Informanten aus den sozial besser gestellten Haushalten war überdies vielfach ein mehr oder weniger explizit zur Sprache gebrachtes Elitebewußtsein anzutreffen; ein Gefühl der Überlegenheit, welches in erster Linie aus ihrer sozialen Herkunft gespeist wurde: "Auch mein Bekanntenkreis, äh, das sind alles Leute, die Abitur gemacht haben (..) und wenn man nur in solchen, in solchen Kreisen, äh, verkehrt (..), dann kommt das ganz automatisch, daß man sich auch so gibt, wie die sind -ne", 0303.A). Hiermit einher ging die Formulierung potentieller Vorrechte, deren Nicht-Anerkennung zum Teil bitter beklagt wurde. Mit genau diesem Elite- bzw. Vorrechtsbewußtsein korrespondierte auch das bereits skizzierte Gefühl beständigen Verfolgt- und Benachteiligtwerdens: wahlweise als Nation, als soziale Gruppe oder als einzelner. Das Vorhandensein eines solchen Bewußtseins war auch Ursache sowohl für den Ruf nach einer 'starken Hand' als auch für die Einnahme jener 'Kriegspfadmentalität', die - wie bereits angemerkt - dem Angriff jederzeit und auf allen Feldern den Vorzug gab vor sachlicher Information und Auseinandersetzung mit den zur Disposition stehenden tatsächlichen oder eingebildeten Problem- und Konfliktthemen.

5.2.4 Zusammenfassung

Die bisherigen Ausführungen lassen sich in folgenden Punkten zusammenfassen:

- **Wechselverhältnis von positiver Selbstsicht, Konventionalismus und Pragmatismus:** Dieser Zusammenhang war im Interview-Material in den unterschiedlichsten Facetten anzutreffen. Hierzu zählte auch die behauptete (oder zwischen den Zeilen nur mühsam verborgene) Bereitschaft, Härte sowohl gegen sich selbst als auch gegen andere einsetzen zu können. Die Behauptung eigener positiver Eigenschaften geriet dabei stets von neuem zur Legitimation für eine geäußerte Erwartungshaltung gegenüber anderen. Jene wiederum, die diese Ansprüche dann vorgeblich nicht erfüllten (oder die entsprechenden Prinzipien nicht befolgten), wurden im Interview-Material ausgegrenzt, ihre Schicksale zu Folgen selbstverschuldeten Handelns umformuliert. Einer solchen Strategie der Selbstpositionierung, sozialen Differenzierung und moralisierenden Bewertung anderer wurde der Charakter des Legitimen allein durch den Verweis auf die Funktionalität der eigenen Charaktereigenschaften im Lichte der biographischen Vorbildfunktion der Eltern verliehen. Alle waren orientiert an einer Welt, wie sie eben ist und wie sie akzeptiert wurde. Der Entwurf einer 'positiven Gegenwelt' war ihnen entsprechend fremd; Utopielosigkeit das Pendant zu ausgeprägtem Konventionalismus und dem Bestreben nach Pragmatismus. Keiner der Informanten aus dieser Gruppe visierte eine 'alternative Lebensweise' an, für offenbar niemanden waren die eigenen biographischen Erfahrungen Anlaß für den Versuch, alles 'ganz anders' zu machen. Wie von einem inneren Mechanismus beherrscht, glaubten sich alle auf ein zum Zeitpunkt der Abfassung der Interviews bereits ausgemachtes und feststehendes Lebensziel zuzubewegen; ein Lebensziel, welches per saldo auf die weitgehende Reproduktion der elterlichen Lebensweisen angelegt war.

- **Ausgeprägter Individualismus**, der um so schneller in offene Feindschaft gegen vermeintlich die eigene Lebensplanung bedrohende Personen und Strukturen umschlug, desto nachhaltiger diese als reale Gefahren auf dem Wege nach oben (oder schlicht auf dem Wege in die Normalität) begriffen wurden.

- **Stereotypes Denken**, das sich im beständigen Zwang äußerte, die Welt, wie sie wahrgenommen wurde, nach fähig oder unfähig, gut oder schlecht einzuteilen. Dies war sowohl eine der wichtigen Voraussetzungen für ihr ablehnendes Verhalten als auch Teil von Prophylaxe für den Fall des Mißlingens der eigenen biographischen Planungen.

- **'Kriegspfadmentalität' und Zwang zur (Wieder-)Herstellung von Identität und Gemeinschaft** mit den Mitteln 'Angriff' und 'Eroberung'. Eine solche identitätsstiftende Revergemeinschaftungsstrategie bediente sich sowohl der Betonung von kollektiver Benachteiligung bzw. kollektivem Verfolgtwerden als auch der Identifikation mit den 'herausragenden Hervorbringungen' der Gesellschaft, in der man lebt. Hierbei war es gleich, ob solche 'Gemeinsamkeiten' als Nation oder als soziale Gruppe erlebt wurden. Stets deuteten die Versuche der Identitätsproduktion durch Vergemeinschaftung auch auf Defizite hin, die ihre Entsprechung in der gesamten Biographie hatten.

- **Ablehnung des Sozialstaatsprinzips in seiner gegenwärtigen Ausprägung.** Hier wurden neben dem Gedanken selbst auch diejenigen angegriffen, die von diesem vorgeblich 'profitieren'. Als per se Fremde waren sie jederzeit Gegenstand von Ablehnung und Unverständnis - sowohl bei unseren Interview-Partnern aus den Mittel- bzw. Oberschichtenhaushalten als auch bei jenen aus den 'kleinen Verhältnissen', den Arbeiter- und Angestell-

tenhaushalten.
Die Haltung der meisten Informanten zu diesem Themenbereich wäre etwa auf die bereits zitierte Kurzformel zu bringen: 'kein Mitleid mit den Armen' - was in nahezu allen Fällen mit einer stark ausgeprägten 'sozialdarwinistischen Grundhaltung' einherging ("Es gibt eben Leute, die <u>schaffens</u> und Leute die schaffens <u>nich</u>", 0303.A). Armut und Ausgrenzung selbst wurden dabei durchgängig als gesellschaftliche Zustände begriffen, in die zu geraten man für sich selber völlig ausschloß. Fast sind wir geneigt zu ergänzen: ausschließen mußte, da andernfalls die eigene Abhängigkeit von jenen objektiven Rahmenbedingungen, die die eigene Lebenslage kennzeichneten, hätte zugegeben werden müssen. Daß hieraus wiederum ein starker Zwang erwuchs, die Entwicklungslogik zu betonen, mit der die perspektivierte soziale Position schon erreicht werden würde, liegt unmittelbar auf der Hand.

- **Ablehnung alles Fremdartigen**, die sich weitgehend als Resultat der bis hierher skizzierten Zusammenhänge präsentierte. Sie ist allerdings nicht allein auf Fremdenfeindlichkeit im Sinne etwa von Ausländerfeindlichkeit reduzierbar; Ausländerfeindlichkeit bezeichnet nur eine ihrer möglichen Varianten. Im Rahmen dieser vom biographischen Prozeß produzierten Grundhaltung fielen all jene Gruppen einer Stigmatisierung anheim, die die eigenen Lebensprinzipien und -perspektiven zu bedrohen schienen.

- **Überbetonung des Technischen.** Sie erlangte in einigen Interviews gleichsam eine Doppelfunktion. Zum einen geriet das Technische insbesondere den Aufstiegsambitionierten zu einem Medium, über das zu verfügen nur einer elitären Minderheit vorbehalten bleiben sollte. Es versprach ein höheres Maß an Verwertbarkeit also genau jenen, die - vor allem im Sinne eines entsprechenden Wissens über den funktionalen Einsatz von Technik - Verfügungsgewalt hierüber zu besitzen glaubten. So erlangte das Technische stark sozial-differenzierende Funktion. Zum anderen präsentierte sich das Technische im Interview-Material aber auch als Medium, durch das hindurch ein größerer Teil unserer Informanten kulturelle Identität gewann. Identität, indem er aus dem Technischen (vor allem im Sinne einer abstrakt-gemeinsamen Verfügung über Technologie) kulturell geteilte Denk- und Handlungsmuster ableitete. Daß eine solcherart betriebene Vergemeinschaftung von im Kern individualisierten und privatisierten Lebenslagen nur abstrakt in den Köpfen der Informanten stattfand, gelangte ihnen selbst nicht zu Bewußtsein. In diesem Sinne entfaltete das Technische eine geradezu identitätsstiftende, re-vergemeinschaftende Kraft.

- **Beschränkung realpolitischer Positionierungen auf das die politische Szene beherrschende Parteienspektrum.** Vor allem Kommunisten und Anarchisten, Sozialdemokraten und Grüne waren es, die die jeweilig eigene Entwicklung immer wieder gefährlich zu bedrohen schienen. Solches muß ganz offensichtlich als Folge der Tatsache gesehen werden, daß die von den genannten politischen Gruppierungen und Parteien verfolgten Prinzipien dem Orientierungsmuster aller unserer Gesprächspartner zutiefst widersprachen: dem Prinzip von Individualismus und Privatismus sowie von Aufbruch und Eroberung. 'Solidarität' als leitende Idee erschien nur mehr als Bedrohung im Rahmen einer erträumten Zukunft, in der man selbst eine führende Funktion im Dienste der vor allem technologischen Beherrschung der Welt einzunehmen gedachte.

Aber auch jene anderen, den eigenen Denk- und Verhaltensmustern näher stehenden politischen Gruppierungen wurden immer dann abgelehnt, wenn sie dem Bemühen um 'Abgrenzung nach unten' allein durch ihre soziale Andersartigkeit im Wege standen: "Man muß sich ja nur mal diese, diese Fernsehbilder angucken von diesen Wahl_, Wahllokalen oder Wahlveranstaltungen der Republikaner. Da gibts, da gibts meiner Meinung nach kaum Leute die, die, die - äh - die aus mittleren oder, oder oberen Gesellschaftsschichten kommen" (0303.A).

5.2.5 Gerd (0424.A) - Eine exemplarische Analyse

Sind bislang übergreifende Reflexionen zur Kennzeichnung der Gruppe der 'reinen' A's zur Sprache gebracht worden, so tritt nun ein konkretes Einzelschicksal in den Mittelpunkt. Am Beispiel von Gerd, einem 18jährigen Realschüler, sollen in exemplarischer Weise jene Mühen der Interpretation vorgeführt werden, die in ihrer Gesamtheit als Grundlage aller Ausführungen in Kapitel 5 angesehen werden dürfen. Dabei eignet sich Gerd in besonderer Weise, weil das mit ihm geführte Interview wie kaum ein anderes deutlich werden läßt, wie wichtig es ist, sich nicht allein der präsentierten Selbstsicht des Interviewten zu überlassen; es vielmehr darauf ankommt, im Interview auch solche Momente der Persönlichkeit eines Informanten zu entziffern, die das präsentierte Selbstbild ergänzen, ihm vielfach sogar radikal widersprechen. Das Bild, das Gerd von sich entwirft, vor sich selbst und gegenüber anderen, ist die eine Seite; die Analyse der zahllosen Widersprüche in den Interviewaussagen offenbart gegen seinen Willen die andere Seite. Weder die eine noch die andere bezeichnet allein 'die Wahrheit' über Gerd: nur beide Seiten in ihren vielfältigen Vermittlungszusammenhängen erlauben eine Annäherung an die komplexe und widerspruchsvolle Persönlichkeit, die Gerd ist - wie jeder andere Mensch auch.

"Natürlich isses gut": Das Selbstbild von Gerd

Mit Zufriedenheit bilanziert Gerd sein bisheriges Leben: "eigentlich hab ichs nich schlecht getroffen" (7/37). Dieses und ähnlich lautende, zeitweilig eingefügte Resümés gelten einem Lebenslauf, in dessen Mittelpunkt die insgesamt problemlose Beziehung zu den Eltern steht. Mit ihnen, so Gerd, "gab's eigentlich so nie die Probleme" (2/27). Ihr sehr gutes Einkommen - der Vater arbeitet als Wissenschaftler bei einem international tätigen Konzern, die Mutter als Ärztin - garantieren auch dem Sohn einen materiell gesicherten Hintergrund. Unumwunden gibt Gerd zu: "ich hab eigentlich immer das gekriegt, was ich wollte" (2/29). Sei es die mit dem Vater geteilte Leidenschaft für das Urlaubsland Norwegen (vgl. 5/7f.), die Gespräche mit ihm über gemeinsame Interessengebiete wie Geschichte (vgl. 13/51ff.) oder die gemeinsame Lektüre internationaler Zeitschriften, die von den weltoffenen, kulturell interessierten Eltern abonniert wurden (vgl. 10/29ff.): der familiäre Rahmen scheint überaus intakt. Kleinere Meinungsverschiedenheiten, etwa über die Frage der abendlichen Heimkehrzeiten (vgl. 3/1ff.), Verkehrssünden des Sohnes (vgl. 7/16ff.) oder über ausschweifende Parties (vgl. 7/25ff.) sind für Gerd kaum der Rede wert, denn: "na ja - Streit gibts / überall" (6/9f.). Ganz ungewöhnlich für einen 18jährigen, bringt Gerd auch Verständnis auf für die Erziehungsmaßnahmen seiner Eltern - und kommentiert sie in einfühlsamer, verständnisvoller Weise: "weil se auch schon halt sehr viel Schlimmes erlebt haben und gesehen haben" (3/27f.).

Nur mehr verhalten klingt der Vorwurf an, von den ehrgeizigen, unentwegt arbeitenden Eltern in der Kindheit viel alleingelassen worden zu sein (vgl. 1/21ff. sowie 4/3ff.). Doch ebenso wie die nur angedeuteten Streitigkeiten mit dem Bruder (vgl. 8/1f.) gehört das Problem des Alleingelassen-Werdens einer überwundenen Vergangenheit an:

"ziemlich häufig warn wir alleine aber
tss hat eigentlich - würde ich sagen -
zwar 'n paar Auswirkungen gehabt auf das spätere Leben
aber eigentlich nicht so
wie (...) irgendwelche Schlüsselkinder oder so" (1/21ff.).

Und es erscheint durchaus plausibel, daß Gerd sämtliche, die Gegenwart betreffenden Probleme stets abschwächt oder mit dem Verweis auf andere relativiert; bietet doch der intakte familiäre Rahmen eine stabilisierende Basis, die es Gerd erlaubt, vorhandene Probleme wahrzunehmen, vor sich und anderen einzubekennen, ohne in eine ernsthafte Krise zu geraten. Zu diesen Problemen zählen seine Krankheiten (Gerd ist Legastheniker und hatte überdies in früheren Jahren epileptische Anfälle), Alkoholprobleme ("ich trink mir sehr gern mal einen", 4/29) und die hervorgehobene "Faulheit" (4/12): allesamt Probleme, die seine schulischen Leistungen auf der Realschule nicht gerade optimal werden lassen. "Aber wenn man sich vorstellt, daß andere Menschen <u>noch</u> schlimmer dran (...) sind - zum Beispiel im Rollstuhl oder so" (7/3ff.); "wenn man sich da einige andere anguckt - die sin ja noch früher [mit dem Trinken] angefangen" (4/36f.); "ich könnt eigentlich in der Realschule überall zwei bis eins stehen" (4/17f.) - stets bezeugt Gerd seine, ums Positive bemühte Sicht der Dinge. Begreift man die weitgehend intakten Familienverhältnisse als stabilisierenden Rahmen für Gerd, so erstaunt es auch nicht, daß er das Selbsterlebte zum Wunschbild der eigenen Zukunft erhebt: "daß ich mich später mit meiner Familie genauso gut versteh" (22/34f.).

Wie weit Gerd davon entfernt ist, in Anbetracht seiner Probleme in Selbstzweifel zu verfallen, zeigt die eher Selbstbewußtsein dokumentierende Charakterisierung der eigenen Person. Mehrfach hervorgehoben werden die eigene Sportlichkeit (vgl. etwa 2/21f.), Durchsetzungsfähigkeit (vgl. 6/13ff.), Natürlichkeit (vgl. 8/45ff.); die eigene Phantasie (vgl. 11/25f.), Zuverlässigkeit gegenüber Freunden (vgl. 27/3ff.) und insbesondere die eigene Kontaktfreudigkeit: "bin ziemlich kontaktfreudig - ich hab also nen ziemlich großen Freundeskreis" (8/10f.). Solcher Offenheit entspricht auch die Vielzahl von Neigungen und Interessen. Neben dem immer wieder erwähnten Sport sind es die Musik ("ohne Musik könnt ich nich leben", 8/19), sowie Physik und Mathematik (vgl. etwa 2/6ff.). Aber auch politische, historische und theologische Fragen gehören zum Gesprächsstoff zwischen Gerd und seinen Freunden (vgl. etwa 11/50ff.). An Selbstbewußtsein mangelt es daher nicht, wenn Gerd zu der Einschätzung gelangt: "Also - dadurch hab ich natürlich auch so'n ziemliches Wissen auch" (10/47f.).

Eine weitere Eigenschaft, die Gerd nicht explizit bekundet, die aber gleichwohl sein Selbstbild mitbestimmt, ist der Glaube an die eigene Zielstrebigkeit. Denn ihn bezeugt Gerd, wenn er über seine berufliche Zukunft mit erstaunlicher Sicherheit festhält: "und danach [nach dem Fachabitur] will ich Physik studieren und da würd ich mich - würd ich gern später auf Kernphysik - Kernfusion spezialisieren." (2/15ff.) Und andernorts erhalten die Zukunftspläne eine noch weiterreichende Präzisierung: "also mich würd das unheimlich (...) reizen, mitzuhelfen, den Fusionsreaktor in Betrieb zu nehmen" (22/21f.). Ein solches "Lebensziel" (22/25), mag man es auch als Wunschtraum abtun, verrät ein erstaunliches Maß an Selbstbewußtsein; zumindest aber die Bereitschaft, dem Interviewer gegenüber keine falsche Bescheidenheit an den Tag zu legen. Auch "ins Ausland" würde Gerd gehen, "wenn ich's angeboten kriege" (22/48); nicht allein, um als Kernphysiker "was für die Welt (...), für die Menschheit" (22/27f.) zu tun, sondern auch, um "viel Geld (zu) verdienen" (22/18). In Anbetracht seiner derzeitigen schulischen Leistungen gesteht Gerd ein: "Aber andererseits - wenn (ich mal überlege), was ich werden will - dann muß man mal was tun - ne" (4/24f.). Insofern verwundert es auch nicht, daß Gerd durchaus "Druck" (24/39) begrüßt, mit dem Eltern bessere schulische Leistungen ihrer Kinder erzwingen wollen. Im Konflikt zwischen angestrebter Führungsposition und momentaner Durchschnittlichkeit siegt der Optimismus: "Und eigentlich is ja nur meine Faulheit, die (...) im Leben also - einen inner Schule nich weiterbringt" (7/38f.). Mit der bekundeten Überzeugung, eine frühere "Null-Bock-Einstellung" hinter sich gelassen zu haben, mit der man "sein Lebensziel (nich) erreichen" (25/5f.) könne, vermittelt Gerd nochmals ein von Selbstbewußtsein, Zielstrebigkeit und Zuversicht getragenes Selbstbild: ein Mensch, der nunmehr weiß, worauf es ankommt.

Die Ehrlichkeit ist Gerd bei seinen Ausführungen kaum abzusprechen. Seine durchaus vorhandenen Probleme, selbst die belastende Tatsache früherer epileptischer Anfälle verschweigt er nicht. Insofern wäre es wohl falsch anzunehmen, Gerd wolle dem Interviewer ein Bild seiner Person und seiner Lebensumstände präsentieren, an das er selbst nicht glaubt. Eher dürfte das Gegenteil der Fall sein: Dem wenn auch mit Rissen versehenen Bild des dynamischen und aufstiegsorientierten jungen Mannes hängt Gerd selbst an - und muß ihm wohl anhängen, um jenen Ansprüchen zu genügen, die er sich selbst und auch andere ihm auferlegt haben. Dieses Bild ist offenkundig dem Ideal der Werbung angepaßt. 'Sportlichkeit', 'Dynamik', 'Aufgeschlossenheit' und 'Kontaktfreudigkeit' als Attribute des auf berufliches Fortkommen bedachten jungen Menschen in einer Welt des scheinbar grenzenlosen technischen Fortschritts sind jene Bestandteile, aus denen jeder Werbespot im Kino zusammengesetzt ist. Das der Werbung immanente Glücksversprechen korrespondiert mit der scheinbaren Leichtigkeit und Selbstverständlichkeit, mit der sich die stets und immer wieder auf Erfolg ausgerichteten Ziele verwirklichen lassen. Leider - oder besser: Gottseidank ist die Realität nicht identisch mit der Welt der Reklame. Wie sich im weiteren zeigen wird, weisen die Ausführungen Gerds zahllose Widersprüche auf; Widersprüche, in denen die mitunter verzweifelte Anstrengung faßbar wird, derer es bedarf, um vor sich selbst und anderen jenes Bild zu entfalten, das allzu offenkundig dem Ideal der Werbung verhaftet ist.

"Is immer noch nich' meine Stärke": Das Selbstbild - 'gegen den Strich gebürstet'

Dazu aufgefordert, "freiweg" zu erzählen, "wie alles anfing" (1/2), kommt Gerd sehr schnell zu dem, was ihm wichtig ist. Die skizzierte Lebensgeschichte gerät zum Lebenslauf; zum Bildungsgang, in dessen Darstellung einzig das erwähnt wird, was unter der Kategorie 'Leistung' von Interesse ist: Grundschule, Gymnasium, Abgang in der 9. Klasse, Realschule, angestrebt: Fachabitur, Studium der Physik, Ziel: Kernphysik. Vorausgeschickt wird nur ein kurzer Verweis auf die Eltern: "Und mein Vater ist [Wissenschaftler] - und meine Mutter ist [Ärztin]. Die verdienen beide nicht schlecht"

(1/6ff.). Die zitierte Passage erscheint gleichsam als Präambel - einer Schilderung, in der das eigene Ich ebenso wie die Eltern gänzlich verschwinden hinter Angaben, die die erlangte bzw. erstrebte soziale Stellung signalisieren. Diese Beobachtung wiederum ist keineswegs zufällig; bezeichnet doch das Kriterium 'Leistung' den archimedischen Punkt aller Ausführungen Gerds. Worüber er auch spricht, seien es die Beziehungen zu den Eltern, Freundschaften, Sport, Sexualität oder Politik und Gesellschaft - stets erfährt das jeweils Erzählte seine Funktionalisierung, werden die erwähnten Charaktereigenschaften, Handlungen und Zusammenhänge bewertet nach den Kriterien 'Nützlichkeit' und 'Schädlichkeit' mit Blick auf den ersehnten beruflichen Aufstieg. Wenn Gerd zwischenzeitlich einflechtet, "ich bin (...) so'n typischer kapitalistischer Mensch" (22/5), so muß man ihm recht geben, ohne allerdings auf eine wesentliche Präzisierung verzichten zu können: Nicht er ist es, der sich das kapitalistische Leistungsprinzip zu eigen macht; vielmehr beherrscht es ihn. Die Konsequenzen dieses zentralen Sachverhalts müssen im weiteren näher beleuchtet werden.

Unmittelbar einsichtig ist, daß das Erreichen des "Lebenszieles" (22/25), der Beruf als Kernphysiker, beständige Selbstdisziplinierung erfordert; eine Lebensweise, die der angestrebten Laufbahn strikt angepaßt ist. Einen solchen Grad der Selbstbeherrschung hat Gerd jedoch noch keinesfalls erreicht. Unter diesem Blickwinkel erscheinen die bereits erwähnten Probleme Gerds keineswegs als überwunden; lassen sich keineswegs auf eine "Faulheit" (4/13) reduzieren, die bereits jetzt weitgehend der Vergangenheit angehört. Vielmehr erweisen sich die Legasthenie, aber auch die zwischenzeitlichen Trinkgelage als überaus bedrohliche - contraproduktive - Momente der Gegenwart, auf die Gerd nur mehr mit Angst zu reagieren imstande ist. Sehr leise fügt er dem Hinweis auf seine Legasthenie hinzu: "Schreiben war nich' so meine Stärke (...) - is immer noch nich' meine Stärke" (1/32ff.). Und die Angst, erneut in 'Resignation' (vgl. 5/20) zu verfallen, wie zu jener Zeit, als er "inner Schule absolut schlecht stand" (5/26), wird in solchen, gedehnt, leise oder gepreßt vorgebrachten Äußerungen mit Händen greifbar. "Hauptsache, Du schaffst es" (6/7): Die Losung der Eltern mit Blick auf Gerds schulische Leistungen ist untrennbar verbunden mit der Angst des Sohnes, 'es nicht zu schaffen'. Diese Angst ist es wohl auch, die die permanenten Bemühungen Gerds notwendig werden lassen, das Positive seiner Lebensumstände herauszustreichen. Im Vergleich mit "Schlüsselkindern" (1/25) war das eigene Alleingelassen-Werden harmlos; eine "Resignationszeit" (5/20) in der Schule "hat jeder einmal irgendwann" (5/43); Probleme, "so wie bei andern" (2/28), gab's bei Gerd zuhause nicht; Schüler ohne Leistungsschwächen "haben dann halt andere Probleme" (5/47); Streitigkeiten? -"das kommt, glaub ich, überall vor - ne?" (8/3). Interessant ist die Technik, mit der sämtliche angesprochenen Probleme verharmlost werden. Sei es der Verweis auf imaginäre Verhältnisse bei anderen, die schlimmer als die eigenen sein sollen, oder das Bestreben, die eigenen Probleme als allgemein übliche herauszustreichen: Stets ist Gerd darauf aus, das vermeintlich oder tatsächlich Problematische, in jedem Fall aber dem eigenen Fortkommen Entgegenstehende in Form von Verallgemeinerungen zu relativieren. Während die erträumte Zukunft ihm eine exponierte Führungsposition bereithalten soll, er 'etwas Besonderes' sein will, bezeugen die aufgezeigten Techniken der (Selbst-)Beschwichtigung den Wunsch, mit den faktischen Problemen gleichsam zu verschwinden in einer Normalität, die für alle gilt: 'nichts Besonderes'.

Erkennbar werden die Umrisse einer wahrhaft problematischen, hochgradigen Konfliktsituation, in der sich Gerd befindet. 'Etwas Besonderes' sein zu wollen, ohne es allem Anschein nach zu sein: In diesem Zwiespalt befindet sich Gerd - und seine Selbstdarstellung im Interview gerät zu einer kontinuierlichen Pendelbewegung zwischen leisem Eingeständnis und lauthals verkündeter Zuversicht.

Die bisherigen Beobachtungen erfahren eine weitere Bestätigung, wenn man den Blick richtet auf die Art und Weise, mit der Gerd über seine Neigungen und Interessen, seine Handlungen und Verhaltensweisen berichtet. Hier gilt es insbesondere, die zahlreichen Widersprüche in der Selbstcharakterisierung Gerds wahrzunehmen.

'Zielstrebigkeit' und 'Dynamik': wird jene Eigenschaft scheinbar bezeugt durch die Selbstverständlichkeit, mit der die eigenen Zukunftsvorstellungen präzise benannt werden, so bezeichnet diese den Nenner all dessen, was im Rahmen der mehrfach hervorgehobenen Sportlichkeit für Gerd von Belang ist: seine Aufgeschlossenheit, Natürlichkeit und Kontaktfreudigkeit.

Vorab drängt sich bereits der Eindruck auf, eine solche Selbsteinschätzung sei allzusehr orientiert an den standardisierten Floskeln von Kontaktanzeigen. Und in der Tat: Bei näherem Hinsehen wird das Thema 'Sport' zu einem handgreiflichen Beleg für eine Richtungs-, vielleicht sogar Orientierungslosigkeit Gerds, die in krassem Widerspruch steht zu jener Sicherheit, mit der alle, die Zukunft betreffenden Fragen bereits geklärt zu sein scheinen. Heißt es mit Blick auf die Vielzahl seiner sportlichen Aktivitäten zunächst noch: "Hab früher immer viel gewechselt" (2/25), so wird an anderer Stelle deutlich, daß er auch gegenwärtig keineswegs weiß, was er will: "Zum Beispiel -ich bin jetz im Dezember mit Kraftsport angefangen wieder - hab ich ne zeitlang gemacht - jetzt wieder angefangen" (8/38ff.). Und kurze Zeit später gesteht er seufzend: "ach, ich hab soviel gemacht eigentlich" (9/1). Um einem möglichen Mißverständnis vorzubeugen: Gerds Verhalten dürfte für einen 18jährigen völlig normal sein; beherrscht jedoch von einem permanenten Leistungsdruck, erscheint solche Ziellosigkeit als Manko - zumal Gerd weiß, daß allein Selbstdisziplin dazu führt, im Sport "der Erste" (26/13) zu sein. Unter diesem Blickwinkel wird auch das bekundete Interesse für alle nur denkbaren Wissensgebiete (positiv gewendet: Aufgeschlossenheit!) zum Beleg für ein eher orientierungsloses Verhalten. Mehr noch: Mit der eingestandenen Richtungslosigkeit ("ach, ich hab soviel gemacht eigentlich", 9/11) entzieht sich Gerd einem Leistungsprinzip, dem sich zu beugen der einzige Weg ist, die eigenen Berufsvorstellungen dereinst zu realisieren. Kaum anders dürften die periodisch wiederkehrenden Trinkgelage, jene Momente, in denen "man sich die Hucke vollaufen läßt" (7/26), vorübergehende Ausbruchsversuche aus einem allgegenwärtigen Leistungsanspruch bezeichnen, von dessen Druck sich Gerd wenigstens für Stunden zu befreien sucht.

Es ist wohl an der Zeit, die Frage nach den möglichen Ursachen eines geradezu übermächtig erscheinenden Leistungsprinzips zu stellen, mit dem Gerd keineswegs so klar kommt, wie er es selbst gerne möchte. Aufschlußreich ist hier insbesondere die Darstellung der Eltern; das Bild, welches Gerd von ihnen besitzt und dem Interviewer vermittelt:

"da gibt's ja auch 'n Sprichwort -
die Franzosen arbeiten um zu leben,
die Deutschen leben um zu arbeiten - ne
und diese Mentalität haben zum Beispiel
beide meine Eltern
die arbeiten noch und nöcher - und so" (29/3ff.).

Was hier in aller Deutlichkeit benannt wird, findet seine Bestätigung im gesamten Interview. Nirgends unternimmt Gerd den Versuch, das Individuelle seiner Eltern in Worte zu fassen; nirgends erzählt er über schöne oder auch traurige Erlebnisse mit ihnen. Von Interesse sind sie allein als Repräsentanten einer erfolgreichen beruflichen Karriere: lebende und bewunderte Beweise für die Möglichkeit, 'es zu schaffen'. So wird die Mutter mit ihrer geschätzten "50-Stunden-Woche" (16/53) zum positiven Gegenbeispiel vermeintlich unangemessener Forderungen der Gewerkschaften nach Arbeitszeitverkürzungen (vgl. 16/34ff.). Und dem Vater gilt neidvolle Anerkennung, weil dieser "immer was erreichen" will: "und dann schafft er's auch meistens" (6/16f.). Beide Eltern erscheinen geradezu als Personifikationen des Leistungsprinzips. Daher mutet ihm auch die Vorstellung geradezu lachhaft an, "daß zum Beispiel mein Vater ein Alkoholiker wird oder sowas - das - ne ((lacht)), sowas gibt's nich" (5/55ff.). Die väterliche Makellosigkeit gerät zum permanenten Vorwurf an den trinkfreudigen Sohn, der sich nichts sehnlicher wünscht, als zu werden wie sein väterliches Vorbild: "also später will ich hoffen - das möcht ich - daß man - daß ich später für den Beruf aufgeh" (28/51f.).

Es ist insbesondere der Vater, der das äußere wie innere Dasein seines Sohnes beherrscht. Welche Verfehlungen sich Gerd in seinem Stadtviertel auch immer leistet, der Vater wird davon in Kenntnis gesetzt, weil er so viele

"Connections" (7/11) hat: "also meine Eltern kennen fast - die wichtigen Leute kennen se alle" (7/ 12f.). Ist es hier Gerds Handeln, über dem der Vater als geradezu allmächtige Instanz schwebt, so wird an anderer Stelle deutlich, daß auch Gerds Denken und Empfinden stets vom Vater als einem übermächtigen Schatten beherrscht wird. Dazu aufgefordert, seine Vorstellung von Freundschaft zu erläutern, illustriert Gerd seine Gedanken im Rückgriff auf den Vater - ohne ihn explizit zu erwähnen:

"Richtige Freunde würd ich sagen -
wenn dann zum Beispiel einer is -
(...) sagen we jetz mal - beide abgestandene Männer -
haben sich mit fünfzehn achtzehn
im Studium oder so kennengelernt - irgendwo.
Dann ruft der eine an und sagt
'Ja ich hab'n Problem ich brauch Dich unbedingt.'
ja jetzt is der zum Beispiel aus - äh -
aus Norwegen oder aus Abdul Escha Ascha -
irgendwoher kommen würde
oder ihm helfen würde - oder so -
daß man nich sagt so
'Ne - ich hab jetzt 'n wichtigen Kongreß.
Ich kann Dir jetz nich mehr helfen - oder so.'" (26/40ff.)

Solcher Übermacht ist Gerd nicht gewachsen. Ob er es bewußt fördert oder nicht: der Vater als scheinbar makelloser Repräsentant beruflichen Erfolgs wird zum glanzvollen Gegenbild eigener Unzulänglichkeiten - und damit zur entscheidenden Ursache aller Versagensängste seines Sohnes.

Vor diesem Hintergrund stellt sich auch die Frage, inwieweit die präzisen Zukunftsvorstellungen Gerds Ausdruck eigenen Wollens und Wünschens sind - oder aber das Resultat fremder, an Gerd gerichteter Ansprüche der Eltern. Warum, so fragt sich, ist die Physik das große Lebensziel des Sohnes, der doch zugleich seine musischen Interessen ("ohne Musik könnt ich nich leben", 8/19), sein Interesse an human- und geisteswissenschaftlichen Disziplinen (u.a. Geschichte, Psychologie) hervorhebt; lieber dieses und jenes ausprobiert anstatt sich einem Ziel zu verschreiben? Vieles spricht dafür, die Vorstellung, Physiker zu werden, nur mehr als Resultat eines kalkulierenden Denkens zu begreifen, dem ein Apriori unabdingbar zugrunde liegt: Karriere zu machen - wie die Eltern. Denn ein Studium etwa der Geschichte verspricht gegenwärtig keine materielle Sicherheit; die Sprachen hingegen sind nach Gerds Eingeständnis ohnehin nicht seine Stärke (vgl. 5/27ff.). Und gleichsam tabuisiert ist die durchaus berechtigte Frage, ob ein Studium in Anbetracht von Gerds Leistungen auf der Realschule überhaupt sinnvoll ist: Nicht zu studieren, womöglich gar das Abitur nicht zu machen, wäre gleichbedeutend mit einem vorzeitigen

Abschied-Nehmen von der ersehnten Karriere: Inbegriff aller Versagensängste Gerds.

So erscheint die Physik als Inkarnation (noch) vorhandener Hoffnungen; wird der Beruf als Kernphysiker zum Fixpunkt einer erträumten Zukunft, die in ihren Koordinaten ein Abziehbild elterlicher Lebensleistungen darstellt. Und doch: Wenn Gerd über die Zukunft zu fabulieren beginnt, dann erscheinen die potentiellen Orte seiner ebenso potentiellen Karriere zugleich als Wunschräume, in denen sich seine gebändigten, niemals offen eingestandenen Fluchtwünsche zu erkennen geben; einer Flucht aus dem zwischenzeitlich wohl unerträglichen Erwartungsdruck, der auf Gerd lastet:

"Geh ich später ins Ausland?
(...)
Warum nich?
In Japan - China -- da is - da is - Indien -
da is die Welt offen noch" (22/48ff.).

"Ne härtere Hand - könnte (...) nich schaden": Persönlicher Konflikt und politische Vorstellung

Im letzten Abschnitt dieser Analyse kann und soll es nicht darum gehen, die Ansichten Gerds über politisch-gesellschaftliche Fragestellungen nachzuzeichnen. Sie fanden bereits Eingang in den zusammenfassenden Überblick des Kapitels 5.2.3. Von Interesse ist hier vielmehr die Tatsache, daß sämtliche Statements, die Gerd zum Themenkomplex 'Politik und Gesellschaft' von sich gibt, Resultate seines persönlichen Dilemmas sind. Dies mag zunächst vielleicht überraschen, läßt sich jedoch bis ins Detail nachweisen. Im Zwiespalt zwischen verinnerlichtem Leistungsprinzip und eigener Versagensangst, beherrscht vom Zwang zur Karriere, zu der es für Gerd scheinbar keine Alternative gibt, erweisen sich seine autoritären 'Therapievorschläge' für vermeintliche oder tatsächliche Probleme dieser Gesellschaft als unmittelbarer Reflex seiner persönlichen Konfliktsituation: als verlängerter Arm der eigenen Zwangsdisziplinierung.

Kennzeichnend für Gerds Stellungnahmen zu politisch-gesellschaftlichen Fragen ist das beständige Bestreben, seine vielfach weitschweifigen Auslassungen auf jeweils einen kurzen Nenner zu bringen; Losungen, die den Kern der jeweiligen Sache genau treffen sollen. Gerade ihnen gilt die weitere Aufmerksamkeit.

"Ne härtere Hand - könnte der Politik, glaube ich, manchmal nich schaden" (12/34f.). In Gerds Ausführungen wird nicht so recht deutlich, warum er administrative Maßnahmen in der Politik befürwortet. Die Aussage korrespondiert jedoch mit der andernorts bekundeten Überzeugung, Politik sei "zuviel Gerede" (12/42), ohne daß "Taten" (12/43) geschähen. Solch unterschwellige Rufe nach dem 'starken Mann', gerade in Deutschland mit einer unseligen Tradition behaftet, erscheinen als 'Antwort' auf einen diagnostizierten Zustand dieser Gesellschaft, in der nach Ansicht Gerds "immer weniger Leute arbeiten" (15/43). So unbestimmt und nebulös solche Aussagen bleiben, sowenig resultieren diese Thesen aus einem Nachdenken über gesellschaftliche Fragen: Sie entspringen vielmehr einer dumpfen Stimmung, deren 'biographischer Kern' leicht aufzudecken ist. Denn in seiner heillosen Verstrickung zwischen erträumter Karriere und faktischer Unfähigkeit, entsprechende Leistungen in der Schule zu erbringen, sieht Gerd für sich den Ausweg allein im "Druck" (24/39), den die Eltern ausüben sollen. Und wo die eigene "Faulheit" (4/13) als vermeintliche Ursache der eigenen Konfliktsituation ausgemacht wird, da scheint es nur logisch, über "faule Lehrer" (18/6), allgemein 'arbeitsscheue Beamte' (vgl. 15/46ff.) oder die 35-Stunden-Woche fordernde Arbeiter (vgl. 16/34f.) herzuziehen: Die aus Versagensängsten resultierende Selbstbezichtigung führt zur Stigmatisierung ganzer Berufsgruppen.

Das große Thema in den Ausführungen Gerds zu 'Politik und Gesellschaft' sind die vermeintlich ungerechtfertigten Zahlungen - im Rahmen eines 'aufgeblähten' sozialen Sicherungsnetzes (vgl. 19/1ff.), als 'Kriegsentschädigungen an Israel', an die EG und die Nato (vgl. 20/20ff.) Auch hier ist das Muster einer einfachen Übertragung mit Händen zu greifen: Selbst von den Eltern stets viel Geld bekommen zu haben, bezeichnet Gerd als "Nachteil" (2/ 35). Und der Kern seines Dilemmas, damit zugleich das ganze Ausmaß seines Leidensdrucks gibt Gerd preis, wenn er einbekennt:

"(...) manchmal wünsche ich mir natürlich auch -
daß ich mal so'n bißchen weniger Geld -
aber dafür 'n bißchen besser in der Schule zu sein" (7/33ff.).

In der händeringenden Suche nach dem Ausweg aus seinem Dilemma - und das heißt: in der Hoffnung, baldmöglichst reibungslos zu funktionieren, sieht Gerd die Lösung allein in einer Devise, die er für sich wie für die Gesellschaft zum Allheilmittel erklärt: "Also ich meine eigentlich - (...) ich will auch später so arbeiten wollen - ähm - für Leistung gibt's Geld" (17/8ff.). Das vergötterte, nirgends in Frage gestellte Leistungsprinzip, wie es den Eltern scheinbar zur 'zweiten Natur' geworden ist, wird zum Maßstab aller Überlegungen Gerds. Nicht zu werden wie sie, entspräche einem völligen Versagen.

Was bislang nur mehr als drohende Katastrophe des eigenen Lebensweges sich abzeichnet, für die eigene Zukunft noch immer entschieden abgewiesen wird, erfährt nach dem Muster einfacher Übertragung seine Ausformulierung auf gesellschaftlichem Felde:

"so viel Unterstützung, wie es in Deutschland gibt, das gibt's nirgendwo anders auf der Welt. Und darum wird auch dieser Staat zugrunde gehn - würd ich sagen -an dem ganzen Sozialkäse" (19/1ff.).

Hinter dem prognostizierten 'Untergang der Gesellschaft' steht die Angst vor dem eigenen 'Untergang' - wenn es nicht gelingen sollte, die 'Faulheit' zu überwinden.

Die immer wieder lauthals bekundete Zuversicht im Rahmen eines insgesamt positiven Bildes seiner Person und seiner Lebensumstände bezeichnet Gerds Weg einer, wenn auch mühevollen Bewältigung seiner Ängste. Je größer diese Angst, desto militanter zieht Gerd her über jene, die nicht so sind, wie er (noch immer) zu werden hofft: Es sind die "Parasiten" (15/36), die 'von fremdem Geld leben, ohne etwas zu leisten'. Der erschreckende Grad an Aggressivität, den solche Vokabeln verraten, entspricht dem Grad an Selbstbezichtigung, die Gerd betreibt - als 'fauler Sohn erfolgreicher Eltern'. Mit anderen Worten: Das im Rahmen seiner positiven Selbstdarstellung bekundete Selbstbewußtsein ist keineswegs Folge psychischer Stabilität, sondern Ausdruck einer hochgradig fragilen Identität, die sich bislang speist allein aus Leistungen der Eltern, nicht aber Selbstgeleistetem: ein geliehenes Selbstbewußtsein.

Überaus deutlich dürfte geworden sein, daß Gerds Statements zu politischgesellschaftlichen Fragen seiner eigenen biographischen Situation entspringen. Die Diskrepanz von Wunsch und Wirklichkeit, von angestrebter Leistung und faktischer Leistungsverweigerung ('Faulheit') wird zum Grundproblem dieser Gesellschaft erhoben. Sie wiederum soll mit jenen Maßnahmen 'geheilt' werden, von denen sich Gerd in erster Linie einen Ausweg aus seiner eigenen Problemlage erhofft: die 'härtere Hand', 'Taten statt Worte' - im Rahmen allumfassender Gültigkeit des Prinzips 'Für Leistung gibt's Geld'. Offenkundig mangelt es Gerd an dem Vermögen, in Absehung von der eigenen Person über die Spezifik politisch-gesellschaftlicher Fragestellungen nachzudenken. Nicht minder fehlt es an der Fähigkeit zu kritisch-distanzierter Selbstreflexion. Sie allererst würde es Gerd erlauben, aus dem bislang übermächtigen Schatten seiner Eltern herauszutreten - und das hieße auch: das Leistungsprinzip zu relativieren oder gar abzulehnen. Zugleich wäre dies ein Schritt zu der Einsicht, daß das erhoffte Glück nicht identisch ist mit beruflichem Erfolg.

5.3 Die Lebensgeschichten der 'Autoritären-Instabilen' (A-I)

5.3.1 Kindheitserinnerungen und Eltern-Kind-Beziehungen

Ganz anders als die 'reinen' A's aus den gehobenen sozialkulturellen Milieus oder zumindest aus den 'Normalhaushalten' erinnerten diejenigen A's ihre Kindheit, die gleichzeitig auch auf den oberen Plätzen der I-Skala rangierten. Während bei den 'reinen' A's aus den Mittel- und Oberschichtenhaushalten von einem, auch sprachlich immer wieder durch 'Kunstgriffe' abgesicherten Hang zur Harmonisierung des Eltern-Kind-Verhältnisses gesprochen werden kann, langte es bei den A-I's aus den marginalen Haushalten häufig nicht einmal zu einer, wenn auch nur bruchstückhaften Rekonstruktion der eigenen Lebensgeschichte. Derart eindrucksvoll hatten sich die oft schlimmen und freudlosen Erfahrungen in ihr Gedächtnis eingeschrieben, daß sie das bloße Vergegenwärtigen nicht zuließen. Auf der Ebene der Interviewtexte dokumentierte sich dies in der sprachlichen Unbeholfenheit der Informanten, der Häufung von Wortabbrüchen, den unverständlichen Erzählteilen, den prosodischen Zäsuren und den immer wieder langen Pausen.

Da ist zum Beispiel der Fall des 17jährigen Sonderschülers 0379.A-I. Nichts, was seine Kindheit anbelangt, scheint ihm erzählenswert. Resigniert berichtet er:

"<u>0379.A-I</u>: Tja - also - meine Kindheit - ja is schwer -
das_ - da kann ich mich nich dran erinnern
weil - ich hab ja weder noch Eltern noch Vater -
noch Mutter -
und - ja - ich hab wohl noch Eltern
aber die kenn ich leider nicht".

Hier ist bereits die wesentliche Ursache einer solchen 'Exkommunikation von Kindheitserinnerungen', wie sie uns im Interview-Material der meisten A-I's begegnete, angedeutet: Es sind vor allem frühe Kindheitserlebnisse, insbesondere das Eltern-Kind-Verhältnis, welches ihre Erinnerungen in einer Art und Weise überschattete, die ein Zur-Sprache-Bringen von Kindheit auf die Benennung nur weniger Rahmendaten reduzierte oder gar völlig ausschloß.

Solche oder ähnliche Reaktionen waren vor allem immer dann zu beobachten, wenn - etwa auf eine konkrete Nachfrage hin - etwas erinnert werden sollte, unter dem die Informanten gelitten hatten. In diesen Fällen traten fast alle von ihnen die Flucht in die erzählte Gegenwart an oder verweigerten gänzlich die Aussage. Dies war nicht weiter verwunderlich, denn blickt man auf ihre biographischen Erfahrungen, so sind diese (soweit sie überhaupt rekonstruierbar waren) in fast allen Fällen mehr als abenteuerlich. Familiäre Zerrüttungen, Heimeinweisungen, Gewalterfahrungen, ein Leben bei Pflegefamilien und ständige ökonomische Not als äußere Rahmenbedingungen; ein Mangel an Zuwendung und individueller Förderung, Kommunikationslosigkeit und Gewalt nach innen - dies alles bestimmte das Leben der meisten von ihnen.

Als Beispiel mag die erst 17jährige Sonderschülerin 0380.A-I dienen, deren Eltern zum Interview-Zeitpunkt beide arbeitslos waren. 0380.A-I gibt zwar an, daß Probleme durch die Arbeitslosigkeit der Eltern entstanden seien, sie werden allerdings in der Folge von ihr nicht näher benannt. Interessant ist hier sowohl die Art und Weise, in der sie über ihr Leben berichtet, als auch das, worüber sie berichtet. Die Erinnerungen dieser Informantin stehen exemplarisch sowohl für die bei den A-I's immer wieder deutlich werdende 'menschliche Qualität' ihrer lebensgeschichtlichen Erfahrungen als auch für die Art und Weise ihrer Erinnerungsproduktion. All dies ist in dem Interview gleichsam paradigmatisch kristallisiert. Im folgenden soll entsprechend ein längerer Textausschnitt wiedergegeben werden.

"I.: Ja X - dann erzähl doch mal -
fang am besten mal ganz vorne an -
das Erste woran du dich so erinnerst

0380.A-I:
((Pause/13 sec.))

I.: Erzähl doch mal so -
biste innen Kindergarten gegangen?
Und alles was danach so kam...

0380.A-I: (...)

I.: Äh - sprichste 'n bißchen lauter?

0380.A-I: Lernbehindertenkindergarten -- wa ich.

I.: Mhm.
((Pause/ 7 sek.))
Ja - und dann?

0380.A-I: Ja - dann kam ich ---
/inne Lernschule ((lachend))/
Lernbehindertenschule bei uns (...) --

Ja un dann -- kam ich nach hier
((Pause/12 Sekunden))

I.: Kannste dich so an - äh - an Geschichten aus -
zum Beispiel aus deiner Zeit im -
Lernkindergarten - Lernbehindertenkindergarten
kannste dich daran erinnern? - -
Wie da so dein Verhältnis zu den Leuten war?

0380.A-I: Nein (...)
((Pause/12 sek.))

I.: Hasse da also nichts erlebt?

0380.A-I: Wa ganz normal.
(...)

I.: Und wie war das früher so bei dir zu Hause?

0380.A-I: Och - sehr schlecht --
weil meine Mutter alleine war ---
(mit uns Zwei)
Ne - zu Hause war ich ja gar nich mehr -
ich war ja bei Pflegeeltern ---
mit Sechs.
((Pause/7 sek.))

I.: Und wie war das so?

0380.A-I: Nich so gut --

I.: Wieso nich?

0380.A-I: Weil ich immer Strafen gekricht hab --

I.: Wofür denn?

0380.A-I: Weil ich zu -
weil - ich habs so mit den Nieren gehabt --
hab ich ja jetz auch noch --
aber da wußten die das noch nich -
daß ich so mit den Nieren hab --
ham sie erst - 81 rausgekricht.
((Pause/15 sek.))

I.: Und wie sah das dann aus?
Wie ham die dich dann bestraft?

0380.A-I: Ja ich durfte nich im Sandkasten -
ich durfte kein Fernsehn gucken ---
ich durfte fast gar nichts.
((Pause/10 sek.))

I.: Kanns du dich da so an -
irgendwelche bestimmten Geschichten so erinnern ?

0380.A-I: Ja - ich musse - mußten wir jeden Tach -
mein Bruder un ich - jeden Tach
(was essen - Rosinen und Rhabarber)

I.: Was mußtet ihr essen?

0380.A-I: Rosinen und Rhabarber -

I.: Wieso das?

0380.A-I: Weiß ich nich -
/jeden Tach ((gehetzt))/
((Pause/6 sek.))
deshalb essen wir ja jetz auch keinen Rhabarber mehr -
un keine - un keine Rosinen mehr.
((Pause/10 sek.))

I.: Gibts also nur - nur schlimme Dinge
an die du dich erinnerst?

0380.A-I: Gab noch nie gute Sachen bei mir
((Pause/16 sek.))".

Zu Kristallisationspunkten im Erinnerungsprozeß geronnen, stellen 'Rosinen und Rhabarber' in diesem Interview offenbar Symbole für Bestrafungen dar, die sowohl die Informantin als auch ihr Bruder erlitten haben. Ob der Originalvorfall, also jene Szene, die sich möglicherweise dahinter verbirgt, tatsächlich etwas mit dem Zwang, Rosinen und Rhabarber zu essen, zu tun hat, können wir an dieser Stelle nicht klären. Offenkundig aber gibt sich hier als Resultat biographischen Erlebens eine Persönlichkeitsstruktur zu erkennen, die das genaue Gegenteil zu den 'reinen' A's darstellt.

Was in der zitierten Passage als Reaktion auf die Frage nach der Kindheit anklingt, muß im weiteren nicht eigens kommentiert werden. Es ist weder zufällig noch einzelschicksalhaft. Auch ist es nicht Folge von quasi vorübergehenden atmosphärisch-familiären Spannungen. Nimmt man die hier aufscheinenden Persönlichkeitsstrukturen ernst, so müssen wir sie in erster Linie als Resultate von elterlichen Positionierungen im sozialen Raum, damit als Resultate jahrelanger biographischer Erfahrungen werten, die auch die heute Jugendlichen/jungen Erwachsenen aus dieser Gruppe geprägt und die sich tief in ihr Bewußtsein eingegraben haben.

5.3.2 Selbstbilder und Zukunftsvorstellungen

Auffällig im Hinblick auf die zutage tretenden Selbstbilder und Einschätzungen von Gegenwärtigem sowie Zukünftigem war in all diesen Interviews die Beobachtung, daß sowohl über persönliche Eigenschaften und Vorlieben als auch über Zukunftsvorstellungen nahezu ebensowenig ausgesagt wurde wie über die frühe Kindheit und Jugend. Im Gegensatz zu den 'reinen' A's präsentierten sich uns diese Informanten eher als leidend Bewegte denn als Bewegende ihres eigenen Lebens, die auch ihre Zukunft aktiv zu gestalten in der Lage sind. Sie träumten, wenn überhaupt, von der Normalität einer Kleinfamilie als hehrem Fernziel ("<u>eigene</u> Familie gründen - was bieten", 0378.A-I) und waren, um dieses Ziel zu erreichen, bereit zu arbeiten, sich zu bemühen. Andere waren offenbar in der Vergangenheit in ihren Erwartungen derartig enttäuscht worden, daß Zukunft sich für sie nicht als ein Raum möglicher Gestaltung darstellte. Sie gaben an, "noch nie drüber nachgedacht" zu haben, "erst abwarten" zu wollen, "wie es kommt" (0379.A-I).

Entsprechend waren alle durchgängig stark dem Gegenwärtigen verhaftet, häufig mit der Bewältigung einer freudlos-diskontinuierlichen Kindheit, einer kriminellen Vergangenheit oder einer ungewollten Vaterschaft beschäftigt. Der häufige Wechsel ins erzählerische Präsens annonciert, wie wichtig ihnen immer wieder die Lösung aktueller Probleme war, für die es in den meisten Fällen jedoch keine Lösung zu geben schien. Bei alldem artikulierten diese Informanten mehrfach versteckte Hilferufe; betonten, daß man es "nich alleine schaffen" könne (0508.A-I).

Ebenso wie bei den 'reinen' I's - das sei an dieser Stelle vorweggenommen - standen das Selbst und die Gegenwart bei den A-I's beständig im Mittelpunkt ihrer Schilderungen. Eine solche Form der Ich-Zentriertheit hatte nun allerdings wenig mit einer narzißtischen Persönlichkeitsstruktur im Sinne der Theorie vom 'narzißtisch grundgestörten Jugendlichen' zu tun. Vielmehr bewegten sich diese Jugendlichen tastend und suchend in einem sozialen Raum, dessen Konstituenten und Bewegungsgesetze sie nicht zu erkennen vermochten und den sie nicht verstanden.

5.3.3 Politik und Gesellschaft

Von anderer Qualität als bei den 'reinen' A's waren auch ihre Aussagen zum Komplex 'Politik und Gesellschaft'. So kamen etwa Stellungnahmen zu politisch-gesellschaftlichen Ereignissen im engeren Sinne in dieser Gruppe gar nicht vor. Und erst auf konkretes Nachfragen hin (etwa in unserer Nachhakphase) wurden vereinzelt Aussagen zu diesem Themenbereich gemacht. Auch bewegte sich die Kenntnis politischer Zusammenhänge auf einem durchgängig derart niedrigen Niveau, daß von einer Beurteilung politischer Sachverhalte vor dem Hintergrund einer politischen 'Urteilsfähigkeit' kaum die Rede sein konnte. Überdies gaben die meisten an, sich für Politik gar nicht zu interessieren. Eine 21jährige arbeitslose Heiminsassin bemerkte in diesem Sinne:

"0004.A-I: Is zu langweilig -- ich weiß nur noch -
hier Kohl - äh - äh -
ich weiß daß er Präsident is - oder was er nun sein soll --
äh - das wars auch schon".

Aber auch die konkrete Nachfrage mit Blick auf relevante gesellschaftspolitische Themenfelder bescherte uns nur selten den gewünschten Erfolg, etwas über die realpolitische Positionierung dieser Informanten herauszufinden. So stifteten konkrete Fragen, wie z.B. die nach der Einschätzung von Arbeit bzw. Arbeitslosigkeit, bei vielen eher Verwirrung - wie das folgende Beispiel zeigt.

"0379.A-I: Ja Arbeit is so -
daß wenn man was Bestimmtes da - (zum Beruf tut) -
so gesagt - das is Arbeit -
oder zuhause was tun is auch Arbeit - ne? --
weil Arbeit is alles was man (soweit) tut - ne?
Und Arbeitslosigkeit - (is halt) so das -
daß überhaupt nicht gemacht wird -
daß einer so zuhause sitzt
und (sacht): "Nee - ich mach (einfach) nix."
Weil es gibt - es gibt viel weniger Arbeitslose
wenn auch wirklich was daran gemacht wird --
und auch wenn - wenn - auch die -
die Leute die da zu_ - zuständig sind -
s' die Leute auch Arbeit kriegen -

wenn sie wirklich wollen -
/auch dann (...) - (die kann man gebrauchen)
((Ton wird immer abfallender, leiser))/
(...) würde wirklich mehr - klappen ---
Ja au wenn nich mehr -
wenn auch - nich mehr - äh -
Maschinen eingesetzt werden würden -
würde auch (noch) weniger Arbeitslosigkeit geben -
das is meine Meinung dazu
((Pause/14 Sek.))".

Was unser Informant 0379.A-I hier zum Themenbereich Arbeit/Arbeitslosigkeit bemerkt, stellt bestenfalls den hilflosen Versuch einer Beschreibung dessen dar, was er unter Arbeitslosigkeit versteht - und nicht, wie er über Arbeitslosigkeit denkt. Gerade diese exemplarische Textstelle verdeutlicht, daß die meisten Informanten allenfalls in der Lage waren, Versatzstücke von Gehörtem unsystematisch aneinander zu reihen, um einer vermuteten Erwartungshaltung (im vorliegenden Falle der des Interviewers) gerecht zu werden - einer Erwartungshaltung, die sie im Grunde allerdings selber nicht verstanden. Insofern wurden wir nur darin bestärkt, daß es vor allem im Hinblick auf die Informanten aus dieser Gruppe richtig gewesen war, nicht mit einem geschlossenen Interview-Leitfaden operiert zu haben.

Als Resultat ihrer eigenen Hilflosigkeit suchten die Mitglieder dieser Gruppe nach Ursachen für ihre vergangene und gegenwärtige Misere vor allem in konkreten, für sie greifbaren Strukturen und Personen. Überpointierungen ("I.: Habt ihr so gemeinsam in der Familie was unternommen? 0379.A-I: Ne - nie - nie. Das kam nie vor"), Reduktionierungen ("Aber die hat mich ja nur bisher verprügelt - so gesacht", 0379.A-I) und bisweilen auch Personalisierungen ("weil die so komisch aussieht, so - sone Art wie Zombie - owäh", 0004.A-I) waren drei auffällige Bewältigungsmuster in allen diesen Interviews. Die rigide Auflösung und Dichotomisierung von Erfahrung entsprach durchaus den Strategien der reinen A's. Allerdings hatten bei diesen die Resultate solcher Verfahren weniger reduktionistische Gestalt angenommen und auch die zugrunde liegenden Motivationsmuster unterschieden sich grundsätzlich von denen der A-I's.

In letzter Konsequenz führte die Reduktion komplexer Sachverhalte nicht selten zur Beschränkung auf allein äußere Merkmale. So wurden ganze Gruppen wie etwa die 'Aids-Kranken', aber auch einzelne nicht wegen ihrer tatsächlichen oder vermeintlichen Verfehlungen abgelehnt, sondern einfach deshalb, weil sie etwa 'so komisch aussahen'. All diese Verkürzungen, Verschiebungen und verzerrten Sichtweisen entsprangen einer Hilf- und Hoffnungslosigkeit, deren Ursachen vor allem im biographischen Prozeß begründet liegen. Vorherrschend war bei sämtlichen Informanten der Wunsch, die Überschaubarkeit der eigenen Lebensverhältnisse herzustellen, Fremdbestimmung durch Selbstbestimmung im Rahmen fester sozialer Bezüge zu ersetzen. Daß dabei der Blick nicht auf die 'großen' politischen Ereignisse und Strukturen gerichtet war, darf niemanden verwundern.

Entsprechend soll auch an dieser Stelle noch einmal betont werden, daß die vermutlich wichtigste Ursache für die Ablehnung, ja sogar die feindselige Haltung gegenüber einer Aneignung noch der minimalsten gesellschaftspolitischen Kenntnisse in der sehr ausgeprägten Ich-Zentriertheit der A-I's zu sehen ist: nicht als Spielart des Narzißmus, sondern als oft hilfloser Versuch des Umgangs mit den Folgen der zum Teil erschütternden biographischen Erfahrungen.

Daß die beständige Bereitschaft zum Reduktionismus, zur Personalisierung und Dichotomisierung von Erfahrung vor dem Hintergrund einer völligen Unkenntnis realpolitischer Zusammenhänge natürlich eine gewisse Gefahr für die Übernahme einfacher Erklärungsmuster in sich birgt, liegt auf der Hand. ("Ja - dat mit den Aussiedlern - das find ich nicht - gar nich besonders gut - mein - die komm rüber - mhm - kriegen se ne Wohnung (...) nehmen uns sozusagen die Wohnungen un Zimmer alle weg", 0004.A-I). Diese Gefahr ist sicherlich um so größer, desto funktionaler solche Erklärungsmuster auf eine Verbesserung der je individuellen Mangellagen abzielen, von denen alle unsere Informanten aus dieser Gruppe hinreichend betroffen waren. Jeder, der sich derart wenig mit gesellschaftspolitischen Zusammenhängen (im weiteren wie im engeren Sinne), d.h. mit gesellschaftspolitischen Problemen, Bewegungsgesetzen und Funktionsweisen auseinandersetzt, wird im Falle seiner individuellen Betroffenheit von den Auswirkungen herrschender Sozial- und Wirtschaftspolitik natürlich zu Ad-hoc-Erklärungen für das Erlebte greifen, die er einleuchtend findet. Eingängige Lösungsmuster anzubieten aber war seit jeher das Geschäft bestimmter politischer Gruppierungen, die ihrerseits häufig zu recht darauf bauen durften, daß ihre Denkmuster übernommen, die von ihnen angebotenen (Schein-)Lösungen akzeptiert wurden.

5.3.4 Mirabella (0004.A-I) - Eine exemplarische Analyse

Das Interview mit Mirabella (0004. A-I), einer 21jährigen arbeitslosen Münsteranerin, nimmt innerhalb ihrer Gruppe eine Sonderstellung ein - und wird damit für uns zu einem Glücksfall. Dies nicht allein aus statistischen Gründen (Mirabella rangiert auf beiden Skalen an zweiter Stelle), sondern auch, weil bei ihr die Bereitschaft siegt, sich auf die Fragen des Interviewers einzulassen. Wie für alle anderen, so ist dies auch für Mirabella keineswegs selbstverständlich: Nicht weniger als 14 Mal unterbricht sie ihre Schilderungen durch Einschübe, die das für sie Ungewohnte, ja Ungewöhnliche der Gesprächssituation verdeutlichen. Sei es die stereotyp wiederholte, sprachlich kaum variierte Frage an den Interviewer 'was soll ich jetzt noch erzählen?' oder die Bekundung, 'ich weiß gar nichts mehr': beide Varianten, immerzu mit leiser Stimme vorgebracht, bezeugen die Hilflosigkeit Mirabellas im Rahmen eines ausführlichen Gesprächs, das ihrer Person, ihrer Vergangenheit, Gegenwart und Zukunft gewidmet ist. Solch latente Verweigerungshaltung entspricht durchaus dem Abwehrverhalten der übrigen Informanten aus der A-I-Gruppe. Verstummen diese jedoch weitgehend, so gewinnt bei Mirabella stets die Mitteilungsbereitschaft die Oberhand. Über die Gründe lassen sich nur Vermutungen anstellen: Bei aller erlebten Diskontinuität sind die Kindheits- und Jugenderlebnisse doch nicht in solchem Maße bedrückend wie bei den anderen Informanten dieser Gruppe; überdies zeigt Mirabella -nicht allein im Interviewverhalten - eine große Bereitschaft, sich vorgegebenen Bedingungen anzupassen und gestellte Aufgaben zu erledigen.

Im Resultat findet sich ein Interview, das wie kein anderes der A-I-Gruppe geeignet ist, auf dem Weg einer detaillierten Analyse Einblick zu gewähren in die Lebensverhältnisse der Informantin; vor allem aber in die Persönlichkeitsstruktur eines Menschen, für den die Sprache ein ungewohntes, kaum beherrschtes Medium der Selbstdarstellung ist. Zeigt sich auch unübersehbar die verbale Hilflosigkeit Mirabellas, das nurmehr Fragmentarische ihrer Sätze, so wäre es allerdings völlig falsch, auf eine geringe Ergiebigkeit des Interviews zu schließen. Eher ist das Gegenteil der Fall: Mirabella verbirgt sich nicht hinter einer routiniert gehandhabten, 'geschliffenen' Ausdrucksweise; ihre Sprache vermittelt keinesfalls das Bild einer Person, die mit sich selbst und ihren Lebensumständen weitgehend im reinen ist. Die Zerrissenheit ihrer Sprache erscheint vielmehr als authentischer Ausdruck einer weitreichenden Orientierungslosigkeit angesichts einer kaum verstandenen Wirklichkeit; Ausdruck einer Lebenssituation, die von der Notwendigkeit beherrscht wird, sich der Vielzahl von Problemen in der unmittelbaren Gegenwart zu stellen, ohne dabei den Mut zu verlieren.

Damit ist der Weg der weiteren Analyse bereits vorgezeichnet. Zunächst wird es darauf ankommen, Mirabellas Sprechweise in ihren charakteristischen Merkmalen zu beschreiben, bevor in einem zweiten Schritt der Frage nachgegangen wird, was überhaupt zur Sprache kommt. Anders formuliert: Es geht um eine Erhellung des Zusammenhangs zwischen Erinnern, Reflektieren und Sprechen - eben jener drei Momente, die als Grundlage aller lebensgeschichtlichen Erzählungen anzusehen sind. Wie sich zeigen wird, fehlt es Mirabella gänzlich an der Fähigkeit, vergangene Lebensabschnitte zu überschauen, zu reflektieren, Schlußfolgerungen zu ziehen, um die eigene Zukunft planen zu können. Dieses Defizit ist kaum ihr selbst anzulasten; vielmehr erscheint es als Folge einer ihr aufgezwungenen Lebenssituation, in der die weitestgehende Fremdbestimmtheit ihr keinen Raum läßt für eine Selbstbesinnung, die lebensgeschichtliches Lernen allererst erlaubt.

Zertrümmerte Sprache - unbegriffene Realität

"und nach der Schule bin in Burgsteinfurt gegangen", 1/ 34; "ja dann bin ich ins - JAZ[7] gemacht", 1/47; "das machen se nich - da stellen se sich nen drauf an - äh - dran an", 8/36f.: Diese und ähnliche Beispiele verdeutlichen die Schwierigkeiten Mirabellas im Umgang mit Sprache, selbst mit einfachen umgangssprachlichen Redewendungen (etwa: 'da stellen sie sich an'). Auf permanentem Kriegsfuß mit der Grammatik, entwickelt sie eine Sprechweise, die sich als additive Reihung von Satzfragmenten zu erkennen gibt. Das folgende Beispiel besitzt für das gesamte Interview symptomatischen Charakter:

"war ich acht Wochen inner Kur -
war schön da -- wa_ - äh - äh -- Bauernhof war da -
ham ma auch eigene Pferde gehabt -
ham ma au geritten -
ham ne Reiterurkunde gekriegt --
warn jeden Tach spazieren gegangen --
war jeden Tach um acht neun Uhr - ins Bett" (32/29ff.).

Die Satzfragmente sind einander nebengeordnet, so daß eine einfache, parataktische Reihung entsteht. Jeder der Teilsätze beinhaltet wiederum eine mitteilenswert erscheinende Information. Seien es von Dauer gekennzeichnete Zustände ('Bauernhof war da'), viele Male sich wiederholende Vorgänge ('ham ma au geritten') oder prägnante Einzelerlebnisse ('Reiterurkunde gekriegt'): Die erinnerte Wirklichkeit wird aufgelöst in eine einfache Kette nebengeordneter Realitätspartikel, in eine lineare zeitliche Abfolge. Nicht nur mangelt es Mirabella demnach an der Fähigkeit zu einer flüssigen Erzählweise; die parataktische Reihung von Satzfragmenten führt überdies zu einer Auflösung der Vermittlungszusammenhänge zwischen den einzelnen Realitätsmomenten. Um diese angemessen sprachlich zu erfassen, bedürfte es insbesondere einer Verwendung von Konjunktionalsätzen, d.h.: des Gebrauchs von Nebensätzen, die beispielsweise mit einer kausalen (begründenden), konditionalen (bedingenden) oder konzessiven (einräumenden) Konjunktion eingeleitet werden. Eine solche Anwendung von sprachlichen Möglichkeiten würde nicht allein deren Beherrschung bezeugen, sondern auch die Fähigkeit, die Vielschichtigkeit der Realität ge-

---

7 JAZ = Jugendausbildungszentrum.

danklich erfassen zu können. Dazu scheint Mirabella jedoch vielfach nicht in der Lage.

Ein bezeichnendes Merkmal ist die Reduktion komplexer Zusammenhänge in Form von Personalisierungen. So glaubt Mirabella, in dem für sie befremdlichen Äußeren der Freundin ihres Vaters die Ursache gefunden zu haben für die empfundenen Antipathien: "weil die so komisch aussieht (...). So son ne Art wie Zombie" (6/8ff.). Die Einfachheit der 'Lösung' korrespondiert mit der Unfähigkeit, die zweifellos andersgelagerten Ursachen für diese Aversion gedanklich zu erfassen und zu verbalisieren. Denn der zitierten Passage voraus geht der Versuch, den Gründen für ihre Gefühle auf die Spur zu kommen. Der Versuch endet jedoch im Stottern:

"hat ma uns so inne Köppe gekriecht --
weil ich da ma in der Nacht -
weil weil - weil ich ma -
nen paar Mal ne Nacht geschlafen hab" (6/4ff.).

Ähnliches zeigt sich auch zum Themenkomplex 'Aussiedler'. Vor dem Hintergrund eigener vergeblicher Wohnungs- und Arbeitssuche macht Mirabella in letzter Konsequenz die Aus- und Übersiedler verantwortlich für die katastrophale Wohnungs- und Arbeitsmarktsituation. Übrig bleiben standardisierte Floskeln: "nehm se uns die ganzen Arbeiten weg - und so" (22/15). Ihr berechtigter Zorn mündet in die ungerechtfertigte Schuldzuweisung:

"echt --- so (...mit de) DDR-Leute - ne --
(mit ...) - ka_ - ka_ -
kann mich auch mit keine anfreunden --
weil ich da eben son sch_ - Wut drauf hab - dafür -
echt - ne riesige Wut" (23/6ff.).

Die Ratlosigkeit Mirabellas angesichts einer unbegreiflich erscheinenden Wirklichkeit verdeutlicht sich auch in ihren Ausführungen zur Politik. Vom Interviewer mit diesem Stichwort konfrontiert, wehrt sie händeringend ab:

"dafür interessier ich mich nich -
(... auch darüber) weiß ich nich viel -
(...)
Ah - daß se die Mauer aufgemacht ham - vonner DDR -
das find ich gut -
(...)
das einzigste wa_ - was ich von(ner) Politik weiß --
aber sons gar nix" (18/23ff.).

'Politik', so wird erkennbar, bezeichnet für Mirabella etwas Jenseitiges, nicht zu ihrem Leben Gehöriges; etwas, das im Fernsehen, nicht aber in der Realität stattzufinden scheint: "au wann irgendwas im Fernseh kommt über Politik - hör ich gar nich zu" (18/46f.). Selbst existentiell betroffen von den Auswirkungen einer verfehlten Wohnungsbau-, Wirtschafts- und Sozialpolitik, kommt es ihr nicht in den Sinn, die eigenen konkreten Erfahrungen als politisch-gesellschaftlich vermittelte zu begreifen. "Kohl" (19/1) und 'Maueröffnung' (vgl. 18/28) befinden sich jenseits ihres Erfahrungsraumes; dieser wird beherrscht von 'geldgierigen' Vermietern (vgl. 21/55ff.) und 'geizigen' Mitarbeitern des Sozialamts (vgl. 24/18ff.).

Ist Mirabella dennoch einmal darum bemüht, komplexere Zusammenhänge zu artikulieren, so gerät ihre Sprache gänzlich aus dem Ruder. Im folgenden Beispiel geht es um die Auflagen des Arbeitsamtes:

"(...) alle drei Monate zum Arbeitsamt --
wegen (... Arbeitslosen ...) kriegen kann --
das daß man - daß ich kein Arbeitslosengeld kriech -
muß ich auch (hinbringen) -- (dafür daß ich ... suche)" (18/2ff.).

Die zertrümmerte Sprache wird zum Spiegel jener Hilf- und Orientierungslosigkeit, mit der Mirabella einer weithin unbegriffenen Realität gegenübersteht.

Die verlorene Vergangenheit

Fragt man sich nun, was Mirabella überhaupt zur Sprache bringt, so läßt sich zunächst eines grundsätzlich festhalten: Während die beiden letzten Jahre, vor allem aber die unmittelbare Gegenwart, eindeutig im Vordergrund stehen, bleibt die Erinnerung an frühere Phasen des Lebens, an die in einem Vorort Münsters verbrachte Kindheit und Jugend, auf wenige Erinnerungsbilder beschränkt. Dabei ist jedoch der Charakter sprachlich vergegenwärtigter Erinnerung von besonderer Signifikanz: Er erlaubt einige wesentliche Schlußfolgerungen über die Persönlichkeit Mirabellas zum Zeitpunkt des Interviews.

Auf die hier verbrachten 18 Jahre ihres Lebens angesprochen, führt Mirabella aus: "immer mit Hund spazieren gegangen (...), im Trimmdichwald gejoggt (...), also Fußball gespielt (...), ja - Fußballturniere immer zugeguckt (...), entweder Jugendzentrum - oder - irgendwie mithelfen im Jugendzentrum" (2/53-3/9). Fern jeden Versuchs, die erinnerte Zeit chronologisch geordnet zu erzählen, reiht Mirabella bruchstückhaft aneinander, was sich ihrer Erinnerung unmittelbar aufdrängt: von beständiger Wiederholung gekennzeichnete Vorgänge, die zu je einem Erinnerungsbild verschmolzen sind: 'Spaziergang', 'Joggen', 'Fußball' etc.. Die Aufzählung kommt bald ins Stokken ("was denn noch", 3/13) - und nach einer Pause wendet sich Mirabella abrupt einer anderen Thematik zu: "Ja im JAZ war ich auch nich grade oft" (3/15). Keinerlei Reflexionen knüpfen sich an die erinnerte Zeit. Es hat den Anschein, als könne Mirabella mit ihren eigenen Erinnerungen nichts anfangen - mehr noch: als besäße diese lange Phase ihres Lebens keinerlei Bedeutung für die Gegenwart, eine abgelebte, nicht erwähnenswerte Vergangenheit. Sie wird, so läßt sich vermuten, nur deshalb mühsam ins Gedächtnis zurückgerufen, weil der Interviewer darum gebeten hat.

Neben dem Immergleich ständig sich wiederholender Vorgänge sind es gerade Erinnerungen, die mit noch immer lebendigen Empfindungen verknüpft sind, die Mirabella zur Sprache bringt. So führt die Erinnerung an den streng reglementierten Tagesablauf in einem Jugenddorf, in dem Mirabella ein halbes Jahr verbrachte, zu einem vergleichsweise detaillierten Bericht (vgl. 3/48-4/39), den sie mit den Worten beschließt: "würd ich auch keinem gönnen ((schnaufend)) - dahin zu gehn (...) kann man vergessen" (4/37ff.). Ärger und Wut, damals wie heute empfunden, führen auch noch im Rückblick zur entschiedenen Ablehnung des Jugenddorfes. Den gleichen Zusammenhang von Empfindung und Erinnerung verrät die ebenso noch heute gültige Ablehnung eines Praktikums, das Mirabella vor wenigen Monaten im Bereich 'Hauswirtschaft' frühzeitig abgebrochen hat: "war doof (war das) - auf deutsch gesacht ((schnaufend)) -- würd ich auch nie wieder machen" (5/15f.). Offenkundig kommt es Mirabella nicht in den Sinn, die vorzeitige Beendigung des Praktikums aus heutiger Sicht erneut zu bedenken, um möglicherweise zu einer anderen Einschätzung zu gelangen. Was damals als negativ empfunden wurde, gilt noch heute: "das Arbeitsklima war nix" (5/14).

Im Vordergrund steht zweifellos die Erinnerung an jüngst Vergangenes. Aber auch hier zeigt sich, daß Mirabella im je gegenwärtigen Moment wie in der Retrospektion die Ereignisse allein ihren spontanen Empfindungen gemäß beurteilt und bewertet. Sei es die Verwunderung über ein durchgestelltes Telefonat zu ungewöhnlicher Zeit in ihrem Wohnheim (vgl. 9/11ff.) oder der Ärger über eine Mitbewohnerin, die sich unlängst weigerte, auch einmal zum Bäcker zu gehen (vgl. 13/14ff.): Es ist die Intensität der Empfindung, die die Erinnerung hervorruft, in diesen Fällen sogar zu Ansätzen episodischen Erzählens führt und die Beurteilung bedingt. Eine Abwägung aus zeitlicher Distanz, gar eine mögliche Reflexion über die Ursachen dieser oder jener Verhaltensweise finden nicht statt.

Einschätzungen und Wertungen, allein geknüpft an die noch immer lebendige Empfindung, zeigen, daß Mirabella nicht willens oder in der Lage ist, sich mit vergangenen Lebensabschnitten, damaligen Handlungen oder Entscheidungen, gedanklich auseinanderzusetzen. Berücksichtigt man darüber hinaus, wie hilflos sie in anderen Zusammenhängen ihren eigenen Erinnerungen an frühere Phasen des Lebens gegenübersteht, so verwundert es nicht, daß das gesamte Interview einem assoziativen Erinnerungsverfahren gleicht, in dem Mirabella, allenfalls begrenzt durch die Fragen des Interviewers, zahllose thematische Wechsel vornimmt. Solche Sprunghaftigkeit führt zur beinahe vollständigen Auflösung der Chronologie vergangenen Geschehens.

Im folgenden Beispiel geht es zunächst um eine Bekannte, die nach Einschätzung Mirabellas eifersüchtig ist auf ihren Freund:

"Da kuckt sie mich immer von oben bis unten an -
und ich sie - (ei) - da denk ich mir immer -
'Wenn sie mich so ankucken kann -
dann kann ich's auch so' --
un da geben se mir auch viel -
geben mir auch viel so - äh - Recht --
und dann sagen se: 'Das stimmt auch.' --
denn wenn ma inne Disco sitzt - und wirs_ -
nen ganzen Abend nur nur angekuckt wirst - neh -
au - das kann ich au nich haben -
da wer ich sauer" (20/44ff.).

Über das leitende Motiv 'provozierend Anschauen' vollzieht Mirabella einen thematischen Wechsel von der vermeintlich eifersüchtigen Bekannten zu den herausfordernden Blicken männlicher Discothekenbesucher. Ist hier der Wechsel kaum merklich, nur mehr signalisiert durch das beiläufig eingestreute Adverb 'auch', so vollzieht sich in anderen Zusammenhängen der Wechsel äußerst abrupt. Gerade im Anschluß an Fragen, die ihre Kindheit und Jugend betreffen, ergibt sich nach wenigen Bemerkungen ein sprunghafter Wechsel in die unmittelbare Gegenwart. Im folgenden Beispiel ist zunächst von ihrem Bruder die Rede, der zur Zeit im Gefängnis sitzt:

"Mhm - und jetz darf er länger sitzen ---
ja - selbst schuld - soll er die Scheiße nich machen -
auf Deutsch gesacht ---
und hier abends - hier abends is au noch was los --
nachts um vier Uhr - da geht's hier rund" (11/20ff.).

Solche Wechsel, die wohl nirgends Ausdruck eines bewußten, eines reflektierten Sprechens sind, häufen sich dort, wo Mirabella mit abstrakten Stichworten, etwa 'Geld' oder 'Arbeit', konfrontiert wird. Stets an den eigenen konkreten Erfahrungen orientiert, nicht dazu in der Lage, einen solchen Gegenstand allgemein zu erörtern, ergibt sich jeweils eine Palette unterschiedlichster Themen und Akzentsetzungen. So findet sich zum Stichwort 'Geld' (vgl. 17/19ff.) eine Reihe, die beim 'Sozialamt' beginnt, über die Aspekte 'Wohnungsmarkt', 'Aussiedler' und 'Wohnungssuche' führt, bevor sie in das Thema 'Arbeitsamt' mündet.

Es ist nicht abwegig, aufs Ganze gesehen von einem Wirrwarr an Erinnerung zu sprechen; einem Wirrwarr, der sich nunmehr in seinen Ursachen genauer erfassen läßt.

Die Unbeholfenheit im Umgang mit den eigenen Erinnerungen ebenso wie der assoziativ-ungeordnete Charakter des Erinnerns und Erzählens verdeutlichen die Fremdheit einer Gesprächssituation, in der Mirabella über ihr vergangenes und gegenwärtiges Leben berichten soll. Anders gewendet: Es hat den Anschein, als spiele die Erinnerung - und das heißt auch: die Besinnung auf vergangene Lebensabschnitte - für sie keine Rolle. Nirgends verrät die Ausdrucksweise ein vorgängiges Reflektieren; nirgends zeigen sich Ansätze zu dem Bemühen, aus geringerer oder größerer zeitlicher Distanz sich Klarheit zu verschaffen über vergangenes Handeln, Denken und Empfinden. Die Selbstbesinnung aber, in der auf dem Weg über Erinnerung und Reflexion subjektiv Bedeutsames aus dem gelebten Leben ausgewählt und bewertet wird, stellt die Voraussetzung dar für jegliche Form lebensgeschichtlichen Lernens. Darüber hinaus ermöglicht erst sie eine zielgerichtete Zukunftsplanung; eine Planung, die vielfach durchkreuzt werden kann - und die dennoch notwendig ist, um Ziele hartnäckig und gegen Widerstände verfolgen zu können.

Mirabella befindet sich jenseits solcher Einsichten. Die offenkundige Irrelevanz der Erinnerung und Reflexion in ihrem Leben aber zeigt, in welchem Maße sie verstrickt ist in eine problembeladene Gegenwart, die es ihr anscheinend nicht erlaubt, Vergangenes zu bedenken und Zukünftiges zu planen. Im weiteren wird es darauf ankommen, eben jene Realität zu rekonstruieren, wie sie in den bruchstückhaften Erzählungen Mirabellas sichtbar wird.

Erzwungener Kampf und ersehnte Sicherheit

Wie bereits mehrfach deutlich wurde, bleiben Mirabellas Schilderungen konkreter Realität stets gebunden an den eigenen, relativ eng umgrenzten Erfahrungsraum. Aus diesem Grunde wird über weite Strecken des Interviews der Alltag in ihrem Wohnheim angesprochen. Einen weiteren thematischen Mittelpunkt stellen Mirabellas derzeitige Freizeitaktivitäten dar: vor allem Discothekenbesuche, die sie mit ihrem Freund, einem britischen Soldaten, vielfach auch in der 'Clique' unternimmt. Weit weniger Aufmerksamkeit wird den Eltern gewidmet - ein keineswegs erstaunlicher Sachverhalt; sind doch die getrennt lebenden Eltern aus dem unmittelbaren Gesichtsfeld Mirabellas verschwunden.

Entscheidend geprägt wird Mirabellas Alltag durch Rahmenbedingungen, die nahezu vollständig von Fremdbestimmtheit gekennzeichnet sind: Als Sozialhilfeempfängerin ohne Arbeit und ohne eigene Wohnung empfindet sie den Tagesablauf im Wohnheim als streng reglementiert. Zudem gibt sie an, über nur 28 DM Taschengeld in der Woche zu verfügen.

Sei es nun mit Blick auf das Wohnheim, die Freizeitaktivitäten oder die gelegentlichen Besuche bei den Eltern: stets drängen sich die negativen Erfahrungen in den Vordergrund von Mirabellas Schilderungen. Von der Gewißheit durchdrungen, mit der Mutter 'nich zusammenwohnen' zu können, ohne sich 'inne Köppe zu kriegen' (vgl. 5/36f.), mit dem Vater derzeitig verkracht wegen eines Briefes vom Sozialamt ("er kann mir gestohlen bleiben", 5/30), in Auseinandersetzungen mit Mitbewohnerinnen verstrickt ("wenn Blicke töten könnten", 8/4), als Zeugin oder auch tatkräftig beteiligt bei handgreiflichen Auseinandersetzungen in ihren Stammdiscos ("dann gibt's au mal ne (feste...) Schlägerei", 20/16); auf allen Ebenen ihres konkreten Daseins ist Mirabella konfrontiert mit einer Wirklichkeit, in der die Unfähigkeit zu argumentativer Auseinandersetzung nicht selten in endgültigen Zerwürfnissen endet. Berücksichtigt man überdies die ergebnislose Suche nach Arbeit und einer Wohnung, so wird unmißverständlich klar: Die Realität erscheint durchweg als eine feindliche; eine Wirklichkeit, die wesentlich durch den 'Kampf aller gegen alle' gekennzeichnet ist. Überfordert durch Rahmenbedingungen, gegen die sie nichts (oder kaum etwas) auszurichten vermag, und geprägt durch die Erfahrung, daß das Recht des (ökonomisch) Stärkeren allemal noch seine Gültigkeit hat, geraten Mirabella die tagtäglichen Auseinandersetzungen stets zu Machtkämpfen, in denen es gilt, sich durchzusetzen, den Sieg davonzutragen.

Symptomatisch ist der vielfach bekundete Stolz Mirabellas auf ihre vermeintliche Fähigkeit zu verbaler Auseinandersetzung. Selbst 'Kronzeugen' werden ins Feld geführt, um die eigene Durchsetzungsfähigkeit mittels Sprache unter Beweis zu stellen:

"das hab ich oft schon bei vielen gehabt -
mit den ich mich so wörtlich gestritten hab -
die ham hinterher alle aufgegeben -
weil - weil sie genau - weil se alle merken - ja -
'Au - gegen die ham - ham ich keine Schnitte -
hör ich lieber auf - un geh'" (21/27ff.).

Niemals geht es um einen Austausch von Argumenten, sondern nur mehr um den 'Sieg', mit anderen Worten: um das Verstummen des Kontrahenten: "un da hatse nix mehr drauf gesacht" (7/56). Sprache, so wird überaus deutlich, erscheint weniger als Kommunikationsmittel; sie bezeichnet vielmehr eine andere Variante des Kampfes: "ej - ich kann ja auch mitkloppen - wenn's drauf ankommt - (äh) - mit Worten kann ich das noch besser" (21/18f.). Wie das Denken, so ist auch die Wirklichkeit Mirabellas beherrscht von Dichotomien, dem 'Entweder-Oder'. Wen sollte es daher wundern, wenn sie stolz eine zentrale Einsicht ihres Lebens verlauten läßt: "muß man sich auch durchsetzen können -- sons kommt nie ein (Schritt) weiter" (25/52f.).

Vor diesem Hintergrund verwundert auch Mirabellas Einschätzung nicht, daß ihr mit Blick auf organisatorische Zusammenhänge im Wohnheim eine herausragende Stellung zukomme:

"wir [sie und eine Mitbewohnerin] sind die einzigsten hier
die richtig viel hier machen -
sonst macht hier keiner - sons --
(...)
mußte immer alles nachputzen neh - das is - unmöglich" (7/34ff.).

Sie sei es, die um der Sauberkeit und Ordnung willen schlampige Mitbewohnerinnen zurechtweise (vgl. 7/54ff.), in den Besprechungen der Gruppenleiter Beschwerden vortrage (vgl. 7/39ff.) - und in allen anstehenden Fragen als erste Ansprechpartnerin fungiere: "'Ach Mirabella hier - ach - Mirabella da'" (31/48).

Gilt gegenüber Gleichen im Konfliktfall die Durchsetzungsfähigkeit um jeden Preis, so gegenüber den Repräsentanten machtvoll erlebter Instanzen, etwa Lehrern oder Sozialarbeitern, die umgekehrte Devise: "ich paß mir der Regel an - fertig" (25/42). Täte sie dies nicht, dann, so weiß sie genau: "gibt's Ärger" (8/54). In Mirabellas Realität sind die gesellschaftlich vermittelten Machtstrukturen ungeschminkt erfahrbar. Resultat ist eine Persönlichkeitsstruktur, in der 'Durchsetzungsfähigkeit' und 'Anpassungsbereitschaft' als komplementäre Fähigkeiten gleichermaßen verankert sind; Fähigkeiten, die zu beherrschen unabdingbar ist, will man nicht vollends unter die Räder geraten. 'Das Volk ist doof, aber gerissen' - kaum anders als zur Zeit der Weimarer Republik trifft Kurt Tucholskys provozierende Äußerung den Kern eines Umgangs mit der Realität, der aus der Not geboren ist: In einer weithin unbegriffenen Wirklichkeit führt die konkrete Erfahrung von Machtverhältnissen zu einer Flexibilität, die den stets und immer nur kleinen Vorteil hier durch Anpassung, dort durch Härte sichern helfen soll.

Je mehr der konkrete Alltag durch permanente Auseinandersetzungen bestimmt ist, um so unverzichtbarer sind die wenigen Rückzugsmöglichkeiten; Nischen gleichsam, in denen sich ein Minimum an Aufgehobenheit und Ruhe finden läßt. Partiell existieren Sicherheit vermittelnde, solidarische Strukturen auch in ihrem Wohnheim. Bedenkt man jedoch die anderweitig thematisierten Konflikte mit Mitbewohnerinnen, so dürfte mit den folgenden Sätzen eher der Wunsch als die Realität zum Ausdruck gebracht sein:

"wenn man schon zusammen wohnt -
dann muß man -
dann muß man sich das [die Arbeit] wenigstens teilen --

(auch so) - is alles ganz gut - teilen uns alles" (14/ 21ff.).

Im 'rauhen Klima' der mehrfach wöchentlich besuchten Discotheken besitzt 'die Clique', vor allem aber der Freund eindeutige Schutzfunktion: "wenn einer irgendwie Ärger hat - oder so -dann stehn sie alle direkt dahinter" (15/21f.). Gleichsam zu Atempausen geraten die Besuche bei der Mutter des Freundes in Dortmund. Neben der unvermeidlichen Disco verbringen sie mit ihr die Sonntage - wohl ein Hauch von familiärer Sicherheit und Geborgenheit, den Mirabella anderweitig nicht erfährt:

"(fahr) auch öfters mit mein Freund nach Dortmund -
da ne Disco - nach seiner Mutter hin --
warn war jetz öfters -
vier Wochen (immer) hintereinander -
war aber schön da -
versteh mich auch mit seiner Mutter ganz gut -
die mag mich auch gern" (16/34ff.).

Gleichwohl: Die finanzielle Zwangslage Mirabellas bringt es mit sich, daß sowohl die Clique als auch der Freund zu Objekten kalkulierenden Denkens werden:

" (...) wenn ich in die Disco geh -
brauch ich grundsätzlich nie Geld mitzunehmen -
nur fürn Eintritt vielleicht noch -
wenn ich ohne mein Freund geh -
aber sons kriech ich alles ausgetan" (15/45ff.).

Nur mehr vermuten läßt sich, daß die Vielzahl von Discothekenbesuchen keineswegs Inbegriff allen Wünschens und Wollens sind. Wohl bezeichnet Mirabella das Tanzen als ihr einziges Hobby (vgl. 30/26ff.); der mehrfach artikulierte Wunsch nach Ruhe aber bezeugt, daß die Disco zugleich die Funktion zwischenzeitlich narkotisierender Ausbrüche aus der Tristesse ihres gesamten Lebenszusammenhangs besitzt. Die permanente Atemlosigkeit ihres Lebens läßt den Wunsch nach dem 'ganz Anderen' entstehen: "da sind we schon alle froh (...) - daß sie [eine Mitbewohnerin] weg kommt - - weil (dann haben wir) unsere Ruhe hier" (12/2f.). Überdies existiert der Wunsch, Glasmalerei zu betreiben. Er läßt sich jedoch nicht verwirklichen, "dafür is die Ruhe hier nich" (31/32).

Die Glasmalerei erscheint als Manifestation einer Sehnsucht, die sich auf ein ebenso naheliegendes wie zur Zeit kaum erreichbares Ziel richtet: eine eigene Wohnung - mithin die Möglichkeit, von der Außenwelt zeitweise abgeschirmt eigenen Interessen und Neigungen nachgehen zu können. Solch

erhoffte Rahmenbedingungen, im übrigen wohl auch die Grundvoraussetzung für jede Form der Selbstbesinnung, entsprächen einer zumindest partiellen Abkehr von der derzeit umfassenden Fremdbestimmtheit Mirabellas. Erst eine Wohnung, dann eine Arbeit - so lautet die einfache Abfolge einzelner Schritte in Richtung auf größere Selbstbestimmung, die zugleich eine Loslösung aus der Abhängigkeit von den Leistungen des Sozialamts bedeuten würde.
    Ganz anders war dies bei Gerd (0424.A). Vor dessen materiellem Hintergrund war es ihm ein leichtes zu behaupten, Geld sei "nicht lebensnotwendig" (28/37). Mit den Konsequenzen materieller Armut niemals konfrontiert, durfte er sich den Luxus einer solchen Selbsteinschätzung leisten. Mirabella hingegen weiß, was er allenfalls erahnen könnte:

"(un) Geld (...) bedeut_ -
bedeutet bedeutet ziemlich viel -
bedeutet jeden viel - Geld --
bedeutet echt jeden viel" (17/24ff.).

In Visionen schwelgend, die der tagtäglich erlebte Mangel bei Mirabella gar nicht erst aufkommen läßt, konnte Gerd beiläufig einräumen: "also ich könnte auch locker 'n paar Millionen - könnt ich locker ausgeben" (28/ 41f.). Mirabellas Vorstellungen sind demgegenüber auf Ziele gerichtet, die von Gerd als eine Katastrophe empfunden werden würden:

"un wenn ich vom Sozialamt (denn) -
wenn ich ne eigene Wohnung hab -
vom Sozialamt Geld kriech -
dann muß ich (das) einteilen -
für Einkaufen und alles" (17/28ff.)

Der unfreiwillige Zynismus Gerds ist nicht ihm selbst anzulasten - er kennt es nicht anders -, wohl aber einer Gesellschaft, die das bestehende krasse Mißverhältnis zwischen Arm und Reich gleichmütig hinzunehmen bereit ist.

Zukunft als verlängerte und negierte Gegenwart

Ging es in den letzten Ausführungen bereits um Mirabellas konkrete Zielvorstellungen für die nahe Zukunft, so ist es darüber hinaus sehr lohnenswert, ihre auf die Zukunft gerichteten Wünsche und Hoffnungen abschließend in einem eigenen Kapitel zu behandeln.
    Nach ihren Zukunftsvorstellungen befragt, äußert Mirabella:

"Ja Zukunft stell ich mir so vor -
Wohnung -- dann Arbeiten --
dann vielleicht mal heiraten und Kinder kriegen --
und dann ne Hausfrau sein ---
(...) so stell ich mir meine Zukunft vor ---
also besser als wie hier jahrelang in den Haus zu wohnen" (9/35ff.).

Wie der letzte Satz unmißverständlich bezeugt, setzen sich Mirabellas Zukunftsvorstellungen zusammen aus Elementen, die als Negation der schlechten Realität der Gegenwart beschreibbar sind - mit einer bezeichnenden Ausnahme: Gehört die berufliche Tätigkeit zu den Nahzielen, ist sie unverzichtbare Voraussetzung für ein größeres Maß an Selbstbestimmtheit, so sind die Zukunftsvorstellungen, wenn auch mit einem Fragezeichen versehen ("vielleicht"), an traditionellen Zielen ausgerichtet: Hausfrau und Mutter. Die materielle Abhängigkeit vom Sozialamt soll demnach auf lange Sicht ersetzt werden durch die Abhängigkeit vom Geld verdienenden Ehemann.

In ihren Freizeitaktivitäten auch gegenwärtig bereits angewiesen auf das Geld des Freundes, stellt Mirabella in Aussicht: "vielleicht heiraten wir ja - vielleicht" (9/54). Die zweifache Infragestellung besitzt ihre Ursache nun allerdings nicht im potentiellen Widerstreit zwischen konventioneller Zielsetzung und dem Wunsch nach materieller Unabhängigkeit auch vom Mann; der Zweifel resultiert vielmehr aus dem Unbehagen, den Erwartungen des Freundes gemäß dereinst mit ihm nach Großbritannien überzusiedeln. Mit diesem Schritt verbindet Mirabella nur mehr "Angst" (10/5). Nicht einmal dazu bereit, nach Dortmund zu ziehen, weil sie "dahinten neue Freunde suchen" (17/3) müßte, sperrt sich Mirabella gegen jede Preisgabe ihr vertrauter Verhältnisse - ein kaum erstaunlicher Sachverhalt angesichts einer Lebenserfahrung, die von Diskontinuität geprägt ist.

Mit Blick auf ihre materielle Abhängigkeit lassen sich demnach Mirabellas Zukunftsvorstellungen als Verlängerung der Gegenwart begreifen. Und dennoch: Die avisierte Zukunft wird zur Negation der Gegenwart, zum Inbegriff eines Schutz, Ruhe und Aufgehobenheit gewährleistenden Lebens. Solcher Konventionalismus erscheint als die geradezu zwangsläufige Konsequenz einer Lebenssituation, aus der heraus die Vorstellung lebenslanger Berufstätigkeit weit weniger Anziehungskraft besitzt als die Vorstellung eines geschützten häuslichen Daseins. Dieser Sachverhalt mag manche von denen irritieren, die - mit Recht - die materielle Unabhängigkeit als Voraussetzung individueller Emanzipation begreifen. Übersehen würde dabei allerdings, daß für Mirabella die Freiheit der Wahl zwischen Hausfrauendasein und Berufstätigkeit allein abstrakt besteht. Berücksichtigt man hingegen die konkreten Lebensverhältnisse Mirabellas in der Vergangenheit und Gegenwart, so erscheint ihre Wunschvorstellung nach einem Dasein als Hausfrau und Mutter überaus naheliegend. Überspitzt formuliert: Sie hat keine andere Wahl.

Während bei Gerd (0424.A) die vorgefaßte Zukunft, die avisierte Spitzenposition als Physiker die Gegenwart beherrscht, ist es bei Mirabella die alles beherrschende Gegenwart, die ihre Zukunftsvorstellungen prägt. Besäße sie Kenntnis von seinen, vornehmlich innerpsychischen Konflikten, so brächte sie sicherlich wenig Verständnis auf für diese 'Kämpfe auf dem Schauplatz der eigenen Seele'. Daß solch potentielle Abwertung keineswegs angebracht wäre, konnte im Rahmen der Analyse des Interviews mit Gerd in aller Deutlichkeit gezeigt werden. Gleichwohl: Seine durchaus ernstzunehmenden Probleme bestehen vor einem materiellen Hintergrund in der Gegenwart, der die Zukunftsvorstellungen Mirabellas bei weitem übersteigt.

5.4 Die Lebensgeschichten der 'Instabilen' (I)

5.4.1 Kindheitserinnerungen und Eltern-Kind-Beziehungen

Wie die Gesamtgruppe der A's, so zerfällt auch die der I's in zwei Teile: in die bereits besprochenen A-I's auf der einen sowie die 'reinen' I's auf der anderen Seite. Anders als in der Gesamtgruppe der A's allerdings, in der die soziale Herkunft der Informanten von 'rein' A und A-I weit auseinanderklaffte, beobachteten wir in der Gesamtgruppe der I's eine größere Nähe der sozio-kulturellen Herkunftsmilieus. Kinderreichtum, Ein-Eltern-Familien, sozialarbeiterische Betreuung - dies sind die Stichworte, die die familiäre Herkunft beider I-Gruppen skizzieren. Und bestenfalls waren auch bei den 'reinen' I's die Eltern nur 'kleine' Arbeiter, Angestellte oder Gewerbetreibende. Niemand unserer Informanten war im Besitz höherwertiger Bildungstitel oder verfügte über eine abgeschlossene berufliche Ausbildung. Aber, wie bereits vermerkt, es handelte sich eben nur um eine relative Nähe, denn die Eltern der 'reinen' I's waren nicht in einem so ausgeprägten Maße an den Rand der Gesellschaft geraten wie die der A-I's. Sie hatten, bei allem Mangel, stabilere soziale Positionen inne - wenngleich auch ihre gesamte Existenz von einer 'Ökonomie des Notbehelfs' bestimmt war.[8]

---

[8] Einzig der Informant 0193.I stellte in dieser Gruppe eine Ausnahme dar. Er entstammte ähnlichen sozialen Verhältnissen wie die A-I's und hatte auch keine Unterstützung von den Eltern zu erwarten. Entsprechend bemerkte er im Interview: "Und in Wirklichkeit lag dat [seine gesamte lebensgeschichtliche Misere] auch alle an der Familie (...) - da kam nie einer vorbei nach mir (..) - die haben sich irgendwo 'n Dreck gekümmert um mich." (0193.I).

Von solch stabileren Rahmenbedingungen hatten natürlich auch die Informanten profitiert. So lebte etwa einer von ihnen, ein 17jähriger Sonderschüler, bei Pflegeeltern, die Inhaber eines kleinen Handwerksbetriebs waren. Der Interviewte selbst absolvierte zum Zeitpunkt der Erhebung ein Praktikum in einem Einzelhandelsgeschäft, welches ihm von den Eltern vermittelt worden war. Der Vater eines weiteren Informanten war als selbständiger Gewerbetreibender auf Wochenmärkten tätig und ermöglichte seinem arbeitslosen Sohn dort eine Mitarbeit. Der Bruder eines dritten schließlich war als Schlossermeister in einer Firma angestellt, in der er auch unserem Informanten eine Lehrstelle hatte vermitteln können. Solche oder ähnliche soziale Rahmenbedingungen fanden wir bei unseren A-I's in keinem Falle vor.

Es existierten aber auch Gemeinsamkeiten mit den A-I's: Weder hier noch dort wurden frühe Kindheitserinnerungen oder die Beziehung zu den Eltern aus eigenem Antrieb zur Sprache gebracht. In beiden Gruppen war es stets die unmittelbare Gegenwartssituation, die die Informanten weitaus mehr zu beschäftigen schien als ein frühes Kindheitserlebnis oder eine Begebenheit mit den Eltern. Erst im weiteren Verlauf der Interviews -und z.T. erst auf ausdrückliche Nachfrage der Interviewer hin -wurde über die Kindheit, damit auch über die Eltern, etwas erzählt. Hatten wir nun erwartet, einer solchen 'Zurückhaltung' lägen die gleichen Motive wie bei den A-I's zugrunde, so sahen wir uns zunächst getäuscht, denn: Durchgängig wurde immer auch Positives über Kindheit und Eltern berichtet. Mal war es die Erinnerung an einen gemeinsamen Urlaub, mal eine melancholisch geschilderte frühe Wohnsituation, die als Einstieg für die Darstellung des Eltern-Kind-Verhältnisses gewählt wurden: "Da hab ich gewohnt ab - ((schnauft)) weiß nich - glaub dritte vierte Lebensjahr (..) eigentlich verwöhnt worden von mein Eltern" (0078.I). Kaum einmal standen Konflikte im Zentrum einer erinnerten Kindheit ("Also, sacht wahrscheinlich jeder - er hat eigentlich die liebsten Eltern", 0078.I).

In vielen Fällen ließ sich allerdings auch die (zum Teil ausdrücklich betonte) 'Funktionalität' der Eltern für eine angestrebte Lebensweise ausmachen. Die mit solchen Perspektivierungen des eigenen Lebensweges einhergehenden Wunschvorstellungen waren jedoch weniger am elterlichen Vorbild orientiert. Eher schon entsprangen sie dem Wunsch nach sozialer Sicherheit und Aufgehobenheit in einer Zukunft, die insgesamt besser als die eigene Kindheit sein sollte. Denn bei allem Bestreben, das jeweilig Erlebte als harmonisch zu schildern, gab es doch zahlreiche Hinweise darauf, daß der Blick zurück auf eine schöne Kindheit oder 'die liebsten Eltern' mit verklärenden, idyllisierenden Zügen behaftet war.

So erinnerte sich einer unserer Informanten gerne auch an die frühe Abwesenheit vom Elternhaus ("War immer schön, nach Oma hin - herrlich", 0078.I), ein anderer daran, mit seinen Eltern nie einmal einen gemeinsamen Urlaub verbracht zu haben ("So in Urlaub gefahren bin ich auch nie",

0495.I), und eine weitere Informantin stellte rückblickend fest, daß sie 'richtiges Familienleben' gar nicht kennengelernt habe ("Ja - ne - Familie war das auch nicht. Ich war nur mit meiner Schwester und meiner Oma da und mein Onkel", 0002.I). Interessant waren auch die Schilderungen eines weiteren Informanten, der uns in gewissem Sinne den 'Schlüssel' lieferte für ein tieferes Verständnis des Widerspruchs zwischen der Behauptung einer durchweg positiven Kindheit und der Andeutung faktisch vorhandener Probleme. Wie sich zeigen wird, sind es gerade die besonderen Lebensumstände dieses Informanten, die dem Interview übergreifende Gültigkeit verleihen.

Es handelt sich um einen seit vielen Jahren bei Pflegeeltern lebenden 17jährigen Sonderschüler. Hier, in der geordneten Welt einer kleinen Handwerkerfamilie, hatte er offenbar wahrzunehmen begonnen, daß allein die Zugehörigkeit zu dieser Familie ihm gewisse Perspektiven eröffnen würde ("Und ich geh da nich mehr weg", 0383.I). Beständig gab er zu erkennen, daß er sich mit der Lebensweise, den Tugenden, den Normen und Werten, aber auch mit den Problemen dieser Familie identifiziere. Seine leiblichen Eltern hingegen, vor allem den Vater, gab er vor abzulehnen: "Wenn ich achtzehn bin werd ich wohl mal Kontakt mit ihm [dem Vater] aufnehmen und auch mal zwei Takte mit ihm reden - aber anders" (0383.I). Gleichwohl blieb seine Haltung in diesem Punkt widersprüchlich. Einerseits betrachtete er zwar seine leiblichen Eltern unter dem Aspekt der Belastung, nahm er dem Vater gegenüber gar eine drohende Haltung ein und empfand mit Mutter und Schwester bestenfalls Mitleid. Andererseits aber wollte ihm eine solche Distanzierung nicht so recht gelingen; zeigte sich vielmehr, daß auch eine emotionale Beziehung zu seiner Mutter (möglicherweise auch zum Vater) existierte. So pendelte er in geradezu tragischer Weise beständig zwischen der Anpassung an die von seinen Pflegeeltern mit Blick auf die leiblichen Eltern ausgesprochenen Ge- und Verbote ("das haben meine Pflegeeltern nich so gerne, wenn die [Mutter] da jedes mal aufkreuzt", 0383.I) und der Sehnsucht nach Rückkehr in seine Herkunftsfamilie:

0383.I: "Die [Mutter] wollte sogar 'n paar mal -
als se nen Freund hatte - oder so -
schon gesacht: 'Übermorgen hol ich dich -
und dann bleibs du bei uns.'
Und dann - genau an dem Tach -
is es wieder auseinandergeflogen
/weil entweder er oder sie doch nich (mich haben)
wollte ((mit zittriger Stimme))/."

Auffällig nun ist es, daß solch offenkundige 'Einbrüche' immer wieder durch die Übernahme einer von den Pflegeeltern vorgegebenen Haltung überformt wurden; ein Sachverhalt, der verdeutlicht, welch überragende Rolle die soziale Stellung der Pflegefamilie für das Leben dieses Informanten spielt. Wiederholt betonte er, sein Verhältnis zu den Pflegeeltern sei "gut", "normal" bzw. "problemlos". Er erhob nicht einmal Einwände dagegen, nur zweimal im Jahr seine leibliche Mutter sehen zu dürfen. Ein solches Zugeständnis an die 'eiskalt' operierende Pflegemutter begründete dieser Jugendliche, von ihm gänzlich unbeabsichtigt und in einem ganz anderen Zusammenhang, wie folgt: "Da weiß ich wenigstens, daß ich da ne Wohnung habe, daß ich (Unterstützung kriege) von vier Leuten und nich nur von zwei." (0383.I).

Auch bei den übrigen Mitgliedern dieser Gruppe stand die elterliche Verfügung über informelle Kontakte, ökonomische Mittel und/oder Arbeitsmöglichkeiten hoch im Kurs. Und weil de facto eine Abhängigkeit von den Eltern als 'letzter helfender Instanz' bestand, wurden wohl die negativen Erlebnisse, sogar Gewalterfahrungen rückblickend harmonisiert und verharmlost. Dies zeigt unter anderem das Beispiel jenes Informanten, der nach mehreren gescheiterten Ausbildungsversuchen schließlich am Käse-Stand seines Vaters auf dem Wochenmarkt landete: "Ja Prügel hab ich früher oft gekricht ((lacht)). Das war nie ausschlaggebend." (0078.I).

Auch hier wiederholt sich also, wenngleich auf einer anderen Ebene der sozialen Zugehörigkeit, jenes Tauschverhältnis, welches ebenfalls bei den 'reinen' A's ausgemacht werden konnte: Anpassung gegen Schutz, Souveränitätsaufgabe gegen soziale Absicherung. Daß auch noch die geringsten Chancen und Lebenshilfen, die die jeweiligen Herkunftsfamilien den 'reinen' I's boten (die Vermittlung in ein Praktikum, die Mitarbeitsmöglichkeit beim Vater, der vom Bruder vermittelte Job, die Wohnmöglichkeit bei den Eltern), von ihnen ergriffen wurden, lag vor allem in deren ganz persönlicher Situation begründet. Gerade im Falle von 0383.I wird ja exemplarisch deutlich, daß die behauptete Distanzierung von den leiblichen Eltern auch lesbar ist als Chiffre für etwas ganz anderes: für die Ablehnung des sozialen Raumes, den diese repräsentieren. Andersherum resultierte die erkennbare Unterwerfung unter die sozialen Praktiken der Pflegeeltern aus deren Verfügung über Rahmenbedingungen, die den leiblichen Eltern nicht zur Verfügung standen und mit deren Hilfe das eigene Leben, bei einigem Bemühen, erträglich gestaltet, die Zukunft möglicherweise positiv gemeistert werden kann.

Entsprechend nahm in den Interviews der 'reinen' I's die Bereitschaft, eine kritisch-distanzierte Haltung gegenüber den Eltern einzunehmen, in dem Maße zu, in dem deren Verfügung über kulturelle, soziale und ökonomische Mittel abnahm - und umgekehrt. Daß eine solche Disposition zur 'Erbenqualifikation' im Vergleich mit den 'reinen' A's auf eher 'unterem Niveau' stattfand, auf nur sehr bescheidene Möglichkeiten der Eltern abzielen konnte und von daher auch mit nur sehr bescheidenen Zielsetzungen auf seiten der Informanten einherging, lag auf der Hand. Dies war zum einen in der durchgängig problematischen sozialen Lage der Eltern der 'reinen' I's begründet, zum anderen aber war dies auch den Lebensverläufen der Informanten aus dieser Gruppe selbst geschuldet. Denn sie waren mehrheitlich von Diskontinuität und frühen Subkarrieren, von Kriminalität, schulischem 'Versagen', mangelnder beruflicher Qualifikation und allgemeinem Bildungsnotstand geprägt.

Zeigen sich hier unübersehbare Parallelen zu den A-I's, so auch mit Blick auf das bereits erwähnte Ungleichgewicht von Vergangenheit und Gegenwart: Alle Erinnerungen an die frühe Kindheit und die Beziehungen zu den Eltern traten stets deutlich zurück hinter eine Auseinandersetzung mit der unmittelbaren Realität oder jüngst Vergangenem. Die Erinnerung an frühe Phasen des eigenen Lebens fungierte, wenn überhaupt, nur als Prolog für eine Perspektivierung der nahen Zukunft.

5.4.2 Selbstbilder und Zukunftsvorstellungen

Verstrickt in eine problembeladene Gegenwart, deren Bewältigung alle Energien zu absorbieren schien, verwundert es nicht, daß die Informanten nur selten die fernere Zukunft thematisierten ("Zukunftspläne? Nee", 0002.I). Dort, wo Zukunftsvorstellungen, etwa Berufswünsche, dennoch geäußert wurden, waren sie häufig unrealistisch (Meister, Diätassistentin, Diplom-Ingenieur); entsprachen sie doch kaum den zum Interview-Zeitpunkt erworbenen schulischen Voraussetzungen (i.d.R. Haupt- oder Sonderschulabschlüsse) und persönlichen Qualifikationsprofilen. Ein Informant z.B. verwies auf die beruflichen Pläne eines Freundes, der zwar offenbar im Besitz eines Hauptschulabschlusses war, aber über keine berufspraktische Ausbildung verfügte. Dieser Freund sei ihm, so gab unser Informant zu erkennen, jahrelang immer eine wertvolle 'Orientierungshilfe' gewesen. Im Verlaufe des Interviews wurde dieser Freund zum Bürgen dafür, daß in einer Gesellschaft, wie unser Informant sie sah, nahezu alles möglich sei: "Und X, der der hat gesacht, er wollte gucken (...), wollte jetz da Pfleger machen und dann wollt er Arzt werden" (0078.I).

Nicht immer allerdings wurden die Chancen eigener Zukunftsplanung derart unrealistisch eingeschätzt; wurden die Möglichkeiten, die das hiesige Bildungssystem bereitstellt, so wenig hinreichend erfaßt. Mehrheitlich waren die Informanten an der Erfüllung unmittelbarer Nahziele, etwa einer abgeschlossenen Berufsausbildung, orientiert. Solche Planungen wiederum ließen erkennen, daß ihnen eine Zweck-Mittel-Relation zugrunde lag. Denn bei der Entfaltung beruflicher Pläne kamen stets auch jene Wunschvorstellungen zur Sprache, die nichts mit dem konkreten Berufsfeld selbst zu tun hatten. Hierzu zählten, wie im übrigen bereits bei den A-I's, der Erwerb von Haus und Auto oder das Leben in einer traditionellen Kleinfamilie: "Also,

(...) ich habs mir so vorgestellt, daß ich mal eines Tages auch mal mein eigenes Häuschen haben werde, ja, schönes Auto - natürlich - Familie vielleicht." (0495.I). 'Natürlich' ein Auto, 'vielleicht' sogar eine Familie: vor allem also als Mittel zum Zweck spielte Arbeit eine immer wieder zentrale Rolle.

Damit ist die Funktion von Arbeit im Leben der Befragten jedoch noch keineswegs erschöpft: Sie war nicht nur Voraussetzung für die Verwirklichung einer angestrebten Lebensweise, unverzichtbar für den Erwerb entsprechender Statussymbole; mit dem Begriff 'Arbeit' verbunden war darüber hinaus die Hoffnung auf größere psychosoziale Stabilität. Gerade die Arbeit, so wurde deutlich, sollte die Informanten vor übermäßigem Alkoholkonsum, vor Kriminalität und anderen Anfeindungen des Lebens, damit auch vor sozialem Abstieg, bewahren. Das Planungsmuster, in welches sowohl das Gegenwartshandeln als auch die Zukunftsorientierungen der 'reinen' I's eingebettet waren, läßt sich folgendermaßen skizzieren: Das Absolvieren einer qualifizierten Ausbildung als Voraussetzung für eine zufriedenstellende berufliche Tätigkeit, die ihrerseits den Einstieg in eine dauerhafte 'Normalität' ermöglicht und Schutz vor sozialem Abstieg bietet.

Bei alldem nahm die ökonomische Situation einen durchgängig hohen Stellenwert in den Gesprächen ein ("Mein Traum wär natürlich en Sechser im Lotto." 0078.I). Und beständig ging mit einer solchen, gleichsam alles 'ökonomisierenden' Sichtweise die ausführliche Schilderung von erwarteten Erbschaften, den Verdienstmöglichkeiten im angestrebten Beruf, der Höhe von Weihnachtsgeldzahlungen oder Ausbildungsbeihilfen einher.

Aber nicht nur die finanzielle Absicherung war diesen Jugendlichen/jungen Erwachsenen wichtig. Auch das soziale Umfeld, die 'Beziehungen' also, über die die meisten zu verfügen vorgaben, war ein wesentlicher Bestandteil ihrer Schilderungen. Und vor allem diese 'Beziehungen' waren es, die sie bitter nötig zu haben schienen und die immer wieder im Lichte ihrer möglichen Verwertbarmachung für einen Einstieg ins Berufsleben gesehen wurden: "Hab mich dann da schriftlich beworben auch, ganz normal, und - äh - bin eigentlich nur (z_) durch Beziehung drangekommen - neh" (0495.I).

Mit dem Stichwort 'Beziehungen' verknüpft ist eine weitere Besonderheit, der in der I-Gruppe große Bedeutung zukommt. So wichtig Arbeit unseren Informanten als Quelle von Einkommen, Schutz vor sozialem Abstieg und Garant für eine Verwirklichung der angestrebten Lebensweise auch immer war - eines überformte stets von neuem den Stellenwert ihrer beruflichen Integrationsbemühungen: die kommunikativen Beziehungen und Freundschaftswahlen, das ganz persönliche Miteinander-Umgehen im konkreten Berufsfeld, kurz: die sozialen Austauschbeziehungen innerhalb dieser Welt der Arbeit, deren 'soziale Rahmenbedingungen'. Vermeintlich nicht akzeptablen Rahmenbedingungen hatte nahezu jeder Informant schon einmal einen Arbeits- oder Ausbildungsplatz 'geopfert'.

Wenn Baethge u.a. betonen, die von ihnen befragten Jugendlichen seien "bewußt oder unbewußt auf der Suche nach einer Arbeitsrealität, die sich ihren Vorstellungen fügt"[9], so wäre mit Blick auf die von uns interviewte Gruppe der 'reinen' I's zu ergänzen: Sie waren durchgängig auf der Suche nach einer Arbeitsrealität, die sich ihren Vorstellungen vor allem hinsichtlich ihrer kommunikativen und informellen Rahmenbedingungen fügt. Wo dies dem Anschein nach nicht (mehr) gewährleistet war, 'klinkten' sich die Jugendlichen aus, vergaben sie die oft lang ersehnte Chance für einen beruflichen Einstieg. Nicht per se abgelehnt wurde in den Interviews die Struktur, der organisatorisch funktionale Apparat 'Betrieb' etwa. Auch waren es nicht allein die inhaltlichen Anforderungen der zu verrichtenden Tätigkeiten, die von ihnen nicht akzeptiert wurden. Begründungen dieser Art wurden allenfalls legitimatorisch einer geschilderten Auseinandersetzung mit dem Meister oder dem Lehrer nachgereicht und damit zur 'eigentlichen' Ursache eines persönlichen Ausstiegs umgedeutet. Im Vordergrund aber standen die jeweilig erlebten sozialen Bezüge am Arbeitsplatz, die über die Akzeptanz oder Ablehnung von Arbeitsinhalten und -strukturen entschieden.

Wo sie nicht der Erwartung der Informanten entsprachen, schwand auch deren Selbstwertgefühl schnell dahin, fühlten sie sich hilflos, alleingelassen und ausgeliefert ("Ja, am Anfang hab ich wirklich gemerkt, daß ich auch gar nich begabt bin; und - hab ich gedacht: 'Na, gut - was solls. Geht nich anders'", 0383.I). Nichts in den Interviews deutete auf eine Fähigkeit hin, Konflikte am Arbeitsplatz oder in der Schule auszuhalten oder gar auszutragen. Offenbar verweigerten sich die Interview-Partner solchen Auseinandersetzungen zunächst durch Rückzug und 'innere Emigration', der sodann die 'äußere Emigration' auf dem Fuße folgte. Allenfalls wurde etwas für eine gewisse Zeit 'zähneknirschend' hingenommen, am Ende aber stand der vielfache Abbruch von beruflichen und/oder schulischen Ausbildungsgängen. Während die Informanten stets darum bemüht waren, solch häufige Wechsel als selbstgewollt, als Folgen eigener, bewußter Entscheidungen auszugeben, dürfte die eigentliche Ursache eher in einer hochgradigen Konfliktscheu zu vermuten sein. Sie jedoch wurde von ihnen systematisch verdrängt: "(Ich) hab schon viele Sachen gekündigt gehabt - neh. Drei, vier Jobs hab ich glaub ich schon gekündigt, weil ich keine Lust hatte" (0495.I).

Auch die mit einem solchen Rückzugsverhalten einhergehenden familiären sowie innerpsychischen Probleme wurden weitgehend tabuisiert. Thematisierung hätte für die meisten der 'reinen' I's die bewußte Wahrnehmung ihrer mehr als düsteren Perspektive ebenso ermöglicht wie die Erkenntnis, im herrschenden Sinne gesellschaftlich 'versagt' zu haben. Eben diese Wahrnehmung und Thematisierung von Perspektivlosigkeit aber hätte für sie Selbst-

---

9 Vgl. Baethge u.a., a.a.O., S. 258.

entblößung bedeutet, hätte sie zum Verlassen jenes ambivalenten 'Schutzraumes' gezwungen, aus dem sie immer wieder Kraft zur Planung und Perspektivierung ihrer unmittelbaren Zukunft schöpften. So aber bewegten sie sich in einer Welt, in der die Möglichkeiten, letztendlich ein gestecktes Ziel zu erreichen, scheinbar unerschöpflich sind. Die vermeintliche Fähigkeit, mit der eigenen lebensgeschichtlichen Diskontinuität umzugehen, wurde somit gleichsam als Qualifikation, damit als 'Chance' begriffen - getreu der Devise: 'Ich weiß, wie man sich durchschlägt'. Bei Lichte besehen, erscheint diese Haltung wie ein 'Singen im finsteren Walde', ein 'Pfeifen im dunklen Keller'. Die Informanten aber wollten oder konnten diesen Widerspruch nicht wahrnehmen - und deshalb wohl entfaltete er unvermindert seine Wirkung: hoffnungsvoll in eine faktisch mehr als ungewisse Zukunft zu blicken.[10]

Vor dem Hintergrund der bisherigen Ausführungen verwundert es nicht, daß in dieser Gruppe eine weitgehende Abwehr des unbekannten Neuen zu verzeichnen war. Nicht etwa, daß sie persönlichen Veränderungen völlig ablehnend gegenüber gestanden hätten. In eine solche Lebenspraxis waren sie ja eingeübt. Vergleicht man jedoch ihre Aussagen mit denen der 'reinen' A's, so schweifte ihr Blick in die Zukunft weniger weit in die Ferne, richtete sich vielmehr auf ihr unmittelbares, soziales und berufliches Umfeld. Wenig war hier zu spüren von jener Aufbruchs- und Eroberungsbereitschaft, vom Wunsch, künftig einer gesellschaftlichen Elite anzugehören, wie wir ihn bei den 'reinen' A's angetroffen hatten.

Mehrheitlich waren die Informanten der I-Gruppe mit einer eher positiven Selbstsicht ausgestattet. Nur einer bezeichnete sich als 'faul' bzw. 'haltlos'. Aber auch dahinter verbarg sich letztlich der Versuch, ein positives Selbstbild zu entwerfen. Denn unter Berücksichtigung seiner anderweitig bekundeten Fähigkeit, beständig neue Ausbildungs- und/oder Arbeitsplätze aufzuspüren, gab auch er, gleichsam augenzwinkernd, seine Überzeugung zu erkennen, trotz seines 'devianten' Verhaltens 'Findigkeit' zu besitzen und sein Leben wohl meistern zu können. Ihren Schilderungen zufolge gründete sich die Zielstrebigkeit dieser Informanten auf einer Strategie, die gerade nicht auf Härte und Durchsetzungsvermögen als 'positive' Verhaltensdispo-

---

10 In den Interviews selber nahm die skizzierte Verweigerungshaltung bisweilen die Gestalt einer nur mühsam verborgenen Feindschaft gegenüber den Interviewern an. Aggressivität schlug ihnen vor allem dann entgegen, wenn sich ein Informant an der Schwelle zu schonungsloser Selbstwahrnehmung befand.
Ins Gefüge der funktionalen Selbstbildkonstruktionen gehörte auch die gelegentliche Behauptung, hart zu sein ("<u>Ich</u> kann wat vertragen", 0387.I). Sie diente gerade dort der Selbststabilisierung, wo Desorientierung, Unsicherheit und Isolation das vergegenwärtigte Leben weitestgehend beherrschten. Diese, stark an das Interview-Verhalten der A-I's erinnernde Haltung war gerade bei jenem 'reinen' I besonders ausgeprägt, der sich weiter oben als die übrigen Informanten auf der A-Skala befand.

sition baute. Dies hätte allerdings auch nicht zu ihrer ausgeprägten Konfliktscheu, ihren beständigen Anpassungsbemühungen gepaßt. Und so schwankten sie durchgängig zwischen leidendem Bewegtsein und der bekundeten Fähigkeit, für sie vermeintlich greifbare Nahziele ohne größere Probleme erreichen zu können.

Aufs Ganze gesehen, war bei niemandem etwas von der stringenten Souveränität und Entschlossenheit anzutreffen, mit der die 'reinen' A's ihre Ziele zu verfolgen vorgaben und auch ihre Selbstbilder verbal entfalteten. Im beständigen Wechsel rangen sie hilflos um Worte, zeigten sich bald darauf gänzlich verschlossen, um dann wieder fließend und detailliert zu erzählen: sichtlich bemüht, das Erzählte in Form von szenisch-episodischen Schilderungen zu vergegenwärtigen. Stets war auch die Art und Weise ihrer sprachlichen Selbstpräsentation Beleg für den Versuch einer Bewältigung von unmittelbarer Gegenwart und naher Zukunft, die ihnen allemal wichtiger waren als der Rekurs auf eine vergangene Kindheit oder eine ferne Zukunft. Erlebte Widersprüche wurden dort, wo sie im Rahmen von fragmentiertem Erinnern an die Kindheit aufschienen, immer wieder unter das Diktat einer ungewissen und in ihren Umrissen häufig unscharfen Lebensperspektive gestellt.

Da gerade der Faktor 'Ungewißheit' eine wichtige Rolle im Leben dieser Informanten spielte, griffen auch sie immer wieder auf Meinungen anderer, auf Informationen aus zweiter Hand zurück. Diese verwendeten sie häufig geschickt als 'Bausteine' für die Konstruktion z.T. recht illusionärer Perspektiven. Solche Perspektiven wiederum wurden von ihnen dann im Rahmen aktueller Lebensbewältigungsstrategien funktionalisiert: sie waren die Geländer, an denen sich unsere Informanten durchs Leben hangelten. An sie klammerte man sich immer dann, wenn eine konkrete Chance sich wieder einmal zerschlagen hatte, wieder einmal eine Ausbildung abgebrochen worden war.

Ganz in diesem Sinne wurde von unserem Informanten 0383.I ein über die Vermögensverhältnisse seiner Tante kursierendes Gerücht instrumentalisiert und zu einer möglichen Lebensperspektive umgedeutet. Zunächst berichtete er beiläufig von einem Grundstück, das im Besitz der Tante sei: "zum Beispiel meine Tante hat in x 'n Grundstück - das Haus is schon am zusammenfalln" (0383.I). Im Verlaufe einer breit angelegten Schilderung des 'spekulierenden' und 'erbschleicherischen' Verhaltens seiner Verwandten ("Auf sowas kann man drei Hochhäuser setzen hat man ausgerechnet. Also drei große Hochhäuser. Und da sind die meisten Verwandten schon hinterher") distanzierte er selbst sich zunehmend von einer derart verwerflichen Haltung. Er tat dies, nicht ohne Gehörtes ('hat man ausgerechnet') in bare Münze zu verwandeln, um sodann seiner eigenen Kritik an der Verwandtschaft freien Lauf zu lassen: "Aber wenn ich dann schon höre, daß hier 'n Hochhaus hin soll, was überhaupt nich in die Gegend paßt - ne". Schließlich jedoch verriet sich dieser Informant im Eifer seiner Schilderungen, leistete sich fast einen 'Freudschen Versprecher', der die wahren Beweggründe seiner Kritik an der 'habgierigen' Verwandtschaft ganz unfreiwillig ans Tageslicht beförderte: "Aber ich bin auch wirklich - fast alle Verwandten da hinterher. Ich ganz locker, ich sach: 'Wenn was kriege, is das gut, wenn nich, hab ich Pech gehabt'" (0383.I).

Das beständige Pendeln zwischen der Hoffnung auf solche oder ähnliche schicksalhafte Wendungen und dem Bemühen, eigenständig eine Lebensperspektive zu entwickeln, machte alle 'reinen' I's zu Wanderern zwischen den Polen Fremdbestimmung und Selbstbestimmung. Da ihr immer wieder aufscheinendes Bemühen um eine selbstbestimmte Lebensweise von ihren eigenen Fähigkeiten und Möglichkeiten her allerdings sehr begrenzt war, darf auch der in diesem Zusammenhang immer wieder erkennbare forsche Pragmatismus kaum als Ausdruck einer psychosozialen Verfaßtheit gedeutet werden, die tatsächlich von persönlicher Sicherheit und dem Vertrauen auf das Gelingen der eigenen Vorhaben zeugt. Dahinter verbargen sich weit eher Unsicherheit und Ratlosigkeit.

Anders als dies bei den 'reinen' A's der Fall war, wurden von den 'reinen' I's keine 'großen Lebensentwürfe' formuliert, die etwa abstrakte, extrafunktionale Qualifikationen (Ehrgeiz, Intellektualität, Natürlichkeit) zur Voraussetzung gehabt hätten. Aus der Hoffnung auf das Erträumte resultierte bei ihnen zumeist der Versuch einer Anpassung an das Gegebene. Eine Anpassung, die es gebot, Ver- und Gebote zunächst einmal zu akzeptieren. Denn die Vorstellung, irgendwann einmal eingestehen zu müssen, es 'nicht geschafft' zu haben, befand sich jenseits ihrer Selbstbilder. Daß ihnen trotzdem immer wieder ihre eigenen Biographien im Wege standen, ist das lebensgeschichtliche Dilemma der Befragten dieser Gruppe. Daß sie darüber hinaus nicht willens waren, bestimmte soziale Rahmenbedingungen zu akzeptieren, mag einerseits als positive Eigenschaft gedeutet werden. Auf der anderen Seite jedoch erschwerte ihnen dies zusätzlich den Prozeß ihrer Integration in ein Leben, wie sie es sich erwünschten. So traten sie, bei aller Wendigkeit, letztlich auf der Stelle - in gleichbleibender Entfernung von jenen Verhältnissen, in die sie sich hineinträumten.

5.4.3 Politik und Gesellschaft

Nur wenig Konkretes ließen die 'reinen' I's zum Themenfeld 'Politik und Gesellschaft' verlauten. Verantwortlich dafür dürfte in erster Linie ihr starker Gegenwartsbezug sein, die Dominanz all jener Bemühungen, die auf Integration abzielten. Kaum anders als die A-I's bemerkten auch die meisten der 'reinen' I's: "Politische? Ich, ich, nich - also ich hab nicht viel mit der Politik zu tun" (0002.I). Im Unterschied jedoch zu den A-I's konterkarierten sie solche Aussagen durch zum Teil explizit politische Meinungsäußerungen, die wiederum vornehmlich ihre insgesamt widersprüchliche Haltung bestätigten. So betonte ein Informant einerseits, an den gesellschaftlichen Zuständen "sowieso nix dran ändern zu können", bekundete aber andererseits die Absicht, bei der nächsten Wahl eine "Partei, die sozialistischer eingestellt ist" (0495.I), wählen zu wollen. Ein anderer votierte zunächst für ein Aufenthaltsrecht von Ausländern ("Also, ich sach nich: 'Ausländer raus'", 0078.I), um seine Aussage im gleichen Atemzuge wieder zurückzunehmen ("en paar weniger - is meine Meinung - könntens sein", 0078.I).

Gerade hinsichtlich der 'Ausländerfrage' blieben die Äußerungen der Informanten dieser Gruppe hochgradig widersprüchlich, war ihnen offensichtlich unwohl dabei, eine Position zu beziehen, die auf eine eindeutige Ablehnung von Ausländern abzielte. In den wenigen Fällen, in denen jemand dennoch ins Fahrwasser einer solchen Argumentation geriet, wurde diese legitimatorisch mit Verweisen auf eine 'öffentliche Meinung' oder einen zu berücksichtigenden 'Gesamtzusammenhang' untermauert. Mit der 'Ausländerfrage' wurde offenbar ein Punkt berührt, der in besonderer Weise geeignet war, bei den 'reinen' I's eine Pendelbewegung zwischen den Polen Akzeptanz und Ablehnung, Orientierung an den eigenen Erfahrungen und Orientierung an Gehörtem (jenen stets fragwürdigen Informationen aus zweiter Hand) in Gang zu setzen. Ausdruck des damit einhergehenden Unbehagens waren die häufigen prosodischen Zäsuren, Wortabbrüche, Füllwörter und Pausen, die in diesem Kontext gehäuft auftraten. Hier offenbarte sich das ganze Dilemma einer Charakterstruktur, die von Konfliktvermeidung, Anpassungsbemühen, Überpointierung von Flexibilität sowie Selbstillusionierung geprägt ist.

Auffallend eindeutig wurde allerdings die herrschende Regierungspraxis mit Blick auf die Sozialpolitik kommentiert. Stärker als in der 'Ausländerfrage' rückte hier der Aspekt der eigenen Betroffenheit in den Mittelpunkt. So wurde z.B. die Arbeitslosigkeit ganz unvermittelt in Zusammenhang gebracht mit dem Bau von Atomraketen oder dem Hunger in der 'Dritten Welt'. Und auch die Höhe der zu entrichtenden Sozialabgaben ("äh - zum Beispiel jetz die Krankenkasse jetz", 0495.I) geriet unmittelbar zur Grundlage für eine Beurteilung des regierungsamtlichen Handelns: "Meine, dem kleinen Arbeiter wird dat Geld aus den Taschen gezogen wie nichts" (0495.I). Folgerungen wie die, daß "die Politik, die wir jetz haben, (..) echt miserabel" (0495.I) sei, zeugten von der Abhängigkeit einer eindeutigen Parteinahme vom eigenen unmittelbaren Erleben. Hier wurde zudem ja auch ein Bereich berührt, der eine wichtige Rolle spielte im Hinblick auf das von allen anvisierte Endziel 'Integration in die kleinbürgerliche Normalität'.

Wie bereits festgestellt, waren - im Gegensatz zu den 'reinen' A's - alle 'reinen' I's in erster Linie mit der Produktion kurzfristiger Perspektiven beschäftigt; ein Sachverhalt, der auch für die Einschätzung politisch-gesellschaftlicher Fragen von Belang war. Zugrunde lag ein verhängnisvoller circulus vitiosus - ein wahrer biographischer 'Teufelskreislauf': Die allzeitige 'Produktivität', das verinnerlichte und zum Lebensprinzip erhobene 'Rotieren um die eigene Achse', verhinderte gerade die notwendige Auseinandersetzung mit jenen Rahmenbedingungen, die solch rastlose Wendigkeit erst hervorriefen. Die hiermit stets einhergehende 'Offenheit' für ein scheinbar unendliches Spektrum an möglichen Perspektiven brachte nicht nur auf der Ebene des notbehelfsökonomischen Einfallsreichtums eine Palette unterschiedlichster Bereitschaften und Eigenschaften hervor. Auch in den Bereich des Politischen hinein verlängerte sich diese Form der Flexibilität: widersprüchliches, schwankendes und stets im Sinne einer gelingenden Gegenwart und nahen Zukunft funktionalisiertes Denken. Auch dort, wo eine bisweilen 'gefestigtere' Haltung zu beobachten war, konnte kaum von einer tieferen Kenntnis jener Zusammenhänge die Rede sein, die die eigenen Interessen berührten. Selbst hier blieben die Aussagen zu Politik und Gesellschaft weitgehend vage.

Der beständige Kampf gegen die drohende Hoffnungslosigkeit, ausgetragen vor allem mit den Mitteln 'notbehelfsökonomische Wendigkeit' und 'individueller Rückzug', machte diese Informanten zu der heterogensten der drei behandelten Gruppen. So klafften in allen Aussagebereichen ihre Stellungnahmen nicht nur zwischen, sondern auch innerhalb der einzelnen Interviews derart auseinander, daß es immer wieder fraglich blieb, inwieweit das Gesagte auch als das Gemeinte zu verstehen sei. Kaum einmal verließ uns bei den 'reinen' I's das Gefühl, mit dem Schmetterlingskäscher einen Haken schlagenden Hasen einfangen zu wollen. Beständig hatten wir es mit sich abrupt verändernden und in sich widersprüchlichen Bewußtseinsbewegungen zu tun. Bestenfalls konnten dabei Momentaufnahmen eingefangen und zur Sprache gebracht werden. Beständiger Wandel und fortwährende Widersprüchlichkeit wurden somit zu den einzigen Konstanten einer Darstellung, die sich auf die übergreifenden Gemeinsamkeiten in den Lebenserinnerungen dieser Gruppe konzentriert. Die konkreten Ausformungen der beständigen Positionswechsel, damit auch die ebenso widersprüchlichen wie zum Teil verwegenen Selbst- und Weltbilder der Informanten waren dagegen kaum zu vereinheitlichen. Sie entsprangen im Kern dem Bemühen, das Ausgeschlossensein von einer als möglich wahrgenommenen gesellschaftlichen Lebensweise zu überwinden.

5.4.4 Till (0078.I) - Eine exemplarische Analyse

"Ja und da sacht ich meiner Schwester:
'Alles klar'. Bin nochma hingefahrn - mehrere Sachen (...) -
und da sacht er zu mir -
wenn ich am Montagabend kommen würde
dann würden wir en Lehrvertrag und alles machen -
wenn ich nich kommen würde dann - sollt ich am Monat - ähm - morgens 6 Uhr dahinkommen -
zwei Wochen arbeiten - wenn's mir dann noch gefällt -
sollt - könnt ich dann die Lehre machen --
und dann war ich Dienstagabend da -
sachte '(ej) alles klar ich mach dat' -
ich wollte (...) - äh -
wollte nich noch vorher arbeiten
weil ich noch en bißchen Urlaub machen wollte --
ja und dann sacht er 'Okay -
dann kommen se Donnerstachmorgen' -
Donnerstachmorgen angerufen daß ich nich konnte -
un dann war ich am - Montag oder Dienstag war ich da -Lehrvertrag da gehabt - unterschrieben und alles" (14/7ff.).

Alles klar? Wohl kaum. Zwar wird deutlich, daß Till unlängst einen Lehrvertrag unterschrieben hat; beim Versuch jedoch, die Vorgänge im einzelnen zu schildern, verheddert er sich, ohne daß allerdings sein unbekümmerter Redestrom dadurch ernstlich beeinträchtigt würde. Die zitierte Passage ist symptomatisch für ein Interview, in dem ein kaum zu bremsendes Mitteilungsbedürfnis und weitgehende Ratlosigkeit angesichts einer von Offenheit gekennzeichneten Lebenssituation sich die Waage halten. Denn obgleich Till den Lehrvertrag in der Tasche hat, ist er nun, wenige Tage später, keineswegs mehr so sicher, ob er die Ausbildung auch wirklich beginnen will: "würd lieber jetz - keine Lehre machen und mit Vatter zusammenarbeiten" (21/20f.).

Für das gesamte Interview gilt: Was er eigentlich will, weiß Till nicht. Getragen von der Devise "Mein Gott un so lang man lebt, is doch gut" (22/34), redet er drauf los, verfranst sich hier in den Details minutiöser Schilderungen und dort in gravierenden Widersprüchen. Sei es die eigene Person ("Ich weiß nich, woher das kommt so - so - so", 20/32) oder politisch-gesellschaftliche Zusammenhänge ("ich hab mir auch überhaupt keine Gedanken darum gemacht", 30/10): nirgends ist Till darum bemüht, seine Unsicherheit, Unkenntnis oder Ratlosigkeit zu verbergen. Und seiner optimistischen Grundhaltung ist es wohl auch zu verdanken, daß er wie kein zweiter Interviewpartner über seine Gegenwart ebenso wie über seine Vergangenheit in weitgehender Offenheit spricht. Dabei diente Till die chronologische Abfolge einzelner Lebensstationen als Leitfaden seiner lebensgeschichtlichen Erzählung, die die Anwesenheit des Interviewers über weite Strecken vergessen ließ. Und es ist gerade die erstaunliche Anzahl lebensgeschichtlicher Brüche, die zum eigentlichen Gegenstand seiner Schilderung avanciert. Wie sich zeigen wird, birgt insbesondere deren Darstellung den Schlüssel zu einer Persönlichkeit, die die zum Teil auch selbstverschuldete Diskontinuität des eigenen Daseins sehr wohl wahrzunehmen bereit ist, ohne sich über deren Ursachen auch nur annähernd Klarheit verschaffen zu können.

"Und dann ging's los": Stationen eines noch kurzen Lebens

Till, zum Zeitpunkt des Interviews 18 Jahre alt, wurde in Münster geboren. In seinem dritten oder vierten Lebensjahr ergab sich ein erster Umzug der Familie innerhalb Münsters. Auf die Einschulung folgte wenige Jahre später ein zweiter Umzug, der mit einem Wechsel der Grundschule verbunden war. Einem weiteren Wechsel, nun auf die Realschule, folgt kaum anderthalb Jahre später die Rückkehr auf eine Hauptschule: die nunmehr vierte Station in Tills schulischer Laufbahn.

Kurze Zeit vor seinem Hauptschulabschluß 1987 trennen sich die Eltern. Till wohnt zunächst bei seinem Vater, die Schwester bei der Mutter. Auf Vermittlung des Vaters beginnt Till im August 1987 eine Bäckerlehre, die er nach nur sechs Wochen abbricht. Ein vom Arbeitsamt organisierter Lehrgang im Bereich 'Elektronik/Metall' mündet für Till in ein ordentliches Ausbildungsverhältnis, das von seiten seines Arbeitgebers im Jahre 1989 nach massiven Auseinandersetzungen vorzeitig beendet wird. Schwierigkeiten mit dem Vater führen überdies dazu, daß Till bei Klaus, dem neuen Freund der Mutter, ein Zimmer bezieht. Ist es Klaus, der ihm vielfach finanziell unter die Arme greift, so ist es Fritz, einem Bekannten der Schwester, zu verdanken, daß Till den oben bereits erwähnten Lehrvertrag in einer Straßen- und Tiefbaufirma erhält. Zum Zeitpunkt des Interviews arbeitet Till jedoch bei seinem Vater auf dem Wochenmarkt; eine Arbeit, die ihm momentan viel Spaß macht und ihn daran zweifeln läßt, ob er die Lehre überhaupt antreten wird.

Dieser wahrhaft lebensgeschichtliche Diskontinuität bezeugende Abriß stellt eine Kurzbiographie dar, wie sie aus den Hinweisen Tills zusammengestellt wurde. Ebenso hätte er aber auch den Angaben anderer, etwa des Vaters oder der Mutter, entnommen werden können. Wenn es jedoch darum geht, jene Spuren aufzudecken, die ein solcher Lebenslauf in der Persönlichkeit Tills hinterlassen hat, so stellt sich die Frage, welche Bedeutung die zahllosen lebensgeschichtlichen Wendepunkte in seiner Erzählung gewinnen, vor allem aber die Frage, wie er ihnen erinnernd und sprechend begegnet.

Es brauchte etwa 20 Minuten, bevor der Interviewer eine erste kurze Nachfrage an Till richtete. Der allgemeine und in allen Interviews erfolgende Hinweis, 'einfach mal zu erzählen, wie alles anfing', genügte Till für eine Stegreiferzählung von nahezu epischen Ausmaßen. Insofern verwundert es nicht, daß die chronologische Abfolge einzelner Lebensstationen als Leitfaden diente, an dem entlang sich Till durch die 18 Jahre seines bisherigen Lebens bewegte. Erstaunlich dagegen ist es schon, daß sein Gedächtnis bis auf wenige Ausnahmen exakt jene Daten bereithielt, die das jeweilige Ende oder den jeweiligen Anfang einer Etappe markieren. So begann die Bäckerlehre am 1. August 1987 (vgl. 5/52) und endete am 13. September (vgl. 7/7); der vom Arbeitsamt organisierte Lehrgang wiederum dauerte vom 19. Oktober desselben Jahres bis zum 30. April 1988 (vgl. 8/5f.). Offenkundig - und ganz anders als bei Mirabella - handelt es sich für Till nicht um eine 'abgelebte', nunmehr uninteressante Vergangenheit; vielmehr erscheint der beständige Wechsel als das entscheidende Charakteristikum seines Lebens. Auch in Tills Sicht ist dieses Leben in der Gegenwart wie in der Vergangenheit von Offenheit, potentiellen Möglichkeiten, von Aufbrüchen und Abschieden gekennzeichnet. 'Und dann ging's los' - diese vielfach verwendete Floskel wird zum Leitmotiv eines Daseins, hinter dessen scheinbarer Dynamik letztendlicher Stillstand sichtbar wird: ein ruheloses 'Auf-der-Stelle-Treten'. Nahezu nirgends ist von Dauerhaftigkeit die Rede. Die Schulen und Arbeitsstellen wechseln so schnell wie die Bekannten und Freunde, die als Bezugspersonen stets und immer nur für kurze Zeit in Tills Leben Bedeutung erlangen. Hingegen ist viel die Rede von Fremdheit und Angst, etwa in einer neuen Schulklasse, und von den Bemühungen, die Anerkennung der Klassenkameraden oder der neuen Clique zu gewinnen. Ein Beispiel mag dies illustrieren:

"Ja und dann da - direkt in die Klasse reingekommen -
und -- ich kannte natürlich kein einzigen der da drin war --
(...).
Als ich da war -
alle dann erst ma <u>kein</u> Wort
hat einer irgendwie mit mir gesprochen -
ich war <u>neu</u> - dritte Klasse - neu und dann -
guckten sie dich alle nur an -
en Neuer - Neuer - Neuer -
dann kam der [ein Mitschüler] an -
'Wir ham en Neuen' - und so -
er mußte mich natürlich wieder
von oben bis unten angucken -
(...).
Ja un dann - hab ich mich auch da -
na wie soll man da? - dran gewöhnt -

eingebürgert und so -
dann kannten se mich alle - ich kannte die alle -
dann war's aber genau wie in der andern Schule -
'Till mach nich den Scheiß - mach nich den Scheiß -
mach nich den Scheiß'" (3/1ff.).

Bezeichnen die Wohnungswechsel der Eltern und deren Trennung Ursachen für lebensgeschichtliche Zäsuren, für die Till nichts kann, so gibt es zugleich zahlreiche Einschnitte in seinem Leben, die er als selbstverschuldete begreift. So endete eine 'Mehlschlacht' in der Backstube mit dem frühzeitigen Abbruch der Lehre (vgl. 6/9ff.) und ausgiebiges "Krankfeiern" (9/9) mündete in die erneute Arbeitslosigkeit. Sowenig Till seine stets gleichen Ängste verschweigt, die mit den Schulwechseln verbunden waren, sosehr ist er sich auch der eigenen Schuld bewußt, die zum vorzeitigen Rausschmiß aus Lehrstellen führte: "wo die mir sachten 'tut uns leid - es geht nich mehr' - ja - und - ich hätt mir auch gedacht, irgendwann - irgendwann is das vorauszusehen (...), so wie ich da irgendwie aufgetaucht bin" (11/16ff.). Nein, bei allem an den Tag gelegten Optimismus ("so lang man lebt, is doch gut", 22/34) zeigt Till ganz offen, daß er unter der zum Teil selbstverschuldeten Diskontinuität seines Lebens leidet: Er hat, wie er unumwunden zugibt, "Probleme" (11/25).

An dieser Stelle fragt sich nun, welche Erklärungen Till selbst bereithält, um seine Ziellosigkeit, vor allem aber sein mangelndes Durchhaltevermögen zu begründen. Mit anderen Worten: Im folgenden Abschnitt geht es um das Bild, das Till von sich selbst entwirft.

"Hab ich natürlich auch meinen Streß": Die Rätselhaftigkeit eigenen Handelns

Es versteht sich von selbst: Eine Erzählung, die lebensgeschichtliche Konflikte und Zäsuren zum Mittelpunkt hat, setzt das erzählende Ich unter beständigen Rechtfertigungszwang. Geht es Till also einerseits um die Hintergründe dieses oder jenes Vorfalls, so andererseits um generelle Ursachen für das in seiner Biographie Charakteristische: die beständige Diskontinuität. Pendelnd zwischen der Schilderung von Einzelfällen und der Bilanzierung des bisherigen Lebens, verfällt Till auf eine 'Lösung', die er sich selbst nicht ganz glauben kann. Sie besteht in einem einfachen, auf Dualismen aufgebauten Muster kausaler Abhängigkeiten, das die Ursachen des eigenen Verhaltens beinhalten und benennen soll.

Symptomatisch ist der Vergleich zweier Passagen, in denen sich Till um Erklärungen bemüht.
Über einen Freund sprechend, mit dem er gemeinsam kleinere Diebstähle

begangen hat, bemerkt er: "(...) wir paßten einfach gut zusammen, weil wir auch beide - irgendwie viel Mist gemacht haben" (3/37f.). Der angesprochene Themenkomplex ist wahrhaft kompliziert genug, ließen sich doch viele Fragen an ihn richten, etwa: Wie kommt es zu vermeintlichen oder tatsächlichen Freundschaften, in denen die Schwelle vom harmlosen Jungenstreich zur kriminellen Straftat überschritten wird? Solche Fragen, von Till nicht ansatzweise gestellt, annoncieren die Komplexität eines Sachverhalts, die von ihm nur mehr erahnt wird. Diese Ahnung schrumpft zusammen auf ein kurzes Zögern, angezeigt durch die einfache Zäsur. Die schnell gefundene Scheinlösung ('beide machen gerne Mist') dient weit weniger der Erklärung als der schnellen Überwindung einer angesprochenen Thematik, die in der Tat geeignet wäre, den Redefluß durch zweifelnde Selbstreflexion ins Stocken zu bringen.

An anderer Stelle gelingt es Till nicht, ebenso oberflächlich wie scheinbar mühelos über die Stolpersteine seiner Lebensgeschichte hinwegzugehen: "Und dann - hab ich auch natürlich meinen Streß mit denen da - weil - - ich hab so -- so - hm - hm - sagen mir auch viele - ich könnte was nich einsehen - könnte nich ruhig sein und so" (5/53ff.). Hier geht es um die Konflikte in der Bäckerlehre, die zu deren baldiger Beendigung führten. Zunächst noch fügt sich die wohl kaum bewußte Verwendung des Adjektivs 'natürlich' ein in die 'bewährte' Technik reibungslosen verbalen Voranschreitens. Die von Till (mit)verschuldeten Konflikte mit dem Lehrherrn geraten ihm zur puren Selbstverständlichkeit, zu 'natürlichen' Ereignissen, deren Kommen und Gehen nicht zu beeinflussen ist. Aus welchen Gründen auch immer schafft es Till jedoch nicht, sich und/oder den Interviewer mit solch scheinbaren Selbstverständlichkeiten abzuspeisen. Ohne, wie im vorausgegangenen Textbeispiel, auf eine einfache Erklärung zu verfallen (gerne 'Mist machen'), leitet die kausale Konjunktion 'weil' einen Erklärungsversuch ein, der allerdings nichts erklärt, sondern nur beschreibt. Nicht allein sein Stottern, auch der Rückgriff auf die Meinung anderer ("sagen mir auch viele") bezeugt die Ratlosigkeit Tills, zeigt, wie schleierhaft ihm sein stets von neuem praktizierter 'Widerstand' gegen vorgegebene Rahmenbedingungen und Aufgaben ist. Gleichwohl: Der wenn auch scheiternde Versuch, über griffige Pseudoerklärungen hinauszugelangen, verdeutlicht den Widerstreit, in dem Till sich befindet, uneins mit sich selbst, nur mehr dazu fähig festzuhalten, was sich de facto ereignet hat: "Ja und dann hat ich da mein Streß mit" (6/9).

Solche Zäsuren, die die Schwelle zum ernsthaften Nachdenken über die eigene Person und deren Probleme markieren, finden sich freilich selten genug. Wie eingangs bereits bemerkt, dominieren die linearen Erklärungsmuster, die sich zumeist auf einfachen Oppositionen gründen.

Vielfach mit unterschwelligem Stolz charakterisiert sich Till als jemand, der zeitlebens und aus quasi natürlichem Antrieb heraus Streiche begeht.

"Viel Scheiß gebaut" (1/19) resümiert Till gleich zu Beginn - und die Schilderung seiner schulischen und beruflichen Laufbahn gerät zur permanenten Wiederholung stets gleicher Verhaltensmuster, die Till die Aufmerksamkeit von Mitschülern, Kollegen, Lehrern und Lehrmeistern sicherten:

"Ja un da natürlich auch - in der Schul_ -
in der Schule der Lauteste gewesen -
von der ganzen Klasse -
und wenn was war - Till hier - Till da -
mach nich son Scheiß - mach nich dies - mach nich das" (2/21ff.).

Wohl notwendiges Pendant dieser Selbstetikettierung ist der vielfache Verweis auf die eigene 'Faulheit'. "auch wieder zu faul gewesen" (4/41), bemerkt er lachend - oder auch kategorisch: "ich bin zu faul" (17/20). Als bedürfte es der nochmaligen Erwähnung, heißt es einige Zeit später: "wie ich schon sachte, ich bin eigentlich faul" (20/35). Mit Vorwürfen der Mutter konfrontiert, die den "schlechten Einfluß" (26/50) seiner Freunde beklagt, nimmt Till diese in der Pose der Selbstbezichtigung in Schutz: "das sind nich die, das bin ich selber" (26/53). Warum? - "wegen meiner Faulheit" (26/53). Mag dies vielfach zutreffen oder auch nicht: Die beständige Wiederholung eines vermeintlichen Sachverhalts entbindet nicht von der ebenso notwendigen wie von Till vermiedenen Beschäftigung mit der Frage nach den möglichen Ursachen seiner Verweigerungshaltung.

Sind das 'Scheißbauen' und die 'Faulheit' schnell bei der Hand, wo es gilt, Ursachen für vergangene und gegenwärtige Konflikte zu benennen, so wird der Kanon oberflächlicher Pseudoerklärungen ergänzt durch die Oppositionspaare 'Lust-Unlust' bzw. 'Sympathie-Antipathie'. Bricht Till seiner Ansicht nach eine Ausbildung ab, "weil ich keine Lust mehr hatte" (13/48), so arbeitet er derzeit mit seinem Vater zusammen, weil es "irgendwie Spaß" (15/36) macht. Wird auf diese Weise alles eingeebnet, was die eigenen Schwankungen zwischen stets momenthaftem Vergnügen und baldiger Unlust erklären helfen könnte, so gilt dies auch mit Blick auf andere. Wie er selbst, so glaubt Till, brechen viele seiner Bekannten einen Lehrgang ab, "weil sie keine Lust mehr hatten" (8/14). Allenthalben in den eigenen Redefluß bruchlos integriert, verdeutlichen diese Phrasen eine andere Form der Faulheit, die über weite Strecken des Interviews mit Gewißheit zu verzeichnen ist: die Trägheit des Denkens.[11]

---

11 Gleiches annonciert die ausgiebige Verwendung derzeit üblicher Redewendungen und Floskeln: 'und so', 'oder so', 'irgendwie' etc. Impliziert das 'und so' am Ende eines Satzes ("er sollte mit zum Chef kommen und so", 6/34) ein vorausgesetztes Einverständnis zwischen Sprecher und Hörer über den Hergang des Geschehens, so signalisiert 'irgendwie' den Verzicht auf jeden Versuch einer genaueren gedanklichen, damit auch

Dieser Anstrengung entgeht Till ebenfalls, wenn er als weitere vermeintliche Ursache das Sympathische oder Unsymphatische etwa eines Meisters hervorhebt:

"und mit dem Meister
bin ich schon seit Anfang an nich richtig ausgekommen -
und dann war (der) noch zeitweise gut ausgekommen -
dann wieder nich -
dann wieder gut - dann wieder nich -
dann war <u>ich</u> schlecht gelaunt -
dann war <u>er</u> schlecht gelaunt" (9/52ff.).

Kennzeichnend für diese Passage ist die Reduktion des Geschehens auf die spannungsreiche Beziehung zwischen dem damaligen Ich und dem Meister. Till gelingt es nicht allein, jene Vorfälle aus seiner Schilderung auszuschließen, die dem jeweiligen Stimmungsauf- bzw. -abschwung vorausgegangen sein dürften; erzeugt wird überdies auch der Anschein, als handele es sich um eine unvermittelt persönliche Beziehung zweier Privatpersonen. Ignoriert wird auf diese Weise der Vermittlungszusammenhang des geschilderten Geschehens; die Rollen, die beide im Rahmen des Ausbildungsverhältnisses einnehmen, damit auch das Macht- und Abhängigkeitsverhältnis zwischen Till und dem Meister. Mag Till in der je konkreten Situation nicht bewußt sein, daß er abhängig ist, spätestens im Rückblick sollte dies zu Bewußtsein gelangen. Jener spontane Hedonismus, der Tills Verhalten zu beherrschen scheint, gilt weitestgehend auch für die Retrospektive. Ebenso reibungslos wie oberflächlich geht ihm über die Lippen, was keinesfalls geeignet ist, ihm annähernde Klarheit zu verschaffen über die Ursachen seiner "Probleme" (11/25), Probleme, die er andernorts unumwunden einräumt.

Festzuhalten bleibt demnach: Im Mittelpunkt seiner lebensgeschichtlichen Erinnerungen stehen für Till die zahlreichen Konflikte und die mit ihnen verbundenen Wechsel von Schulen und Ausbildungsverhältnissen. Ist ihm einerseits seine Ziellosigkeit und sein mangelndes 'Stehvermögen' durchaus bewußt, so begnügt er sich andererseits weitgehend mit linearen Erklärungsmustern, die keinesfalls geeignet sind, die Ursachen seiner Probleme in Vergangenheit und Gegenwart zu erhellen. 'Faulheit' und 'Scheiß bauen' erscheinen im Rahmen seines Selbstbilds als Konstanten, die neben dem Wechsel von Lust und Unlust, Spaß und Langeweile das eigene Verhalten begründen sollen. Bringen solch griffige Scheinlösungen den Redefluß

---

sprachlichen Erfassung des Geschilderten ("der Meister, der war auch irgendwie so komisch", 9/12f.). Seien sie bewußt oder unbewußt verwendet: in jedem Falle helfen solche Floskeln über die Schwierigkeiten hinweg, sich um der Genauigkeit willen länger mit dem Erlebten zu beschäftigen.

Tills kaum ins Stocken, so finden sich doch einige wenige Passagen im Interview, in denen sich die Bereitschaft ankündigt, in ernsthafter Weise nach Erklärungen zu suchen. Mögen diese Ansätze auch im Stottern enden, so entlarven sie doch den flinken Verweis etwa auf die eigene Faulheit als das, was er ist: eine fadenscheinige und letztlich scheiternde Technik der Selbstberuhigung.

Stand bislang Tills eigener Umgang mit seiner Vergangenheit im Mittelpunkt dieser Analyse, so gilt es nun, über Tills Ansichten hinaus in seinen Ausführungen nach Ansatzpunkten zu suchen, die seine Labilität erklären helfen können. Dabei geht es keineswegs um eine kausallogische Beweisführung, die alle Unklarheiten aus dem Wege zu räumen imstande wäre. Wohl aber wird sich zeigen, daß sich insbesondere in den Kindheitserinnerungen Determinanten auffinden lassen, die sein lebensgeschichtliches Dilemma eines ruhelosen Auf-der-Stelle-Tretens plausibler werden lassen. Sie entziehen sich der bewußten Selbstwahrnehmung Tills - und damit dem Dualismus von flotter 'Erklärung' und ratloser Suche.

"Gute Kindheit gehabt": Das ungetrübte Bild der Kindheit

Über die Trennung seiner Eltern äußert sich Till folgendermaßen:

"Aber als die sich am Anfang getrennt haben - ich -
weiß nich - ich auch irgendwie so gedacht so -
gehört - mehr - mehr - Familien -
Eltern ham sich getrennt -
und äh - als das passiert dacht das wär ganz normal -
das haben viele gemacht und so -
(...)
Das (is dann) normal -
ich weiß nich wie ich wär
wenn die heute noch zusammen wärn" (11/31ff.).

Ist sich Till auch keineswegs darüber im klaren, ob und welche Bedeutung dieser Trennung für sein eigenes Leben zukommt, so dominiert doch letztlich das Bestreben, sie eher für gering zu erachten. Dem Hinweis auf die vermeintliche 'Normalität' des Erlebten folgt ein definitiv anmutender Schlußstrich: "Ich kann mir das auch gar nich mehr vorstellen - das is schon vier bis fünf Jahre her" (11/41f.). Vermessen wäre es, Tills subjektiver Einschätzung vor dem Hintergrund anderslautender Aussagen in psychologischer Fachliteratur zu widersprechen; legitim hingegen ist die Frage nach der Art und Weise, in der Till die familiären Verhältnisse vor der Trennung der Eltern erinnert und schildert. Denn sie erlaubt Rückschlüsse darauf, was Till mit der elterlichen Trennung unwiederbringlich verloren hat.

In diesem Punkt nun läßt Till keine Zweifel aufkommen. "eigentlich verwöhnt worden von den Eltern" (2/1f.), heißt es - und später in aller Klarheit: "Gute Kindheit gehabt" (17/6). Allgemein nach Kindheitserinnerungen befragt, drängen sich ihm spontan allein positive Erlebnisse auf: "Das Beste war immer, wenn wir im Urlaub weggefahrn sind" (17/33f.); "so, als als Koten immer schön - normal als Kind - Weihnachten is was herrliches" (17/39f.); "Und dann Geburtstag - und dann immer schön" (17/42). Das durchweg Positive der erinnerten Eltern-Kind-Beziehung bestätigt sich auch im Anschluß an die Frage nach negativen Erlebnissen: Die von Till erzählten haben allesamt nichts mit den damaligen familiären Verhältnissen zu tun (vgl. 18/39ff.).

Die bislang zitierten Aussagen treten bereits in Widerspruch zu Tills Einschätzung, die Trennung der Eltern habe er damals wie heute als 'normal' empfunden. Denn in lebendiger Erinnerung geblieben sind insbesondere Anlässe, zu denen die Familie beisammen war, Till und seine Schwester die Eltern ganz für sich hatten: Urlaube etwa oder Feiertage. Welch große Bedeutung diesem Aspekt in der Erinnerung Tills zukommt, zeigen zwei längere Passagen, in denen er detailliert Kindheitserlebnisse schildert.

Von unverminderter Intensität ist die Erinnerung an einen Krankenhausaufenthalt im Alter von "drei oder vier Jahren" (18/50). Till erzählt:

"Dann kam - Mutter - Vatter immer an -
und dann gab's immer für mich
das Herrlichste (...) Malzbier -
und das ging dann (...) - äh - reihrum -
wir warn zu dritt auffem -
ging dann immer der Reih rum im Zimmer rum -
(...)
wenn die weggingen - ich war immer am Weinen und so " (19/4ff.).

Zunächst ist es wiederum das 'Für-sich-Haben' der Eltern, dann der Schmerz über ihren Verlust: ein 'Wechselbad der Gefühle', welches sich als Erinnerungsbild von größter Prägnanz ins Gedächtnis eingegraben hat. Aus heutiger Perspektive erscheint dieses Erinnerungsbild wie eine frühe Vorwegnahme des später Erlebten: der Trennung der Eltern. Über sie heißt es an anderer Stelle kurz: "wir wurden auseinandergerissen" (11/47).

Das erinnerte Glück mit den Eltern korrespondiert auch in der folgenden Passage mit der vielfachen Angst des Kindes, von ihnen verlassen oder verstoßen zu werden. Hatte er, so Till, "richtig Mist gebaut" (20/18), daraufhin "einen gezogen gekricht" (20/19), wurde er zunächst in sein Zimmer geschickt:

"und meine Schwester saß im Wohnzimmer und so -
(...).
Und Tür war zu - dann hab ich immer Tür aufgemacht -
angekommen - geklopft und -
immer so mittem verstohlenen Blick umme Ecke geguckt -
'darf ich reinkommen' und so - mich entschuldigt und so -
'na ja - komm rein - setz dich hin' -
und dann - mein Herz schlagen (...) -
und überglücklich gewesen" (20/21ff.).

Solche Schilderungen sagen keineswegs allein etwas über das damalige Ich aus, sie sind zugleich von großer Bedeutung mit Blick auf das gegenwärtige, das erzählende Ich. Denn jederzeit und damit auch in der Interviewsituation abrufbar sind jene Gedächtnisbilder, die mit Blick auf die Eltern allesamt das Muster von 'Besitzglück', 'Verlustangst' und 'Verlustschmerz' variieren. An die Zeit der elterlichen Trennung kann oder will sich Till nicht erinnern: "ich kann mir das auch gar nich mehr vorstellen" (11/41). Solche Tabuisierung, ohnehin kein Zeichen für eine überwundene Leiderfahrung, gelingt nur sehr unvollkommen. Denn aus der potentiell unendlichen Fülle erlebten Geschehens in der Kindheit wählt das Gedächtnis genau jene Erfahrungen aus, die die emotionale Situation aus der Zeit der ohnmächtig erlebten Trennung der Eltern reproduzieren.

Berücksichtigt man all dies, so muß nun mit gutem Grund Tills Ansicht widersprochen werden, er habe die Trennung der Eltern als etwas 'Normales' (vgl. 11/34) empfunden. Und doch wäre es falsch, Tills Einschätzung 'vom Tisch zu wischen', als 'Lüge' abzustempeln. Eher schon ließe sich von notwendiger Abwehr oder Verdrängung sprechen. Wie auch immer: es ist sein Weg, mit einer für ihn noch zum Zeitpunkt des Interviews sehr schmerzhaften Erfahrung umzugehen. Ein weiteres Moment dieses Weges besteht in der aufgezeigten Fixierung auf das Positive im erinnerten Eltern-Kind-Verhältnis: "also - sacht wahrscheinlich jeder - er hat eigentlich die liebsten Eltern" (19/14f.).[12]

---

[12] Diese und ähnliche Aussagen wurden im vorausgegangenen Kapitel 5.4.1 als Beleg gewertet für eine ganz anders akzentuierte Interpretation der 'reinen' I's: die positive Sicht der Kindheit als Ausdruck der Abhängigkeit der Informanten von den informellen Kontakten und ökonomischen Mitteln der Eltern bzw. Pflegeeltern. Richtete sich dort der Blick auf die sozio-ökonomischen Faktoren, so hier auf die eher psychischen Determinanten einer bestimmten Art und Weise der Kindheitserinnerung, dort die 'notbehelfsökonomische Wendigkeit', hier die individuelle Erfahrung der elterlichen Trennung. Diesen vermeintlichen Widerspruch sehen wir als einen nur scheinbaren: Denn es geht nicht an, die soziologische und die eher psychologisch gefärbte Perspektive gegeneinander auszuspielen. Hier wie dort sind Determinanten einer Persönlichkeitsstruktur aufgezeigt, deren Nebeneinander seine Gültigkeit besitzt, deren Miteinander gesehen werden muß, um sich jener Individualität zu nähern, wie sie sich im Interview manifestiert.

Mag die erlittene Trennung der Eltern nunmehr als gravierender Einschnitt in Tills Leben erkannt sein, so bleibt doch nach wie vor offen, welche Vermittlungszusammenhänge zum eingangs aufgezeigten Dilemma Tills bestehen: seiner Ziel- und Richtungslosigkeit und seiner stets von neuem bewiesenen Unfähigkeit, vorgegebene Rahmenbedingungen, etwa in Arbeitsverhältnissen, auf längere Sicht zu akzeptieren. Diese Fragen präzise zu beantworten, scheint unmöglich. Wohl aber ist ein Zusammenhang kaum von der Hand zu weisen, der zwischen dem 'Verlust' der Eltern als Schutz, Orientierung und Aufgehobenheit vermittelndem 'Bezugsrahmen' und einem weiteren Charaktermerkmal Tills besteht: seiner erstaunlichen Abhängigkeit von anderen Personen, die ihm in seiner Haltlosigkeit Orientierung verleihen, sei es durch ihr Handeln oder ihre Meinungen. Es hat den Anschein, als ersetze die Vielzahl von überaus wichtigen Freunden für Till die Eltern. Dies mag in der lebensgeschichtlichen Phase der Adoleszenz nichts Ungewöhnliches sein; wie sich jedoch zeigen läßt, ist Till in einem solchen Ausmaß von anderen abhängig, daß seine eigene, noch kindlich anmutende Unmündigkeit damit nachdrücklich unter Beweis gestellt wird.

"Es sagen ja viele Leute": Die Sehnsucht nach der 'leitenden Hand'

Was Till mit Blick auf die Zeit nach seinem Schulabschluß festhält, besitzt bis heute seine Gültigkeit: "ich wußte - überhaupt nich, was ich machen sollte" (5/31). Geht es um die Alternative zwischen einem Aushilfsjob und einem geregelten Lehrverhältnis oder um die Frage 'Fortsetzung oder Abbruch der Ausbildung?': stets ist es die Meinung anderer, derer Till bedarf auf dem Weg zu einer Entscheidung. "sagen mir auch viele" (6/1), heißt es etwa - oder: "ja un dann - erzählen se mir alle von allen Seiten" (7/14). Bricht er wiederum ein Ausbildungsverhältnis ab, so ist ihm damals wie heute wichtig: "es war aber dann - im Grunde genommen bei allen so" (9/9). Befragt nach seinen eigenen Zukunftsplänen und -vorstellungen, verweist Till auf Freunde: "Ja - Helmut zum Beispiel, der is - der hat (...)" (28/26). Dessen Zweifel über seinen Werdegang dienen Till als Maßstab für seine eigene Zukunftsplanung: "wußt er [Helmut] noch nich - und ich hab auch ganz am Anfang - der Lehre gesacht - äh - ich wollt gucken so - ja - so - mit andern Leuten reden, was man da weiter machen könnte" (28/33ff.). Unabdingbar bedarf Till der 'Rückendeckung'. Sie erst erlaubt die Illusion von Aufgehobenheit, wie sie in den Kindheitserinnerungen stets 'das Herrlichste' gewesen ist.

Sowenig Till unabhängig Entscheidungen zu treffen vermag, sowenig ist es ihm möglich, in der unvertrauten Umgebung einer neuen Arbeitsstelle, konfrontiert mit neuen Anforderungen, ohne die Sicherheit vermittelnde Anwesenheit guter Bekannter und Freunde auszukommen:

"Und dann ging's los - Bertolt wollte gehen -
und ich natürlich 'Bertolt mach nich son Scheiß
un so wat soll ich machen hier - alleine bei den Idioten' hab ich immer
gesacht" (10/15f.).

Trägt hier der Weggang Bertolts entscheidend dazu bei, daß auch Till später 'das Handtuch wirft', so wird Tills Lust an der Arbeit auf dem Wochenmarkt entschieden befördert durch einen anderen, nun zufälligen Sachverhalt:

"ja un dann bin ich vor - drei Wochen war das -
da Dienstagmorgen hingegangen -
und genau der Rocky mit dem ich da
zusammengearbeitet hab -
(...)
der arbeitet genau neben meinem Vater -
ja un dann warn wir da wieder zusammen" (14/44ff.).

War es früher die Familie, so sind es nun die Freunde: Till scheint geradezu existentiell angewiesen auf dieses 'Zusammensein'. Insofern dürfte es auch keineswegs pathetisch beschworene Selbstlosigkeit sein, wenn Till hervorhebt, er habe sich im Anschluß an die 'Mehlschlacht' in der Bäckerei freiwillig dazu bekannt, um einen verdächtigten Freund nicht allein der Gefahr der Kündigung auszusetzen:

"er sollte mit zum Chef kommen und so -
er würde rausfliegen --
und da hab ich dann gesacht - äh - 'hör doch ma zu -
so und so ich war auch dabei'
(...)
und dann - ham wir uns zusammengesetzt
und ham gesacht 'ne - wir ham kein Lust mehr -
wir hörn auf'" (6/34ff.).

Einerseits bezeugt Tills Verhalten ein hohes Maß an Fairneß, andererseits verdeutlicht es ein weiteres Mal seine Abhängigkeit von Freunden: Er kündigt lieber, als 'allein' zurückzubleiben. Wie eh und je abhängig von anderen, die Till ein Gefühl von Aufgehobenheit vermitteln, erfüllen nun die Freunde jene Funktion, die einst den Eltern zukam. So verwundert es nicht, daß Till sie gegen die Anfeindungen der Mutter in Schutz nimmt:

"meine Mutter sacht immer (...) -
das sind primitive Leute und so -
(...)

weil auch - wegen meiner Faulheit und -
ich muß ehrlich sagen - wegen meiner Faulheit -
das sind nich die das bin ich selber" (26/47ff.).

Kaum anders als Tills spontaner Hedonismus, der es offenbar stets ausschließt, die Konsequenzen des eigenen Tuns, etwa drohende Kündigungen, zu bedenken, zeigt auch seine Orientierungsbedürftigkeit eine geradezu kindliche Unreife. Sie ist Till keineswegs bewußt, ebensowenig die gravierende, noch kaum bewältigte Erfahrung der elterlichen Trennung. Schwankend zwischen dem flotten Verweis etwa auf die eigene Faulheit und der Meinung anderer, zwischen einer fadenscheinigen Technik der Selbstberuhigung und ratloser Suche nach geeigneteren Erklärungen, steht Till seinem lebensgeschichtlichen Dilemma hilflos gegenüber.[13] Es besteht in einer weitreichenden Unmündigkeit - und damit auch Unfähigkeit zu eigenverantwortlichem Handeln und Denken. Notwendig wären wohl stabile Rahmenbedingungen sowohl in sozio-ökonomischer als auch psychischer Hinsicht. Kein Zweifel: Nach ihnen hält Till unentwegt Ausschau. Wo sie sich jedoch bislang abzeichneten, erwies er sich nicht als fähig, die mit ihnen verbundenen Anforderungen zu akzeptieren. Dies aber scheint unabdingbar, will Till aus seinem, für die Lebensgeschichten der 'reinen' I's so typischen biographischen 'Teufelskreislauf' ausbrechen.

---

13 Keineswegs erstaunlich sind daher auch die atemberaubenden Pendelschläge, die Tills Äußerungen zu politisch-gesellschaftlichen Fragen kennzeichnen. Er war es, der im vorigen Kapitel für jenen Beleg sorgte, der die Haltung der 'reinen' I's so treffend charakterisiert: "ich sach nich Ausländer raus wann - en paar weniger - is meine Meinung könntens sein" (34/1f.).

6 Schlußbemerkungen

Szenario:

Man schreibt das Jahr 2001. Zwei Personen mittleren Alters, ein Mann und eine Frau, begegnen sich anläßlich eines Klassentreffens in ihrer ehemaligen Hauptschule, die mittlerweile in Edzard-Reuter-Hauptschule umbenannt wurde. Der etwas verwegen aussehende Mann wendet sich seiner Tischnachbarin, einer Blondine von circa dreißig Jahren, zu. Sie hatte ihn angesprochen. Ob er nicht jener T. sei, der noch vor wenigen Jahren am Marktstand seines Vaters mitgearbeitet habe. Ja, er sei T., gibt er sich zu erkennen und fragt seinerseits, wie es denn so gehe. M., die in auffällig kurzer Zeit bereits das dritte Glas Pils (man trinkt noch immer Pils) bestellt, antwortet, daß sie bewegte Jahre erlebt habe, inzwischen geschieden und Mutter zweier Kinder sei, von denen eines Jonathan heiße und in Schottland geboren wurde. Derzeit lebe sie mit einem Freund zusammen, von dem sie hoffe, daß er der nunmehr 'richtige' Partner sei. Weder sei er Soldat noch arbeitslos, und auch für die Kinder aus der Ehe bringe er einiges Verständnis auf - beschäftige sich sogar bisweilen länger mit ihnen. Gerade die Erziehung der Kinder empfinde sie als großes Problem in der heutigen Zeit. Sie halte es für entscheidend, daß diese gute Noten mit nach Hause brächten - vor allem im Deutsch-Unterricht, denn: die Beherrschung des sprachlichen Feldes sei das A und O im Leben.

Im weiteren Verlauf des Gesprächs erfährt T., daß M. nach der Trennung von ihrem Ehemann einer Liga für die Rückführung von Ausländern beigetreten ist. Als Alleinerziehende sei man eben darauf angewiesen, dafür Sorge zu tragen, daß der Wohnraum, für den mittlerweile fast 50% eines durchschnittlichen Einkommens aufgewendet werden müsse, sich nicht noch weiter verknappe. Auch habe sie bei der letzten Kommunalwahl die 'Nationalen' gewählt, eine Partei, die dem lauen Gerede der Politiker ein Ende machen wolle - auch wenn das eine Nachbarin, die täglich bis zu achtzig Zigaretten rauche, nicht richtig finde.

Wie es denn ihm, dem ehemaligen Käseverkäufer, ergangen sei, wird T. schließlich gefragt. "Ich habe mich selbstständig gemacht", berichtet dieser nicht ohne Stolz. Und augenzwinkernd fügt er hinzu: "Selbstständig in einer ziemlich noblen Gegend. Zu meinem Kundenstamm gehören sogar Familien, in denen hochgeistige Zeitschriften gelesen werden und die politisch was drauf haben." So habe der Sohn aus einer dieser Familien, der immer noch bei seinen Eltern lebe und jetzt Politik und Sozialwissenschaften studiere, ihn sogar für die Parteiarbeit interessieren können. Und da sei er nun, obwohl er von Politik nichts verstehe, bestenfalls immer mit der SPD sympathisiert habe, Mitglied jener 'Nationalen' geworden, die auch sie, M., gewählt habe. Als Unternehmer sei er sich das schließlich schuldig.

M. lächelt einen Augenblick lang unsicher und antwortet dann: "Ja, ja, schließlich sitzen wir alle in einem Boot."

Ein angepaßter Kleinunternehmer, eine mit dem Rücken zur Wand stehende Alleinerziehende und ein Sohn aus gutem Hause, elternabhängig, dafür aber - oder auch genau darum - politisch am rechten Rand aktiv. Der aufmerksame Leser wird unschwer das Figurenensemble in dieser Szene wiedererkannt haben. Richtig, es handelt sich um jene drei Jugendlichen, die bereits als exemplarische Informanten in diese Untersuchung Eingang gefunden haben. Obwohl das obige Beispiel nur eine von potentiell unendlich vielen möglichen Situationen zur Darstellung bringt, in die jene Informanten geraten könnten, so bezeichnet es dennoch durchaus mögliche, realpolitische Verlängerungen von Einstellungen, die allesamt im Gegenwärtigen angelegt sind.

Das Feld des Politischen als Maskenball und Tummelplatz für Ausgegrenzte ('Mirabella'), Mitläufer ('Till') und Ideologieproduzenten ('Gerd') ist eben nicht nur reine Fiktion. Und wenngleich der weitere Verlauf der hier angedeuteten Lebenswege frei erfunden ist, so wollen wir doch einmal sehen, wie es denn dazu kommen konnte.

Da ist zunächst etwas allen Akteuren Gemeinsames: Auf der Ebene des Politischen ist bei jedem von ihnen offenbar jenes politische Bewußtsein wirksam geworden, das bereits Jahre zuvor in einer Untersuchung zu autoritären Einstellungen Jugendlicher erkundet wurde. Die genauere Beobachtung zeigt, daß es sich dabei immer noch um eine dreigliedrige Struktur handelt:

Für 'Gerd' (0424.A) ist die noch immer währende Abhängigkeit vom Elternhaus, mithin die Stilisierung seiner Jugendphase, zur Voraussetzung des verzweifelten Versuchs geworden, etwas Eigenes hervorzubringen: die Fähigkeit zum politischen Engagement nämlich und auch zur politischen 'Überzeugungsarbeit'. Dies in einer Welt, die, fernab einer Karriere als Physiker, ihm sein eigenes Gescheitertsein vor Augen führt.

Ähnliches, wenngleich mit anderer Pointierung, ist auch bei 'Mirabella' (0004.A-I) zu beobachten. Für sie war ein Ausweg aus dem Dilemma einer anhaltenden Orientierungslosigkeit, Abhängigkeit und unerfüllter Hoffnungen zu keinem Zeitpunkt in Sicht. So boten sich ihr die 'Liga' sowie die 'Nationalen' mit ihren einfachen Lösungsmustern und der ihnen eigenen 'klaren' und 'verständlichen' Sprache geradezu an: Projektionsfläche aller ihr noch verbliebenen Hoffnungen, welche die 'Etablierten' nicht hatten erfüllen können.

Bei 'Till' (0078.I) wiederum waren es vor allem die immer noch nicht überwundene politische Gleichgültigkeit sowie das beständige Schwanken, gepaart mit dem Hang, alle sich bietenden Chancen beim Schopfe zu fassen, die ihn 'Partei ergreifen' ließen; und schließlich gilt für einen 'reinen' I auch noch im Jahre 2001: Man weiß nie, wozu etwas einmal gut ist - also nutzt man es.

Aus der fiktionalen Verlängerung unserer exemplarischen Analysen resultierte im Szenario also jenes 'Zur-Sprache-Bringen' von Ohnmacht, Angst und Opportunismus, deren Überwindung man sich von der politischen Vergemeinschaftung erhofft. Schade nur, daß ein solches 'Engagement', sowohl im Szenario als auch in der Realität, häufig den Blick verstellt auf die ihm zugrunde liegenden Bedingungen. Obwohl also die Geschichte, die hier konstruiert wurde, hinsichtlich der in ihr geschilderten konkreten Begebenheiten relativ beliebig ist, zeigt sie doch mögliche Konstellationen auf: Menschen mit unterschiedlichster sozialer Herkunft, Lage, Bildung und Vergangenheit treten auf dem Felde der Realpolitik miteinander in Verbindung. Ein In-Beziehung-Treten auf jener konkreten Ebene, die Vergemeinschaftung zum Zwecke der Abwehr von individueller Angst und Leidensdruck zur Voraussetzung hat.

Aber nicht die Frage nach dem möglichen biographischen Fortgang der Lebensgeschichten unserer Informanten hatte im Zentrum unseres Interesses gestanden. Nicht eine Einschätzung künftiger gesellschaftlicher Risiken, des 'Gefährdungspotentials' mithin, hatten wir uns zum obersten Ziel gesetzt. Vielmehr galt es, biographische Gemeinsamkeiten im Leben solcher Jugendlicher zu erkunden, die - vor dem Hintergrund einer skalierenden Vorauswahl - autoritäre Einstellungen bereits im Vorfeld realpolitischen Engagements hatten sichtbar werden lassen. Damit berührten wir auch die Frage, auf welchen verschlungenen Pfaden gesellschaftliche Entwicklungen Einfluß nehmen auf die Herausbildung individueller Persönlichkeitsstrukturen und wie sich diese Einflußnahme ins Biographische hinein vermittelt. In dem Bemühen, sie zu beantworten, war uns sowohl Bekanntes und Erwartetes als auch Überraschendes, Neues und Widersprüchliches begegnet.

Eine der schwierigen Passagen in dieser Untersuchung war die Bündelung und Aufbereitung der im Interview-Material verborgenen qualitativen Aussagen. Anfänglich fragten wir uns, ob es überhaupt gelingen könnte, unter Zuhilfenahme lebensgeschichtlicher Interviews psychosoziale Haltungen und Einstellungsmuster von Menschen zu erkunden und diese sowohl in ihrer Einzigartigkeit als auch in ihren systematisierbaren Aspekten zur Darstellung zu bringen. Persönlichkeitsprofile von Menschen also, von denen wir zunächst nur wußten, daß sie ausgewählte Statements auf eine jeweilig bestimmte Art und Weise beantwortet hatten. Unter dem Strich zeigte sich schließlich, daß die Kombination aus quantitativer und qualitativer Analyse eine glückliche Lösung gewesen war. So konnte auch im Interview-Material der A's das Vorhandensein einer autoritären Haltung - in weitgehender Übereinstimmung mit unserer skalierenden Vorauswahl - ausgemacht werden. Andersherum ermöglichten es uns erst die lebensgeschichtlichen Interviews, Aussagen über die Lebensverhältnisse, Zukunftsplanungen, Wünsche, Hoffnungen, Selbst- und Weltbilder der ausgewählten Jugendlichen/jungen Erwachsenen zu treffen.

Genau in diesem Zusammenhang war uns auch der extreme Gegensatz in der sozialen Herkunft solcher Informanten erstmalig aufgefallen, die auf der A-Skala obere Ränge belegt hatten. Aber auch Unterschiede in den Erscheinungsformen sowie bei der 'Handhabung' ihrer autoritären Einstellungen konnten auf diese Weise 'dingfest' gemacht werden. So stellten wir etwa fest, daß bei denjenigen Informanten aus den gehobenen sozialen Milieus, mehrheitlich den 'reinen' A's also, die Neigung zum Autoritarismus eher in abstrakt-verallgemeinerbaren Forderungen und Denkmustern (Ablehnung bestimmter Sozialleistungen, geschickt kaschiertes Elitedenken etc.) zum Ausdruck kam. Auch ging dies in auffälliger Weise einher mit einer Orientierung an den elterlichen Lebensweisen sowie der Akzeptanz elterlicher Erwartungshaltungen; Erwartungshaltungen, die durchgängig von Aufstiegsorientierung und vehementem 'Nach-Vorne-Wollen' geprägt waren.

Ganz anders die allesamt eher marginalen Haushalten entstammenden A-I's. Sie entpuppten sich als Vertreter eines weitaus 'direkteren', damit auch in gewissem Sinne 'ehrlicheren' Autoritarismus. Eine solche Einschätzung resultierte vor allem aus ihrem wenig differenzierten Denken sowie ihrer sprachlichen Unbeholfenheit. Darüber hinaus waren sie in erster Linie mit der Bewältigung ihrer unmittelbaren Gegenwart, vor dem Hintergrund einer oft schlimmen Vergangenheit, beschäftigt. Ihr Blick war also zuallererst auf das 'Zurechtkommen' in einer Welt gerichtet, die sie nicht verstanden und die ihnen, als Folge ihrer biographischen Bürden, feindselig gegenüber zu stehen schien. Von ihnen wurden nahezu alle Aussagen, die den Rahmen einer Beschäftigung mit dem unmittelbar Individuellen sprengten, aus den abstrakten Zusammenhängen herausgelöst und in der Folge immer wieder personalisiert, dichotomisiert und auf vermeintlich Überschaubares reduziert. Die eigene Vergangenheit schien dabei, ebenso wie die Welt ihrer Eltern, keine den 'reinen' A's vergleichbare Rolle zu spielen.

Auch bei den 'reinen' I's war jene Verhaltensorientierung auszumachen, bei der der Blick auf das Selbst, das unmittelbar Machbare sowie die nähere und nächste Zukunft gerichtet blieb. Allerdings betrachteten diese nicht in gleichem Maße wie die 'reinen' A's oder die A-I's das Leben als beständigen Kampf. Die 'reinen' I's vor allem wurden von der Illusion beherrscht, über Perspektiven zu verfügen. Sie wähnten sich im Besitz von Lebenschancen, die sowohl der eigenen Wendigkeit als auch dem Vermögen der Eltern entsprangen, ihren Kindern behilflich zu sein auf dem Wege in ein 'normales' Leben.

Die eingeschliffenen Wahrnehmungsmuster unserer Informanten resultierten somit aus völlig gegensätzlichen biographischen Erfahrungen und sehr unterschiedlichen Selbst- und Weltbildern. Immer waren es diese Erfahrungen mit dem unmittelbaren sozialen Umfeld, die ihre Wahrnehmung, damit ihr Denken und Handeln bestimmten. Daß dabei vor allem die Eltern eine herausragende Rolle einnahmen, muß an dieser Stelle nicht eigens erwähnt werden. Aus welcher Nähe oder Distanz heraus diese zum Zeitpunkt der Erhebung der Interviews jeweils gesehen wurden, hing wiederum eng mit deren Funktion für das eigene Leben, die erwünschte weitere Entwicklung zusammen: immer also auch damit, ob man die eigene Herkunftsfamilie eher als Verursacher einer biographischen Misere oder als Garanten für eine gelingende Zukunft betrachtete. So kam es bei den einen (den 'reinen' A's) zu einer Harmonisierung des Eltern-Kind-Verhältnisses auch dort, wo eher Distanzierung geboten gewesen wäre. Bei allen übrigen A's (den A-I's also) zu einer durchgängigen Ablehnung der Eltern, vor allem wegen ihrer das eigene Leben belastenden Rolle: ihrem Unvermögen, den von uns Interviewten etwas zu geben. Man mag eine solche Deutung der Eltern-Kind-Verhältnisse als reine 'Tauschverhältnisse' befremdlich finden. Fest steht jedoch, daß dort, wo Zuwendungen weder im emotionalen noch im ökonomischen, kulturellen oder sozialen Bereich erfolgten, auch die Distanz zu den Eltern am größten war. Hier gab es nichts mehr zu verlieren, waren die Eltern ihrer 'gebenden Funktion' entkleidet und wurden bestenfalls einmal unter dem Aspekt ihres allgemeinen sozialen Handelns beurteilt. Hingegen war das Eltern-Kind-Verhältnis von unseren Informanten immer dort positiv gedeutet worden, wo, z.B. trotz psychosozialer Vernachlässigung, auf anderen Feldern Zuwendungen von seiten der Eltern erfolgten oder erwartet wurden.

Bei nahezu allen Befragten, die sich auf den oberen Rängen unserer beiden Skalen befanden, galten zudem traditionelle Tugenden, wie z.B. Solidarität, wenig. Jeder von ihnen war sich selbst der Nächste in einer Gesellschaft, die in ihren Augen Durchsetzungsvermögen und 'Einzelkämpfermentalität' zu existentiellen Voraussetzungen erhoben hat. Einer solchen Haltung lag im Kern ein Bedrohungssyndrom zugrunde, welches den möglichen Ausschluß aus der sozialen Gemeinschaft (sowohl aus den unmittelbaren sozialen Bezügen als auch aus der Wohlstandsgesellschaft im allgemeinen) mit Angst besetzte. Daß dabei das Ausmaß dieser Angst mit der Neigung korrespondierte, autoritäre Deutungsmuster der unterschiedlichsten Art herauszubilden, wurde vor allem bei den 'reinen' A's sowie den A-I's deutlich.

So ist es wenig verwunderlich, daß gerade jene Vertreter, die sich am unteren Ende der sozialen Hierarchie befanden, sich auch am oberen Ende der A-Skala einfanden. Vor allem jene autoritären Jugendlichen, die zu den aus der Gesellschaft Ausgegrenzten gezählt werden mußten, waren ja durch ihre sozioökonomischen Rahmenbedingungen geradezu gezwungen, das Leben als beständigen 'Kampf ums Dasein' zu begreifen. Aber auch die zum eigenen Wollen umgedeutete Erwartungshaltung, mit der die 'reinen' A's, jene besser gestellten Autoritären, belastet waren, hatte - wenngleich auf einer anderen Ebene der sozialen Zugehörigkeit - zu vergleichbaren Verhaltensresultaten und Einstellungsmustern geführt. Der offizielle, funktionale Optimismus, den diese immer wieder (z.B. in Form einer notwendig übersteigerten, positiven Selbstsicht) an den Tag legten, geriet ihnen nicht selten zu einem Fetisch, der nur mühsam die Verachtung verhehlen konnte, die sie anderen, von ihnen nicht akzeptierten Lebensweisen entgegenbrachten. Die Angst und Unsicherheit aller auf der A-Skala hoch skalierenden Informanten entsprang mithin also sowohl einer primär psychologischen Belastung (als Versagensangst z.B. bei den 'reinen' A's) als auch den realen sozioökonomischen Bedingungen (als Angst vor weiterer ökonomischer und psychosozialer Verelendung bei den A-I's). Einzig die 'reinen' I's waren hiervon weitgehend ausgenommen. Sie hatten die Fähigkeit bewahrt, der Bedrohung mit individueller Wendigkeit und dem Vertrauen auf familiäre Unterstützung zu begegnen. Würde dies allerdings - so unsere Überlegungen - in zukünftig nicht mehr hinreichendem Maße zu den erwünschten Resultaten führen, so wäre auch bei ihnen der Schritt in einen 'funktionalen Autoritarismus', wie wir ihn bereits bei den A-I's angetroffen hatten, kaum abzuwenden.

Entsprechend ihrer Einbindung in den gesamten Lebensprozeß war die Herausbildung autoritärer Einstellungen bei alldem nicht per se an ein politisches 'Rechts-Links-Schema' gebunden. Nicht eine bestimmte politische Erziehung und Sozialisation also hatte einen Teil der Informanten zu autoritären Persönlichkeiten werden lassen. Dieser Prozeß war offenbar anderen Entwicklungsgesetzen gefolgt. Vor allem der - äußerlich in den meisten Fällen scheinbar völlig unpolitische - Prozeß ihrer Enkulturation, ihrer Integration in die Gesamtgesellschaft durch das 'Nadelöhr Familie' hindurch, hatte dies offenbar zuwege gebracht. Die hierbei erworbenen Persönlichkeitsprofile korrespondierten, trotz der vermeintlich politischen 'Abstinenz' in Kindheit und Jugend, häufig mit solchen realpolitischen Feldern, die Tugenden wie Individualismus, Härte, Kampf und Durchsetzungsvermögen den Vorrang gaben vor kritischer Selbstdistanzierung, Differenziertheit des Denkens und Solidarität. Und weniger ein politisches Programm dürfte auch im Szenario die Informanten zum Engagement bewogen haben als vielmehr der Appell an ihnen kaum bewußte Gefühle, Haltungen und Einstellungen.

Als John Clarke u.a. 1979 ihr Buch 'Jugendkultur als Widerstand - Milieus, Rituale, Provokationen'[1] herausgaben, ahnten nur wenige das Ausmaß, in dem Jugendliche in modernen Industriestaaten, zumindest für einen historischen Augenblick lang, eine Art 'Vorreiterfunktion' für politischen und so-

---

1 Vgl. John Clarke u.a., Jugendkultur als Widerstand - Milieus, Rituale, Provokationen, Frankfurt a.M. 1979.

ziokulturellen Wandel übernehmen würden. Heute hingegen scheinen solche, subkulturelle Eigenständigkeit dokumentierenden Entwicklungen für immer mehr Jugendliche zunehmend den Charakter einer Einbahnstraße angenommen zu haben; einer Einbahnstraße mit vielen Schlaglöchern, die sich zudem immer häufiger auch als Sackgasse erweist.[2]

Die Herausbildung einer eigenen kulturellen Identität mit spezifischen, gegen die herrschenden Vorstellungen gerichteten Inhalten war erwartungsgemäß gerade bei den von uns Interviewten nicht auszumachen. Niemand von ihnen ließ Zweifel daran aufkommen, daß er die herrschende Lebensweise im Kern bejahte, bestenfalls im Bereich des 'Atmosphärischen' einige wenige eigene Vorstellungen zu verwirklichen trachtete. Zudem erwiesen sich die zunehmende Dauer der ökonomischen Abhängigkeit vom Elternhaus sowie das immer weitere Hinausschieben soziokultureller Mündigkeit unter biographischer Perspektive für viele als eine Belastung, die 'gegenkulturell' zu überwinden sie zu viel Kraft gekostet hätte. Die hiermit einhergehende Bereitschaft zur Anpassung an herrschende Lebensformen - bei gleichzeitiger Akzeptanz von Individualisierung und Privatisierung von Lebensplanungen - macht diese Jugendlichen zu exemplarischen Vertretern einer Pendelbewegung, die seit einiger Zeit wieder in die wertkonservative Richtung verläuft.

Wenn wir uns an dieser Stelle noch einmal verdeutlichen, daß die Persönlichkeitsbilder, wie wir sie freilegen konnten, das genaue Gegenteil zu dem darstellen, was etwa unter der Fähigkeit zu kritischer Solidarität und demokratischem Engagement im Sinne einer funktionierenden Gemeinschaft zu verstehen wäre, so ist auch zu fragen: Wie konnte es eigentlich dazu kommen? Wie läßt es sich erklären, daß Krisenbetroffenheit (gleich welcher Art) bei unseren Informanten nicht den Ruf nach Demokratisierung der Gesamtgesellschaft laut werden und neue solidarische und gegenkulturelle Formen des politischen Engagements entstehen ließ?

Die allgemeinste Antwort hierauf könnte etwa lauten: Es waren die gesellschaftlich vermittelten und im biographischen Prozeß angeeigneten Bewältigungsmuster für krisenhaftes Erleben, deren Anwendung solches verhindert hatte. Dabei mag es beliebig sein, ob Arbeitslosigkeit, ökonomische Unterversorgung und psychosoziale Verelendung individualisiert oder aber eine erlebte Krise durch die Orientierung an elitären Leitbildern - wie sie unter anderem die Werbung systematisch produziert - zu meistern versucht wurde: Immer lagen unsere Informanten im gesellschaftlich herrschenden Trend. In einem Trend, dem auf der realgesellschaftlichen Ebene gegenwärtig auch tradierte Solidarstrukturen (die Gewerkschaften z.B.

---

2 Aus einem Gespräch mit Mitarbeitern eines Jugendzentrums: "Denen [Punks] bleiben nur wenig Möglichkeiten, das zu tun, was sie gut und richtig finden, denn es passiert ja nichts in der Gesellschaft - und da bleibt nur kaputt schlagen."

werden für immer mehr Menschen gegenwärtig zu reinen 'Sozialversicherungsvereinen') und sozialkulturelle Milieus zum Opfer fallen. All dies ist Ausdruck einer fortschreitenden Differenzierung der Gesellschaft, in der der einzelne zunehmend in privat gehandelten Lifestyle, damit immer auch in Auf- oder Abstiegskategorien denkt. Zur Durchsetzung von Interessen (was für viele der von uns Interviewten bedeutete: zur Wahrnehmung auch noch der minimalsten Lebenschancen) ist ja jeder einzelne von uns wieder zunehmend auf sich selbst verwiesen - woraus unter den gegebenen gesellschaftlichen Rahmenbedingungen logisch folgt: Not verbindet nicht mehr, Not individualisiert.

Bei unseren Informanten hatten vor allem solche Individualisierungsprozesse - man könnte dies auch schärfer formulieren und sagen: Vereinzelungen und psychosoziale Verwahrlosungen - dazu geführt, sich selbst (und nur sich selbst) ins Zentrum des Lebens zu rücken. Solidarische Erfahrungsfonds hatten nur wenigen zur Verfügung gestanden. Das Fehlen vertrauter Gruppenstrukturen, die nicht von Diskontinuität, Konkurrenz und Leistungsdruck, sondern von Kontinuität und solidarischem Zusammenhalt geprägt sind, hatte wesentlich dazu beigetragen, das kollektive Schicksal allzeit zum persönlichen Schicksal umzudeuten. Allein die Akzeptanz und Verinnerlichung von Konkurrenz-Strukturen versprach ihnen offenbar Schutz vor sozialem Abstieg - trübte allerdings auch den Blick auf ganzheitliche Zusammenhänge, auf 'Dahinterliegendes'.

Genau aus diesem Grunde konnte z.B. soziale 'Andersartigkeit' von einem Teil der Befragten immer wieder unkritisch für den eigenen Lebenszusammenhang funktionalisiert werden. Politisch verwertbar gemacht wurde dann wiederholt solches 'Wissen', welches es ermöglichte, 'Gegengruppen' auszumachen; Gegengruppen als vermeintliche Verursacher einer eigenen Misere. Identifikationen und Wir-Gefühle, gerade von den A's immer wieder begierig aufgesaugt, wurden somit vor dem Hintergrund der Existenz von etwas anderem hergestellt: auf dem Rücken der Aus- und Übersiedler, der Sozialhilfeempfänger, Arbeitslosen, Kriminellen und Politiker. Allzeit beliebig wurden diese einem solchen Wir-Gefühl 'geopfert' - unabhängig von ihrem jeweiligen politischen Standort oder dem Grad ihrer eigenen Betroffenheit.

Zu keinem Zeitpunkt verstand sich jemand als Mitglied einer Bewegung wider die soziale Ungleichheit oder war ein Informant gar auf diesem Felde politisch aktiv. Das genaue Gegenteil war der Fall. Vor allem den 'reinen' A's ging es im Kern immer wieder darum, Exklusivität herzustellen. Eine Exklusivität, von der sie sich offensichtlich einen Sonderstatus erhofften, den einzunehmen ihnen ja durch 'Vermassung' verwehrt worden wäre. Die 'neuen Gemeinschaften' produzierten so systematisch ihr 'soziales Gegenüber', um ihre eigenen, oft hochgradig fragilen Persönlichkeitsstrukturen und Identitäten zu bewahren.

Wirtschaftliche Prosperität und ökonomische Stabilität - bei gleichzeitiger Akzeptanz gesellschaftlicher Differenzierungsprozesse - schaffen gegenwärtig allerorten die systemischen Voraussetzungen für die von uns beobachtete 'individuell härtere Gangart'. Hierunter wird auch in Zukunft ein größerer Teil der heute Jugendlichen/jungen Erwachsenen zunehmend zu leiden haben. Zur Radikalisierung könnte es hierbei vor allem bei den 'Bedrohten' am unteren und - dies erscheint uns besonders erwähnenswert - oberen Rand der sozialen Hierarchie kommen.

Damit das bis zu diesem Punkt Gesagte nicht falsch verstanden wird: Es soll an dieser Stelle keine Untergangsprognostik betrieben werden. Im Falle der von uns befragten Jugendlichen/jungen Erwachsenen darf eine solche 'Radikalisierung des Denkens' (noch) nicht gleichgesetzt werden mit organisiertem politischen Handeln. In unserer Untersuchung waren wir bestenfalls mit diffus und unsystematisch sich artikulierenden ideologischen Versatzstücken konfrontiert worden. Systematisiert und funktionalisiert wurden diese allein im Sinne eigener privater Bemühungen um Abwehr des (vermeintlich) Bedrohlichen. Auch war das konkrete Handeln unserer Informanten sowohl qualitativ als auch quantitativ so wenig von diesen ideologischen Versatzstücken bestimmt und durchdrungen, daß wir - in Hinblick auf die von uns Interviewten - glauben sagen zu können: diese sind allesamt noch weit entfernt von 'organisierter Radikalisierung'. Eher schon wäre hier von biographisch produzierten 'Vorformen', von 'Prädispositionen' zu reden, die einer Ideologie des Alltags Vorschub leisten, welche Autoritarismus zu etwas ganz Alltäglichem werden läßt.

Politisch lancierte Revergemeinschaftungen, die vor diesem Hintergrund zur politisch bedeutsamen Kraft werden könnten, läge eine fiktive Solidarität aus Angst und Unsicherheit zugrunde, nicht rationale Erkenntnis der tatsächlichen Situation und ihrer Ursachen. Letzteres würde die Fähigkeit zu differenzierter Einschätzung des sozialen Feldes, zu solidarischem Verhalten und selbstkritischer Distanzierung von den unterschiedlichen Spielarten autoritären Denkens voraussetzen. Solches allerdings war weder in den Biographien der von uns interviewten A's, noch in denen der I's vorgekommen. In ihrer Unterschiedlichkeit, ja zum Teil völligen Gegensätzlichkeit stellten die autoritären Persönlichkeiten letztendlich nichts anderes dar als ein Spiegelbild jener Zwei-Drittel-Gesellschaft, der sie entsprangen. Dabei gewannen autoritäre Deutungsmuster zwar in nahezu allen Interviews immer wieder an Aktualität, wurden aber nicht zur alles beherrschenden (und auch alle Informanten beherrschenden) Normalität. Erst die doppelte Traumatisierung: einerseits zum Opfer des rasanten gesellschaftlichen Entwicklungsprozesses zu werden, andererseits der - hierin eingelagerten - eigenen Sozialisation nicht gewachsen zu sein, erhöhte die Chance, solche Deutungsmuster dominant werden zu lassen. Wann genau allerdings von einer, das gesamte Leben durchdringenden 'Totalität autoritärer Einstellungen' gesprochen werden konnte, und wann wir es nur mit einer Vorform, einer Entwicklung in diese Richtung zu tun hatten, ist im Rahmen der hier angestellten Beobachtungen ebenso beliebig wie schwer zu beantworten. Fest steht, daß die Annäherung an bestimmte Autoritätsmuster einerseits mit der gesamtgesellschaftlichen Entwicklung korrespondierte, andererseits stark vom Gelingen der eigenen Lebensplanung, dem Zur-Deckung-Bringen von Wunsch und Wirklichkeit abhing. All dies vollzog sich in den unterschiedlichsten sozialen Kontexten, mit unterschiedlichen beruflichen und familiären Zielen, um die herum das Denken aller Befragten beständig oszillierte.

Worin nun liegt der Erkenntnisgewinn der in dieser Untersuchung gemachten Beobachtungen? Zunächst noch einmal der Hinweis darauf, daß wir es in keinem Falle mit martialisch auftretenden Neonazis zu tun hatten, die sich bereits diversen Organisationen verschrieben hatten, sondern mit jungen Leuten, wie sie in jeder Schule oder Maßnahme, in jedem Betrieb, in jeder Discothek anzutreffen sind. Insofern stehen die Chancen nicht schlecht für die pädagogische Erreichbarkeit der hier beschriebenen Gruppen - würde man sich nur früh genug diesem Problem widmen.

Fragt man nach den Perspektiven für zukünftiges pädagogisches Handeln, so muß allererst festgehalten werden, daß eine Antwort auf diese Frage so einfach nicht ist, wie man sich dies zunächst vorstellen mag. Durchgängig waren wir ja mit politisch-weltanschaulichen Haltungen konfrontiert worden, die eben nicht zuvörderst aus Schlüsselerlebnissen oder Mängeln schulischen Unterrichts resultierten. Sie entstammten vielmehr der Gesamtheit des biographischen Prozesses. Nicht zuletzt dieser Sachverhalt hatte ja das Problem der Systematisierbarkeit der jeweiligen biographischen Rahmenbedingungen aufgeworfen. Auf den allgemeinsten Nenner gebracht, wäre in diesem Sinne etwa festzuhalten: Die Lebensverhältnisse gerade unserer zum Autoritarismus neigenden Gesprächspartner waren durchgängig von sozioökonomischer und beziehungskultureller Verarmung, von Diskontinuität, Vereinzelung und/oder Überforderung geprägt. Immer waren es solche Erfahrungen wie Vereinzelung, Individualisierung und das Gefühl, in die Enge getrieben worden zu sein, die zu der von uns beobachteten, allen A's eigenen 'Kriegspfadmentalität' geführt hatten. Sich auf unterschiedlichste Art und Weise bedroht zu fühlen (oder es tatsächlich zu sein), war also eines der auffälligen Merkmale im Leben aller unserer A's. Daß die eigentliche Bedrohung dabei häufig von den eigenen Eltern ausging, war eine der wichtigen Auffälligkeiten im Interview-Material.

Autoritarismus als Verhaltensdisposition und Vorbedingung für eine mögliche politische Radikalisierung auch im engeren Sinne scheint gegenwärtig somit (noch) zuallererst ein Problem sozialer 'Extremtypen' zu sein. Inwieweit es sich hierbei auch um soziale 'Minderheiten' handelt, vermögen wir an dieser Stelle nicht zu sagen.

Mit Blick auf die Ursachen der hier skizzierten psychosozialen Strukturen wäre es nun allerdings verfehlt, pädagogisches Handeln zu psychologisieren oder allein darauf auszurichten, etwa verstärkt 'aufklärerischen' Geschichts-oder Sozialkundeunterricht zu betreiben - im Vertrauen darauf, umfassendere Informationen könnten autoritäre Einstellungsmuster aufweichen. 'Aufklärung' im Sinne einer Vermittlung historischer Daten und Fakten dürfte diese Jugendlichen kaum erreichen. Und sicherlich wäre es verfehlt, sie unter Zuhilfenahme von für sie 'totem Faktenwissen' missionieren zu wollen. Notwendig ist vielmehr 'Aufklärung im umfassenden Sinne', was meint: eine Aufklärung, die bei den persönlichen Lebensumständen ansetzt und bei der die - zumeist wohl - unbewußten Ursachen und Hintergründe ihrer eigenen Denkmuster ihnen zu Bewußtsein gebracht werden. Hierbei kann nur mit anderen als den 'geläufigen' pädagogischen Mitteln der Versuch unternommen werden, eine neue soziale Praxis der Revergemeinschaftung zu entwickeln. Eine Form der Revergemeinschaftung, mit deren Hilfe erlebte (vor allem beziehungskulturelle und soziale) Armut, die auch noch in den 'besten Familien' anzutreffen war, abgewehrt und aufgearbeitet, dem Trend einer zunehmenden Individualisierung entgegengearbeitet werden kann.

Individualisierte Lebenslagen verengen den Blick auf die eigenen Auf- bzw. Abstiege. Eine allein auf die Wahrnehmung von Marktchancen reduzierte Ich-Zentrierung geht immer einer mit der Einübung in entsolidarisierendes Konkurrenz- und Leistungsdenken. Nur von hier aus können autoritäre Deutungsmuster Aktualität gewinnen und zur Normalität geraten. Um zu verhindern, daß Revergemeinschaftungen dieser Art politisch lancierten Interessen auf den Leim gehen, wäre also besondere Aufmerksamkeit jenen sozialen Rahmenbedingungen zu schenken, in denen Autoritätsmuster der unterschiedlichen Art erzeugt werden. In diesem Sinne könnte es etwa sinnvoller sein, sich für Chancengleichheit und soziale Absicherung gesellschaftlich Benachteiligter einzusetzen oder verstärkt familienpädagogisch tätig zu sein, als sich allein in antifaschistischen Arbeitskreisen zu engagieren.

'Erziehung zur Mündigkeit' setzt immer auch voraus, vom herrschenden Diskurs abzuweichen und die Rahmenbedingungen für die Erlangung einer solchen Mündigkeit mit zu reflektieren. Die Fähigkeit zum demokratischen Umgang mit einer Gesellschaft, wie sie sich uns nun einmal präsentiert, ist eben nicht en passant zu erwerben. Da bei alldem die Erzeugung von Einstellungen ihrer Existenz immer vorauseilt, sind die in den jeweiligen Biographien aufgelösten Systemprobleme allein auf jener Ebene wieder zusammenzufügen und beherrschbar zu machen, auf der sie entstanden sind: auf der Ebene der von ihnen betroffenen Individuen.

In einem solchen Sinne wäre es wünschenswert, daß Jugendliche wie Mirabella ihren im Szenario formulierten Diskurs zu Politik und Gesellschaft anders zu beenden in der Lage wären. Möglicherweise gelangt ja auch sie eines Tages dahin, Till zu antworten: "Ja, ja, schließlich sitzen wir alle in einem Boot. Aber das Boot ist eine Galeere, auf der die einen rudern und die anderen den Takt dazu schlagen. Vielleicht sollten wir gemeinsam nach neuen Wegen suchen in dieser Gesellschaft, die uns offenbar nicht akzeptiert, so wie sie uns gemacht hat."

Literaturverzeichnis

Aberle, D. F./Naegele, K. D., Middle Class Father's Occupational Role and Attitudes Toward Children, in: Th. Olson (Hrsg.), America as a Mass Society, Glencoe 1953.

Adorno, Theodor W., Zur Bekämpfung des Antisemitismus heute. In: Ders., Kritik. Kleine Schriften zur Gesellschaft, Frankfurt a.M. 1971, S. 105 ff..

Alheit, Peter/Glas, Christian, Das beschädigte Leben, Bremen 1986.

Allerbeck, Klaus/Hoag, Wendy, Jugend ohne Zukunft? Einstellungen, Umwelt, Lebensperspektiven, München 1985.

Arbeitskammer des Saarlandes (Hrsg.), Ursachen und Folgen der Jugendarbeitslosigkeit. Schriftenreihe der Arbeitskammer des Saarlandes, Saarbrücken 1980.

Baacke, Dieter, Ausschnitt und Ganzes - Theoretische und methodologische Probleme bei der Erschließung von Geschichten, in: Ders./Theodor Schulze (Hrsg.), Aus Geschichten lernen, München 1979, S. 11 ff..

Baacke, Dieter, Jugend zwischen Anarchismus und Apathie? In: Wilhelm von Ilsemann (Hrsg.), Jugend zwischen Anpassung und Ausstieg. (Jugendwerk der Deutschen Shell), Hamburg 1980, S. 115 ff..

Baacke, Dieter, Sozialökologische Ansätze in der Jugendforschung, in: Heinz-Hermann Krüger (Hrsg.), Handbuch der Jugendforschung, Opladen 1988, S. 71 ff..

Baethge, Martin u.a., Jugend und Krise, Düsseldorf 1987.

Baethge, Martin, Jugend und Gesellschaft - Jugend und Arbeit, in: Frank Benseler/Wilhelm Heitmeyer/Dietrich Hoffmann/Dietmar K. Pfeiffer/Dieter Sengling (Hrsg.), Risiko Jugend. Leben, Arbeit und politische Kultur, Münster 1988, S. 28 ff..

Baumann, Ulrich/Becker, Ulrich/Gerstenmaier, Jochen/Schickle, Ottmar/Tippelt, Rudolf, Handlungsperspektiven und politische Einstellungen arbeitsloser Jugendlicher, Frankfurt 1979.

Beratungsgruppe 'Projekt 'R', Weder verharmlosen noch dämonisieren. Sozialwissenschaftliche Befunde über die Wählerschaft rechtsextremer Gruppierungen und die politischen und gesellschaftlichen Bedingungen des parlamentarischen Aufkommens der Partei "Die Republikaner". Ein Bericht. Leitung: Dr. Karl-Heinz Klär, Bonn 1989.

Bernstein, Basil, Studien zur sprachlichen Sozialisation, Düsseldorf 1972.

Bourdieu, Pierre, Die feinen Unterschiede. Kritik der gesellschaftlichen Urteilskraft, Frankfurt a.M. 1982.

Brandt, Gerhard/Haas, Luitgard/Mayer, Evelies/Schumm, Wilhelm (Autorenkollektiv), Berufliche Sozialisation und gesellschaftliches Bewußtsein jugendlicher Erwerbstätiger, Regensburg 1973.

Clarke, John, u.a., Jugendkultur als Widerstand - Milieus, Rituale, Provokationen, Frankfurt a.M. 1979.

Certeau, Michel de, Kunst des Handelns, Berlin 1988.

EMNID, Werthaltungen, Zukunftserwartungen und bildungspolitische Vorstellungen der Jugend 1985. (Schriftenreihe zu Bildung und Wissenschaft, hg. v. Bundesministerium für Bildung und Wissenschaft, Bd. 20), Bonn 1985.

Erdheim, Mario, Psychoanalytische Ansätze in der Jugendforschung, in: Heinz-Hermann Krüger (Hrsg.), Handbuch der Jugendforschung, Opladen 1988, S. 29 ff.

Friebel, H./Geehrt, J./Piontek M., Freizeitverhalten und Jugendkultur: Fürs Wochenende leben, in: Harry Friebel (Hrsg.), Von der Schule in den Beruf. Alltagserfahrungen Jugendlicher und sozialwissenschaftliche Deutung, Opladen 1983, S. 87 ff..

Hager, Frithjof/Haberland, Hartmut/Paris, Rainer, Soziologie und Linguistik. Die schlechte Aufhebung sozialer Ungleichheit durch Sprache, Stuttgart 1975.

Heitmeyer, Wilhelm, Rechtsextremistische Orientierungen bei Jugendlichen, Weinheim und München 1988.

Heitmeyer, Wilhelm, Aufklärung und Faschismuspotential: Gibt es eine zeitgemäße antifaschistische Erziehung?, unveröffentlichtes Manuskript, 1988.

Hoerning, Erika M., Lebensereignisse: Übergänge im Lebenslauf, in: Wolfgang Voges (Hrsg.), Methoden der Biographie- und Lebenslaufforschung, (Reihe 'Biographie und Gesellschaft', Bd. 1), Opladen 1987, S. 231 ff..

Hoffmeister, Dieter/Kiewit, Frank, Armut in einer reichen Stadt. Zum Zusammenhang von Arbeitslosigkeit und Neuer Armut in Münster, ('Graue Reihe' der Hans-Böckler-Stiftung), Düsseldorf 1987.

Hopf, Christel/Weingarten, Elmar (Hrsg.), Qualitative Sozialforschung, Stuttgart 1984.

Horn, Klaus, Zur politischen Psychologie des Faschismus in Deutschland (1970), in: Reinhard Kühnl (Hrsg.), Texte zur Faschismusdiskussion I, Hamburg 1974, S. 164 ff..

Horn, Klaus, Was heißt hier oraler Flipper? Narzißmus und gesellschaftliche Verhaltensanforderungen, in: Helga Häsing/Herbert Stubenrauch/ Thomas Ziehe (Hrsg.), Narziß. Ein neuer Sozialisationstyp?, Frankfurt a.M. 1981, S. 78 ff..

Huhn, Dieter, Der Fall Familie, Darmstadt und Neuwied 1977.

Ilsemann, Wilhelm von (Hrsg.), Jugend zwischen Anpassung und Ausstieg, (Jugendwerk der Deutschen Shell), Hamburg 1980.

Jahoda, Marie/Lazarsfeld, Paul F./Zeisel, Hans, Die Arbeitslosen von Marienthal. Ein soziographischer Versuch über die Wirkungen langandauernder Arbeitslosigkeit, Frankfurt a.M. 1933.

Jugendwerk der Deutschen Shell (Hrsg.), Jugendliche und Erwachsene '85. Generationen im Vergleich. Biographien/Orientierungsmuster/Perspektiven, Bd.1, Hamburg 1985.

McKinley, D., Social Class and Family Life, New York 1964.

Miller, Alice, Am Anfang war Erziehung, Frankfurt a.M. 1983.

Narr, Wolf-Dieter, Hin zu einer Gesellschaft bedingter Reflexe. In: Jürgen Habermas (Hrsg.), Stichworte zur 'Geistigen Situation der Zeit', 2. Band: Politik und Kultur, Frankfurt a.M. 1979, S. 489 ff..

Opaschowski, Horst W., Neue Erziehungsziele als Folge des Wertewandels von Arbeit und Freizeit, in: ZfP, Beiträge zum 8. Kongreß der Deutschen Gesellschaft für Erziehungswissenschaft, 18. Beiheft, Weinheim und Basel 1983, S. 237 ff..

Opaschowski, Horst W., Die neue Freizeitarbeitsethik, Entwicklungstendenzen im Freizeitbereich und soziale Folgen, in: Elmar Altvater/Martin Baethge u.a. (Hrsg.), Arbeit 2000, Hamburg 1985, S. 143 ff..

Osterland, Martin, Die Mythologisierung des Lebenslaufs. Zur Problematik des Erinnerns, in: M. Baethge/W. Essbach (Hrsg.), Soziologie: Entdeckungen im Alltäglichen. Hans Paul Bahrdt. Festschrift zu seinem 65. Geburtstag, Frankfurt a.M./New York 1983, S. 279 ff..

Quasthoff, Ursula M., Erzählen in Gesprächen. Linguistische Untersuchung zu Strukturen und Funktionen am Beispiel einer Kommunikationsform des Alltags, Tübingen 1980.

Sill, Oliver, Zerbrochene Spiegel. Studien zur Theorie und Praxis modernen autobiographischen Erzählens, Berlin/New York 1991.

Sinus-Institut, Die verunsicherte Generation. Jugend und Wertewandel, Opladen 1983.

Voges, Wolfgang, (Hrsg.), Methoden der Biographie- und Lebenslaufforschung, (Reihe 'Biographie und Gesellschaft', Bd. 1), Opladen 1987.

Ziehe, Thomas, 'Ich werde jetzt gleich unheimlich aggressiv'. Probleme mit dem Narzißmus, in: Helga Häsing/Herbert Stubenrauch/Thomas Ziehe (Hrsg.), Narziß. Ein neuer Sozialisationstyp?, Frankfurt a.M. 1981, S. 36 ff..

Ziehe, Thomas, Trendanalyse zur Situation der jungen Generation aus psychologischer Sicht, in: Wilhelm von Ilsemann (Hrsg.), Jugend zwischen Anpassung und Ausstieg, (Jugendwerk der Deutschen Shell), Hamburg 1980, S. 47 ff..

Anhang

Transkriptionsnotationen

Die Transkription der Interviews erfolgte in Anlehnung an das Verfahren der 'Halbinterpretativen Arbeitstranskriptionen' (vgl. Quasthoff, a.a.O., S. 247 f.):

-	prosodische Zäsur
--	kurze Pause
---	längere Pause
((Pause/sec.))	längere Pause oder Unterbrechung der Erzählung (mit Angabe der Entstehungsgründe und der Dauer in Sekunden)
.	fallende Intonation zur Markierung eines Satzendes
?	Frageintonation
Unterstreichung	emphatische Betonung oder besonders deutliche Artikulation eines Wortes oder Syntagmas
(einfache Klammer)	Textteil, der zwar semantisch noch dekodierbar, aber phonologisch nicht mehr transkribierbar ist
(...)	unverständliche Textteile (bei längeren unverständlichen Passagen mit Angabe von Sekunden)
A: Ich will ... B: Du hast ...	'Partiturschreibweise' bei Überlappung von Redebeiträgen
Wortabbru_	Markierung eines Abbruchs innerhalb einer Wortgrenze
/das war stark ((lachend))/	Notierung einer kommentierten Passage
I	InterviewerIn